The Sources of Military Doctrine

France, Britain, and
Germany Between the World Wars

军事学说的来源

两次世界大战之间的法国、英国和德国

[美] 巴里·波森◎著　梅然◎译
(Barry R.Posen)

上海人民出版社

丛书总序

纵谙古今韬略　横务天下经纶

自战国至秦汉以来，中国就不乏“纵横家”，即当代所称的战略家。他们多为君王的策士，胸怀大局，熟谙兵法，满腹经纶，长于韬略，果断决策，机智善辩，纵横捭阖。《战国策》、《孙子兵法》等许多经典著作，记录了中国古代丰富的战略思想。现代中国战略家当中，毛泽东的雄才大略和军事思想，至今无出其右者。

西方古代的战略思想源于古希腊、古罗马。古希腊历史学家修昔底德的不朽著作《伯罗奔尼撒战争史》与《孙子兵法》诞生于同一历史时期。近代德国军事理论家克劳塞维茨的《战争论》对后来的军事战略思想（包括对毛泽东的军事思想）产生了深远影响。普鲁士德国政治家俾斯麦的外交战略为后人所仰慕称道。

直到冷战时期，国际战略及该领域的研究，还基本上限定于传统的国家安全战略领域，特别是国防战略、军事战略和着眼于结盟与反结盟的外交战略。此前，罗斯福领导下的美国设计了以联合国、世界银行、国际货币基金组织、关税与贸易总协定为框架的世界政治经济秩序，其实就是一种美国至今仍在执行的试图维护霸权的“大战略”（Grand Strategy），只不过当时还没有做这种界定。改革开放之前的中国，国际战略研究的主要内容则是中国共产党革命战略的延伸，即区分敌我友，分析国际形势和力量对比，运用国际资源打击主要敌手，维护国家安全。

科学技术改变了人类命运，国家之间相互隔绝、按照军事强权划分势力范围的时代一去不复返了。全球化大大丰富了国际战略及其研究的外延与内涵。军事战略仍然是国家安全战略的重要内容，而传统国家安全也仍然是国家对外战略的重要考虑。但是，随着世界大战阴霾的消散，大国之间大规模战争危险的降低，各国经济相互依存的加深，经济竞争加剧了，全球范围的贫富悬殊扩大了，能源、生态环境、气候变化、公共卫生、跨国犯罪、恐怖主义、宗教冲突等一系列非传统安全问题突出。离开对上述关乎国计民生的功能性、全球性、跨国界问题的研究，今天的国际战略研究就会变为无源之水、无本之木。对于坚持改革开放的中国来说，国际战略必须同国家发展战略一起谋划，同步执行。

但是，对具体问题包括公共政策问题的研究，决不能取代国际战略研究。应当看到，全球化越向社会纵深发展，国家利益越多元化，内外政策互动越紧密，形成“大战略”的迫切性就越突出。一个国家的国际战略历来是由其最高决策者来制定的。但是，同过去“伟人时代”不同的是，越来越多的政府部门和地方部门在参与国际战略的制定，而任何一个部门都有其视角上的局限性。

战略需要综合分析、全局观念、长远谋划、协调执行，也需要深厚的研究基础。对于研究国际战略的学者来说，我们施展才学的舞台越来越宽阔，但知识面的局限性也越来越明显。一方面，古今中外的纵向韬略经纶需要认真学习和总结；另一方面，层出不穷的全球横向新问题有待研究。

北京大学国际战略研究中心旨在促进国际战略相关领域的学术研究和政策研究。其重点是对当今中国所处的国际环境以及相关各国的国际战略进行分析，并在此基础上公开发表或向有关方面提交有政策含义的、面向未来的研究成果。我们的研究工作致力于为中国的国际战略决策提供智力支持，为教学服务，并引导公众全面、准确、理性地认识国家安全与国际战略问题。我们鼓励跨学科、多重视角的研究课题，力图实现理论和方法论的创新。本丛书将本着开放、包容、谦虚、严谨的学风，寻觅国际战略领域的精品。尚拜求海内外志同道合者，惠赐宏论巨制。

王缉思

2008年新春于北京大学朗润园

英文版前言

本书解释了军事学说如何形成，以及它如何在国家大战略中发挥作用。大战略即一个国家试图借以实现安全的军事、经济和政治上的手段和目标。我评估了官僚、“权力政治”、技术和地理在塑造国家大战略和军事学说方面的影响。对于两次世界大战之间法国、英国和德国的军事学说的比较性考察是本研究的核心。尤其是，我重点解释了该时期的两大军事成就，即德国的“闪电战”和英国的空防体系；以及一大军事失败，即常令人想到马奇诺防线(Maginot Line)的法国防御性军事学说。

在大战略的框架内，军事学说明确了各类军事力量之间的主次先后，并规定了应如何构建和运用这些力量去实现有关目标。我选择了军事学说的三个重要方面作近距离考察：它的进攻性、防御性或威慑性；它与对外政策的协调(政治—军事整合)；它所包含的革新程度。本书第一章解释了这些方面。

我运用了组织理论和均势理论来分析两次世界大战之间法国、英国和德国的军事学说。在国际关系和对外政策的研究中，这两种解释都大行其道。每一种理论的倡导者都曾在不同时间批评过对方的观点。在理论范畴内，这些解释是相互竞争而非互补的。对于这些争论，格雷厄姆·艾利森(Graham Allison)在《决策的实质》中、肯尼思·华尔兹(Kenneth Waltz)在《人、国家与战争——一种理论分析》以及《国际政治理论》中都给予了最好的梳理。艾利森将一国在国际政治中的行为解释为自利和半自治的各种军事和文官机构斗争的结果。他将该解释与肯尼思·华尔兹关于均势理论的相关观点进行了比较，这些观点认为，国家的行为是对于由境外无秩序环境而引发的现实安全威胁的反应。

为了验证这两个理论，围绕着军事学说的三个研究方面，我从两个理论中导出了一些具体论点，然后将这些论点应用于两次世界大战之间法国、英国和德国的军事学说，以判断哪种理论能更好地解释/预测所发生的事实。本书第二章对这两个理论及其对军事学说的意义作了探讨，此外该章还考察了关于技术和地理对军事学说影响的一些流行论点。第三章总结了“法兰西之战”和“不列颠之战”，即1940年的两大军事对抗，这令两国军事学说的真实后果彰显无遗。第四、第五和第六章分别是对于法国、英国和德国军事学说的案例研究。

借助比较案例研究方法，学者可以取样各理论认为重要的一系列原因，并观察这些原因的变化是否确实造成了结果的变化。如果的确如此，理论就有可信之处。组织理论和均势理论对结果的预测常常有很大不同，所以这些验证可反映每个理论的力度。如果预测相互矛盾，我们可以考察真实的结果以判断哪个理论作出了更可信的预测。当然，没有什么验证是绝对的，两个理论都未能解释的干扰性变量（比如国内政治）的存在令验证有欠完美。在承认这一点之后，本验证表明：两个理论在关于军事学说的研究中都有很大的效用；两者都比强调技术或地理直接因果影响的简单假设更有解释力；最后，均势理论在两者中具有更强的解释力。

“理论验证”对于我们真正理解两次世界大战之间的军事变迁具有重要益处。对这两个理论的竞争性运用就像使用不同的镜头，它们都是用来理解现实的工具。通过使用两个清晰的理论——每一个都揭示了不同原因的影响，与通常的历史探讨相比，我们可对两次世界大战之间的军事变迁有更具体的理解。每个理论都让我们得以更清楚地看到同一现象的某些方面（尽管是以减少其他方面的能见度为代价）。对于有关的军事学说，每个理论都告诉了我们一些有用和重要的东西。虽然理论工作的明确目标是检验哪一理论更有解释力，但是显而易见的是，这两个理论确实都对国家行为中一个复杂而重要的领域提供了互补性的解释。

本书填补了关于国际政治和战略研究文献上的三个空白。首先，近20年来在国际关系理论家中持续着一场争论，一方将国家行为的根源定位于国家层次，另一方则是将国家行为解释为国家在“无政府”状态的国际政治环境中为求生存时所面临的制约和动机。本书对两类理论作了明确的相互验证，这是以前很少做过的工作。

其次，除了D.C.瓦特(D.C.Watt)颇具主观色彩的《一项过于严肃的事业》，没有哪本书从比较角度系统考察和解释两次世界大战之间西欧大国——法国、英国和德国——的大战略和军事学说。通过本书的努力，我希望能够深化我们对第二次世界大战起源的理解。

最后，对于国家战略研究的一般性指南少之又少。本书不仅提供了这样的一个指南，还通过三个案例说明了如何进行运用。本书提出了一系列范畴、问题和解释，对于研究任何国家的大战略和军事学说不无益处。

很多个人和组织对本书作出了贡献。世界政治研究所、加州大学校董会、哈佛大学科学与国际事务中心和国际事务中心的国家安全研究项目给予了财力支持。布鲁金斯学会、国际战略研究所、科学与国际事务中心以及国际事务中心提供了办公场所和研究支持。

我感谢沃尔特·麦克杜格尔(Walter McDougall)教授和托德·拉波特(Todd LaPorte)教授，特别是加州伯克利大学的肯尼思·华尔兹教授在本书的起步工作中给予的协助。对于本书主题的成形和阐述，我的朋友和同事迈克尔·曼德尔鲍姆(Michael Mandelbaum)、约翰·米尔斯海默(John Mearsheimer)、斯蒂芬·米勒(Steven Miller)和杰克·斯奈德(Jack Snyder)提出了宝贵建议。我要特别感谢斯蒂芬·范·埃弗拉(Stephen Van Evera)。对于提高书稿的质量，本套丛书的主编罗伯特·杰维斯(Robert Jervis)尤其是罗伯特·阿特(Robert Art)予以了详细指导。我的老朋友安德鲁·威拉德(Andrew Willard)

对几章初稿作了有益的评价。我的父母在近些年中给予了巨大的感情支持。我还感谢在书稿写作的关键两年中来自里贝卡·李·格林德海姆(Rebecca Lee GrindReim)的友谊和理解。在我写作本书时,约舒亚·埃普斯坦(Joshua Epstein)即将完成他自己的著作,他给了我很多鼓励。

巴里·R.波森

于华盛顿特区

目　录

第一章　军事学说的重要性

大战略与军事学说

军事学说是国家安全政策或大战略的关键组成部分。大战略是政治与军事之间、手段与目的之间的链条，是一个国家关于它如何能最好地给自身“带来”安全的理论。[1]在理想状态下，它对于为何可指望该理论行之有效作出了解释。大战略必须明确针对国家安全的潜在威胁，而且它必须针对这些威胁规划政治、经济、军事和其他方面的对策。对于各种威胁和对策都必须划定主次先后，因为鉴于无政府的国际环境，潜在的威胁比比皆是；而且，鉴于国民经济不可避免的局限性，资源是稀缺的。[2]由于资源是稀缺的，应该选择最合适的军事手段去实现所着眼的政治目标。当然，大战略几乎从未得到如此细致的表述，但分析家在试图探求某国的大战略并将各国的战略相比较时，有可能本着这些概念。

我使用“军事学说”这个词来称呼大战略中明确涉及军事手段的分支部分。重要的问题有两个：应该动用什么手段？应该如何动用？在一个现代国家可以动用的各类军事力量中，必须确定主次先后。为了应对所察觉的威胁和机遇，必须提出一套具体规定了如何配置和使用军事力量的方案。在理想状态下，应该具体规定各类不同力量之间的协同方式。

自第一次世界大战结束以来，现代国家一直拥有赖以实现其目标的陆海空力量。自第二次世界大战结束以来，一些国家拥有了核武器。出于地理、技术、经济或政治上的原因，国家会更看重某类军事力量。

在各种力量内部，受到看重的可能是不同的武器系统。海军也许看重潜艇或航空母舰，陆军也许看重装甲部队或步兵，空军也许看重对工业的远程轰炸或对陆军部队的近程支持。后一类的选择大体属于所谓“战术”范畴。[3]

军事学说涵盖多个军种组成的群体、某个特定军种或某个兵种所偏好的行为方式。它体现了职业军官以及——在次之但重要的程度上——文职领导人对于在军事上是否可能和必要的状况的判断。这些判断基于对军事技术、国家地理、对手能力和本方军事组织技能的评估。军事学说，尤其是与作战直接相关的方面，明显体现在军事组织所拥有的军事力量上。军力态势，即任何军事组织所拥有的武器的全貌，可作为探究军事学说的依据。

军事手段应该用于什么军事目标？军事行动可以分为三种不同类型：进攻、防御和威慑。进攻性学说着眼于将对手解除武装（disarm），即消灭其武装力量。防御性学说着眼于抵拒（deny）对手实现所追求的目标。威慑性学说着眼于惩罚（punish）侵略者，即增加其损失但不考虑减少自身损失。

军事学说的例证

进攻性军事学说的一个例证是德国在20世纪30年代发明的将坦克、摩托化步兵和作战飞机相结合以取得速胜并自此被称为“闪电战”的方法，自1956年起，当代以色列在一定程度上效仿了闪电战军事模式中的作战性内容，并在1956年和1967年大获成功，在1973年取得了比较有限的成功。虽然武器装备业已改变，但将不同类型的军事力量相协同以快速作战的方法依然如一。

在一战前夕，所有的陆上强国都奉行进攻性学说。法国人或许因其对“l’offense à l’outrance”即“极限进攻”的信奉而最出名。事后，同样的信条逐渐被称为“进攻崇拜”。所有这些进攻性学说都主张尽早发动猛烈攻击，全都有着重要的先发制人内涵。

防御性学说的一个著名例证是备受误解并在当代话语中由马奇诺防线(the Maginot Line)所象征的一整套法国政策。该防线在1940年被德国人易如反掌地包抄,从此给防御造成了坏名声。20世纪50年代,用抗冲击波的混凝土掩体来保护美国的部分战略轰炸机威慑力量的计划被美国空军嘲笑为马奇诺防线式的思维。1973年,这样的掩体在埃及对以色列的防御中起到了良好作用,令1967年式的空袭难以发生。就像马奇诺防线,中国的长城在防御性学说中扮演了重要角色。对英帝国来说,英吉利海峡、庞大舰队和小型陆军为本质上是防御性的学说提供了基本要素。

关于威慑性学说,有可能找到的一个典型案例与当代法国及其核打击力量有关。法国谋求建造足够多的由原子能驱动并装备核武器的潜艇,以便在任何时刻都至少有一艘在海上巡航。最后,这个数字增加为两艘。法国还拥有33架左右的战略轰炸机和18枚中程弹道导弹。尽管该力量规模较小令其比美国的核力量更难承受突然袭击,但法国人认为,对苏联最重要的城市中即便少数几个的毁灭性威胁足以胁迫它最可能的对手放弃侵略。

用常规军事技术推行威慑性学说的一个例证是当代瑞士。瑞士军队没有多少希望去抵拒一个强大且顽固的对手占领该国的大片土地。但是,瑞士的陆军和空军经过了精细规划,目的是让侵略瑞士之举付出很高代价。至关重要的是,不仅初期的防御将是坚韧的,而且令敌痛苦的坚决抵抗也将长期持续。瑞士人不可能抵拒本国被敌占领,但他们能让它为入侵特权付出代价,并让它为赖着不走而受到惩罚。

军事学说的重要性

军事学说的重要性基于两个原因。第一,某一体系中的国家奉行的军事学说影响着国际政治生活的特征。由于其进攻性、防御性或威慑性特点,军事学说影响着军备竞赛和战争的可能性和烈度。第二,由于所用手段在政治和军事上的适用性,军事学说影响着奉行它的国家的安全。如果军事学说未与国家大战略的政治目标相整合,即如果它未向政治家提供适于追求这些目标的工具,它可能损害国家的安全利益。如果军事学说未对政治环境、对手能力或现有军事技术上的变化做出反应,即如果它在竞争和动态的国际政治环境前不具足够的革新性,它也可能损害国家的安全利益。如果战争到来,这样的学说可能导致失败。

进攻、防御和威慑:军事学说与国际冲突

军事学说的进攻、防御或威慑性特征之所以重要,是因为它影响着国家相互间的认知和反应。国际政治是一个充满竞争的舞台。由于进攻性学说看起来令某些国家更具竞争性,它们会促使其他国家在竞争上甚至更加卖力。防御性和威慑性学说应该趋于造就更平和的结果。

进攻性学说增加了军备竞赛和战争的可能性和烈度。说到这点,就等于说国际体系不仅是一群不同国家在特定历史时期的共存。国家之间的相似性及其面临的相同处境最好地解释了它们很多令人不快的行为。各国在这点上是相似的:它们是自治性的社会有机体,并希望一直如此。它们可能希望壮大,但不希望从属于某些更大的有机体或变得更小。它们还共同面临着至少一个重要局面——无政府状态,即世界性权威的缺失。只要技术、地理和经济令各国有可能相互侵略,只要没有国际权威保护那些满足现状的国家并惩罚那些破坏现状者,各国就有着强劲动力要为彼此间的自保而努力。这些措施都是国家大战略的组成部分。

由于所作所为不受管制,各国必须关注自身防御,它们都小心地提防着邻国。军事学说和能力难以掩人耳目,但军事准备背后的政治意图云遮雾罩。如果事实如此,各国在相互提防时就趋于关注军事学说和军事能力。它们从外表来解读这些能力。阿拉伯人从以色列国防军的进攻性军事学说中推断出了险恶用心,美国和苏联都从对方的进攻

性和“反力量”(counter-force)能力中推断出了险恶用心。以色列、美国和苏联都拥有进攻性军事能力,其对手则推断出了侵略动机。如罗伯特·杰维斯(Robert Jervis)所言:“为防御而采办的军备常常可被用于攻击,旨在保卫某方资产的经济和军事准备可为夺取他国领土提供潜能,某国视为保障的东西在对手看来则是围堵。”[4]简言之,“一国试图增加其安全的很多手段削弱了他国的安全”[5]。国际关系理论家将此称为安全困境。安全困境的出现“不是由于错误认知或虚幻的敌意,而是由于国际关系的无政府背景”[6]。在任何其他国家都可能成为威胁,而且“自助”是安全的基本前提的环境中,各国都寻求维护其自治。某个或更多国家的军事学说的进攻性越强,该体系中的其他各国就可能变得更加紧张。

鉴于这些考虑,一个已知的结论是:进攻性学说趋于推动军备竞赛和战争。由于各国设法在无政府状态下保障其安全,因此它们小心地提防他国为改善自身安全而采取的举措,如果他国的举措看来让它们更不安全,它们也会顺理成章地通过自身的进一步举措去回应他国的举措。简言之,各国会卷入均势理论家所称的“制衡行为”(balancing behavior)中。对于享有自治并注意到他国的当前举动可能威胁其自治的国家来说,这是完全合理的行为。[7]

传统上,均势理论家将结盟作为制衡行为的首要类型而备加关注。但是,在逻辑上应该拓展对制衡行为的理解,以纳入对战争风险的内生性的军事或经济准备。[8]如果他国通过结盟、扩军或任何可被解读为威胁某国安全的其他措施来增强其能力,以结盟和/或军备竞赛为形式的回应有可能出现。关于国际政治如何运作的这种看法广泛见于很多外交史中。[9]需要铭记于心的要点是,国家间关系的历史充满了各种各样的政治和军事性的行动-反应(action-reaction)现象。[10]

军备竞赛

进攻性军事学说通过两种途径推动了军备竞赛。第一,进攻性学说的一个基石是，有效的第一次打击可以迅速、廉价和成功地终结战争；国家因而会用大量资源去支持第一次打击。第二，由于进攻性学说意味着进攻性行动被认为优于防御性行动，各国会对他国军事能力的上升有巨大的受威胁感，并针对这些能力的上升作出十分强烈的反应。[11]

苏联和美国之间的核军备竞赛说明了两大强国的进攻性学说如何影响彼此间的感受和各自的军事准备。每方都把对方的军事学说解读为进攻性的。在某种程度上，每方都在模仿对方。[12]两国都趋于扩充针对对方的攻击能力，两国都将大量资源用于军事竞争。

对于苏联军事学说的进攻性特征，西方的当前观点众所周知。[13]苏联战略火箭军的学说确实看来旨在解除美国的武装。我们认为自己的学说作为威慑性学说与苏联的学说可能没有任何关系。不过，细心观察美国军事力量的人士一致认为，战略空军司令部一直将敌方核力量作为打击目标，并将它们大量地作为打击目标。[14]而且，美国常常力求部署足以在苏联的第一次打击后完成“反力量”任务的力量。毫无疑问，在苏联人看来，这种高保险是为了获得针对他们的高度可靠和旨在解除武装的第一次打击能力。实际上，尽管难以把真实的恐惧与宣传区分开来，但苏联元帅 V.D.索科洛夫斯基（V.D.Sokolovsky）所著的《军事战略》仍把进攻倾向归咎于美国，而我们已将其与苏联的学说相提并论。[15]

幸运的是，尽管两个超级大国都持有进攻性学说，但每方都小心翼翼地守护着它用于第二次打击的报复性力量，使对方难以通过最佳手段获得赢得战争的能力。但是，相互奉行进攻性学说的假设性后果已经显现。按核弹头的数量衡量，苏联和美国的战略核武库都已明显扩充。在过去 10 年中，美国的核弹头数量翻了一倍，达到了 8 000 至 10 000 枚。苏联也达到了类似规模。[16]

在评估对方军事开支的威胁程度时，每方看似都作出了过于保险的回应。按照占国民生产总值的比例衡量，苏联和美国的军事开支长期以来都很高。在过去15年中，苏联将国民生产总值的11%—14%用于国防。[17]美国的开支在朝鲜战争高峰期升至了国民生产总值的近15%，但在20世纪50年代的均值是10%左右。当然，在整个冷战时期，美国的国民生产总值比苏联的高很多。近年来，美国的军事开支已降至国民生产总值的6%—7%，但美国的国民生产总值是两倍于苏联的规模。

可是，与进攻性学说先前的"黄金时代"即一战前相比，即便6%—7%的比例也很高。在1914年的六大强国中，只有两国用于防务的国家财富份额与今天的美国一样高。奥匈帝国用了国民收入的6.1%，俄国是6.3%。德国、法国、英国和意大利的数字都在3%—5%之间。[18]尽管如此，当时的军事开支已被认为很高，并且确实比1870年的军事开支规模有了大幅增长——这一增长可部分归因于进攻性学说的恶劣影响。[19]

对于军备竞赛行为，防御性学说会有着不同影响么？防御性和威慑性学说的影响应与进攻性学说相左。[20]防御性和威慑性学说使维持现状国家和侵略性国家可被清晰区分。它们可能预示着更漫长的战争和更多的动员时间，因此当下保持较少军队即可。人们相信，庞大的军事力量不会明显提高获得迅速而廉价的胜利的可能性。最后，由于防御性学说的一个固有认识是，防御或惩罚比进攻更廉价，维持现状的国家可以通过较小幅度的自我强化来应对侵略者的军备扩张。[21]如果所有国家都奉行防御性或威慑性学说，结果应该是军事开支趋于下降。尽管严格奉行防御性学说的强国之间进行军备竞赛的例证寥寥，但两次世界大战之间时期的数据支持这样的一般性论点：奉行进攻性学说的各国与奉行防御性学说的各国趋于在不同的烈度下竞争（表1.1）。

奉行进攻性学说和修正主义大战略的德国有着最多的军事开支并不令人意外，德国和日本的军备开支呈现最大的增长百分比也不让人吃惊。但是，由于这两个国家不是与其他奉行进攻性学说的国家进行军备竞赛，这些数据只为进攻性学说对军备竞赛的影响提供了部分支持。对征服的追求为这些案例中的高昂开支提供了充分解释。

在该时期，英国、美国和法国都奉行了大体是防御性的军事学说。与更具进攻性思维的强国相比，它们的军事开支是低水平的，上升幅度也十分微小。与它们对军事学说的选择相一致，这些国家认为防御具有优势，花在防御上的不到一英镑的钱可抵消花在进攻上的一英镑。对于防御性学说趋于抑制军备竞赛行为的论点，这些数据提供了某些支持。

表 1.1　二战前各大国的军事支出

国　家	以百万英镑为单位计算的支出，1933—1938 年	以实值计算的军事支出增长的百分比，1934—1938 年
德　国	2 868	470
苏　联	2 808	370
日　本	1 266	455
英　国	1 200	250
美　国	1 175	无数据
法　国	1 088	41
意大利	930	56

资料来源：H.C.Hillman, "Comparative Strength of the Great Powers," in *Survey of International Affairs, 1939—1946*, vol.1, *The World in March 1939*, ed. Arnold Toynbee and Frank T.Ashton-Gwatkin(London: Royal Institute of International Affairs and Oxford University Press, 1952), p.454; Alan S.Milward, *War, Economy, and Society, 1939—45*(Berkeley: University of California Press, 1977), pp.25—41.

战争的可能性和烈度

如果国际体系中的一些国家奉行进攻性学说，战争可能容易发生，而且它们可能很激烈。如果某国选择了进攻性学说，它已断定——无论对错——进攻会带来大量好处，防御则被认为会带来相应的劣势。只有在该国采取进攻时，战争才可能是廉价或短暂的。这样的判断令人很不愿意把战争中的主动权让给任何对手，不论对手的军事学说如何。如果知道对手的学说是进攻性的，将主动权拱手相让更是大忌。说得更直接些，即便只有一方奉行进攻性学说，先发制人对该方也是诱人的。如果各方都奉行进攻性学说，而且大家知道其他国家也确是如此，当战争看来可能时，大家都会开始盘算首先下手，而且大家知道其他每个国家都会依此而行。该局面不利于和平的维持，欧洲在 1914 年的情况体现了这点。

在这种环境下，战争有可能是激烈的，这与进攻性学说推动军备竞赛的原因有某些共通之处。如果各国奉行进攻性学说，而且知道对手也是如此，它们就颇有理由担心胜负之分在战争初期即已明朗，对工业的动员则是不可能的。这就会推动和平时期的军备囤积。

一旦作出开战的决定，有关国家倾向于尽可能多地使用其资源。如果进攻被看成具有某种优势，而且对手据信也是奉行进攻性学说的，那么保证第一次打击的决定性就有着重要意义，否则会给敌人留下在可能同时进行的反击中可资利用的危险力量。说得直观点，每方可能都要抢在对方前深入对手腹地，以求其攻势将促使对方投降并终结对方的攻势。最强大的进攻应该为尽早赢得成功带来最大机会。所以，这样的进攻有可能获得竭力支持。这些估算典型地体现在德国和法国在 1914 年同时发动的攻势中。[22]

在一战前的十年中，欧洲的军人们已相信进攻具有优势。按照美国内战时期的将军内森・贝德福德・福雷斯特（Nathan Bedford Forrest）言简意赅的说法，胜利属于“以最多力量先抵某地”的一方。陆上强国的防务预算、动员方案和战争计划都受到了该简单观念的影响。如阿尔弗雷德・瓦格茨（Alfred Vagts）所观察，人们很少会考虑，欧洲环境中的地形或军事技术是否确实使以最多力量先抵某地颇具决定性。[23]事当如此只不过成为了一桩信条。

如前所示，进攻性学说助长了军备竞赛。它们为实施大规模而且决定性的第一次打击提供了动力。在进攻性学说盛行期间，欧洲防务预算的上升的确产生了该后果。新增的费用被用来建立规模更大和更有效的作战组织。武器不仅变得更加致命，它们在数量上也显得更加庞大，并被配置给了越来越多的作战部队。[24]

但是，若要实现所期望的重击，只能将数百万士兵从其平民职业或和平时期的兵营中动员出来，将其编成军事单位，塞进火车并送到前线。首先完成该任务的国家可首先发动攻势，取得所设想的随进攻而来的优势。该盘算推动了围绕动员问题的两大竞赛。

第一，总参谋部在和平时期会持续不断地完善其计划，以加快一经宣布后的动员速度。[25]第二，如果危机发生，军方肯定会向其文职"长官"说明：首先发起动员的一方将获得明显优势。法国军方估计，动员每延迟 24 小时的代价是德军推进 15—20 公里。[26]如杰维斯所言，这些观念的重要之处是，"每方都知道对方会同样看待形势，从而使心目中的对方的进攻危险愈甚，并使各方更有理由去加速战争的来临，倘若局面看来有利"[27]。人们或可加上这一条："或者倘若战争看来可能发生。"某国若因故认定对手正走近战争，就有强大动力去启动自身的庞大机器。

这一围绕进攻性学说的环环相扣体系由德国、法国、俄国和奥匈四大强国组成，它们都奉行了进攻性学说。德国的施利芬计划（the Schlieffen Plan）多少已成为其潜在对手的一个常识。[28]其目的是相继击败其敌人，首先是法国，接着是俄国，因为德国人认为得到充分动员的法俄军事力量的携手将赋予协约国决定性优势。法国的动员速度及其铁路网的近在咫尺令其成为了更大威胁，俄国较慢的动员及其在德国边境附近稀疏的铁路网则给德国提供了时间。俄国在其边境上面对着两个敌人——德国和奥匈。其根本的政治冲突是与后者的，但鉴于三国同盟，它不能确信与奥匈的冲突不会将德国人扯进来。而且，为了挫败德国的相继击败法国和俄国的计划，俄国要设法使自己做好进攻德国的准备，它要尽早地发动以缓解法国人的一些压力。这促使俄国试图设法不知不觉地占据先机，去挫败德国的动员速度。最后，德国总参谋长赫尔穆特·冯·毛奇（Helmuth von Moltke）伯爵也曾力促奥匈放弃主要针对塞尔维亚的部分动员计划。毛奇意识到，俄国人将力求早早地进攻由于主力部队被用于施利芬计划而遭削弱的德国东部边界，他促求奥地利尽早对俄国发动攻势。

这些情况表明，各国的行为如何受制于对于战争来临时其他各国可能如何行动的最坏担心。在危机背景下备战，等于要使自己更有能力对邻国实施危险的进攻行动。看到这种备战活动，邻国不得不按照据认为唯一有效的方式去回应——准备推行自己的进攻性学说。这种备战反过来会令他国惊恐，螺旋现象因而出现。随着每一轮备战的进行，实施并且迅速实施下一轮备战的要求变得更加迫切。时间则是供不应求的商品。误解、耽搁和情绪失控可能使螺旋易于发生。它一旦发生，就难以终止。外交依靠的是会谈，并且是隔着成百上千里的距离，会谈也需要时间。军方则垄断了时间市场。

防御性学说对战争的可能性和烈度的影响最好不过地体现在二战起始之际的欧洲。法国和英国的防御性学说以及该学说中包含的防御方占优的观念解释了所谓“静坐战争”(Sitzkrieg)或“虚假战争”(Phoney War)。法国和英国都给予了波兰安全保证。这两国奉行了呈明显防御性的军事学说(见第四章和第五章)。德国奉行了进攻性学说，而且人们知道它这样做。波兰的军事学说则不清楚。本着防御性学说，法国人和英国人都对自身阻挡德国进攻的能力抱有信心。它们还确信，战争早期的对德攻势将代价惨重。这点对于法国比对英国更重要，因为只有法国拥有进攻德国西部防区的力量。但是，法国对波兰的保证是，承诺如果需要分散波兰身上的军事压力的话，将立即发起进攻。这样的攻势绝不可能被推迟到战争开始 16 天后。

所发生的事情发人深省。德国在 9 月 1 日开始了进攻。法国和英国在 3 日正式参战。9 月 8 日，法国第四军在萨尔地区实施了小规模的推进。在接触到德国的防线即齐格菲防线(Siegfried Line)后，他们对其进行了炮击但未有进攻之举。[29] 10 月中旬，德国人力度不大的反击将法国人赶过了边界。由于对 1914 年的记忆历历在目，法国人不愿冒险重蹈代价惨重的进攻。

法国人在 1939 年和 1914 年的军事学说明显不同——分别是对防

御和进攻的拙劣奉行。在 1914 年,法国人冲向德国。他们认为,若这样做战争就会迅速而廉价地结束,否则就会速败。在 1939 年,法国人跑向了战壕和工事,他们确信进攻代价惨重,防御则是廉价的。不管成功征服波兰对德国进行长期战争的能力可能有何促进,它们都未被视为对法国防御学说的优势构成了足够威胁,以至于应以解救波兰的攻势为形式予以反击。法国人和英国人认为防御占据主导地位的信念存续至波兰败亡之后,并导致他们未对德国采取直接行动,直至希特勒在 1940 年 5 月对他们发动攻击。不仅是多年的挑衅才促使英法与希特勒对抗,而且该决定一旦作出,真正的战斗也难觅其踪。对防御性学说的坚守助长了这些民主国家的谨小慎微之举。

威慑性学说造成的影响应与防御性学说有很多相同点。按道理讲,它们应属于最难被误读的学说。旨在惩罚侵略者的军事力量,无论是像瑞士或南斯拉夫所拥有的常规力量,还是像法国、英国或中华人民共和国所拥有的核武器,都是以极端的专一化作为其效力的部分来源。它们明显缺乏进攻性的解除武装的能力。而且,作为极端专一化的另一结果,这类力量通常也缺乏防御性的抵拒能力。这使奉行威慑性学说的国家易遭敌人攻击。这些国家已将承受痛苦的政治意愿计入了军事平衡——一个其涵义应该不易被误解的非凡决心。不难相信一个国家为了保护或重拾主权而甘受巨大痛苦,但较难的是猜想它愿意让自己遭受这般痛苦,以作为前途未卜的扩张之举的代价。

因此,若以适当的力量态势作为依托,真正的威慑性学说应会限制错误认知和过度反应的可能。如前所述,超级大国间核关系上的很多问题源于该事实:任何一方都从未奉行纯粹威慑性的学说。相反,每一方不时地谈论着威慑,同时在寻求可能带来核战争“胜利”的军事优势。这依然是军备竞赛的本源。

政治—军事整合与国家的安全

从最一般的角度讲,军事学说的终极目标是作为其奉行者的国家的存续。政治目标与军事学说难以协调的分裂性大战略可导致战争和失败——危及国家的生存。在和平时期，军事学说应使国家能以它可负担的经济、政治和人力成本来保障其安全。对维持现状的国家来说，成功的大战略会将目标与手段如此地织为一体，从而打消侵略者的进犯念头。在理想状态下，寻求改变现状的国家的军事手段会显得如此有效，以至于受威胁的国家更愿委曲求全而非迎战。在危机或战争时刻，参照在和平时期构建的军事力量在质量和数量上的充分度，军事学说将得以检验。最后，而且还是在理想状态下，国家的大战略应考虑对于他国的影响。它应该尽力减少与军事学说相伴的任何消极后果，比如防御性军事学说有可能为逐个击破的侵略提供机会，或者进攻性学说有可能造成居心叵测的印象。

我已经把大战略看成了政治目标与军事手段的链条。其效力高度地取决于目标与手段相互联系的程度。我把政治目标与军事手段的“织为一体”称为政治—军事整合。[30]在和平时期或战争中，政治—军事整合的根本问题是，对于实现那些被认为对国家安全至关重要的政治目标，政治家是否掌握了所需的军事工具？同样也不无道理的问题是，一国所着眼的政治目标是不是该国军事手段可企及的？所选择的军事手段是否不必要地妨碍了政治当局的行动自由？

政治—军事整合是一件好事。以国际无政府状态为背景，使用武力和武力威胁是必要的权宜之计。不过，无论对某个国家还是对国际政治体系而言，它们从来不是没有风险或代价的。战争看来有其自己的运行法则。若要控制这些危险的手段，必须尽一切努力使它们服从政治目标最低限度的要求。[31]

很多国家未能达到足够程度的政治—军事整合。两个例子可说明该问题：普法战争前夕的法国，1973 年十月战争爆发时的以色列。

在拿破仑三世在位的早期，他倡导以“民族原则”作为处理欧洲大小国家之间边界变动的指南。他显然认为，民族主义的传播将是欧洲政治中的一股分裂性力量，会造就很多将受制于法国强权的弱国。作为该政策的一部分，拿破仑三世曾容忍并实际上支持了普鲁士的扩张。[32]他希望看到“三个德国”——普鲁士、南德意志诸邦和奥地利——的出现。[33]对法国而言，不幸的是，拿破仑三世高估了他控制民族主义力量的能力。在普鲁士于1866年赢得对奥匈帝国的胜利后，法国面临着所有较小的德意志邦国统一于普鲁士之下的前景。这个大德国只会损害法国的雄心和安全。到1867年夏天，拿破仑三世选择了更为保守的抵制普鲁士进一步扩张的政策。

对外政策的此种变化看来需要军事政策的某些变化。普鲁士刚刚痛揍了奥匈帝国：欧洲列强之一，一个曾在1859年给法国人有力一击的强国。普鲁士军队，连同北德意志邦联（the North German Confederation）中的其他军队，在1866年展现了相当优势。其最突出的优势在于其征兵/预备役制度可在动员时集聚近一百万人——欧洲前所未有的最大规模的武装力量。普鲁士人业已证明自己所擅长的不仅是迅速和高效地动员这支庞大力量，并用铁路将其送至敌人近旁，而且还包括在战斗中指挥它们。另外，普鲁士军队是第一支大规模装备连发步枪的军队。普鲁士人在对于这支大军的供应上不那么成功，其炮兵也表现得逊于奥地利炮兵。但是，当时人们知道普鲁士总参谋部在努力改正这些问题。[34]

若干法国军方要人和拿破仑三世对法国军队有着较近距离的观察，也不满意于他们的所见。多数法国军人不那么担忧，并力阻所需要的改革。法军是一支由长期服役的职业军人组成的小规模军队，其经验主要来自在殖民地由小股部队进行的治安行动。要在欧洲动员30万人则将难上加难。尽管它在1859年对奥匈帝国的战争中赢得了它在欧洲的最近战争，并成功地利用铁路做到了这点，但法国人的后勤措施拙劣不堪。法国总参谋部是一个专业性比普鲁士总参谋部相差甚远的机构，其成员几乎完全与作战部队脱节。法国的专业军事教育体制也很糟糕，一些军官实为文盲。最后，法国人到1866年仍未采用连发步枪。

法国人以最快的速度解决了最后的这一问题。1866年，拿破仑三世开始为其部队装备出色的夏塞波连发步枪(Chassepot repeater)。到1870年，已有100万支到位。另外，尽管法国证实普鲁士正对其炮兵进行有效的现代化和改进，但它未能对该认识作出回应，表面上看是出于财政限制。对于米特拉耶斯机枪(mitrailleuse)，即机枪的一种原始但颇有杀伤力的前身，是有资金可用的；但是，为了给该武器保密，没有出台任何方案以使其物尽所用。

法国人的确为弥补其数量劣势而有所努力，但这些努力最终没有带来多少收益。1868年通过的军事改革法案将更多希望放在了更短的服役期和更多的预备役人员上。该体制所带来的兵员在1875年将是80万人，但在1870年不会超过50万人。实际情形是，在1870年动员后的第17天，法国人只设法在莱茵河畔集中了24万人，此时德国的兵力则已超过了30万。

本应迅速完成的其他改革也未实现。法国人未能提升其动员和集中体制的效率，他们没有改善利用铁路为此服务或为军队提供后勤支持的能力。只有最粗泛的战争计划被拟订出来。将法军总参谋部变成能够部署和控制大型军队的职业军事管理者的努力遭到军队的反对，并不了了之。

总之，尽管法国的对外政策沿着更坚定地反对普鲁士的方向有了改变，但法国的军事学说和组织未能适应新的主要敌人的革命性作战方式。某些措施被采取了，但它们未能应对主要问题——德意志军队的整体规模和速度。

关于政治—军事分裂的另一个例子见于1967年和1973年战争之间的以色列大战略。总体而言，以色列的军事学说与该国大战略的政治内容紧密整合。但在1973年，该整合处于危险的松弛状态。

在1970年前，以色列和阿拉伯国家从事着新旧装备混杂的军备竞赛，装备的获取主要是通过运用或交换它们可从自身经济中汲取的资源。大致而言，以色列是与阿拉伯国家进行着军备竞赛，反之亦然。在消耗战(War of Attrition)之后，情况不再是这样。("消耗战"是对以色列与埃及从1969年3月至1970年8月在苏伊士运河沿岸的战斗的称谓。)[35]苏联人对埃及和叙利亚是倾力相助，竟然为埃及建立并运行了一个空防系统。如今，以色列卷入了一场与苏联的军备竞争。为了进行这场竞赛，拥有自己的超级大国后台即美国是必不可少的。在六日战争(1967年6月)后的头三年中，美国对以色列的军事援助达到了每年4 000万美元。在接下来的三年中，它达到了每年4亿美元，或者说是以色列每年防务总开支的28%。[36]

以色列军事学说的一个基本政治目标是获得一个大国或中等强国的支持，或者至少是同情。同时，一个基本的军事原则是，以色列国防军(Israel Defense Forces)将"进行先发制人的攻击，如果该国的安全遭到威胁"[37]。随着阿拉伯国家与苏联更加密切的关系促成了在军备上对于美国的新依赖，"同情"不再够用，支持才属必要。

如果以色列发动先发制人的攻击，支持会招之即来吗？这是在1970年和1973年间的某个时候应被问及并应得到充分回答的问题。直至第四次中东战争发生的早晨，它显然未被提及。在1973年10月6日清晨大约4点30分，以色列收到了来自至少一个也可能是两个可靠的情报来源的警告，即阿拉伯人肯定将于当晚6点发起袭击(该袭击在下午2点发生)。空军根据自己的情报，已于前日开始准备先发制人。参谋长埃拉扎尔(Elazar)将军建议在6日中午发动先发制人的空袭，[38]政府本可在当日几乎任何时刻下令这么做，但没有先发制人的命令被下达。在总理戈尔达·梅厄(Golda Meir)与美国大使基廷(Keating)商谈后，全面动员令直至上午9点30分都未下达。根据对该会谈的若干记述，美国大使明确表示，如果以色列首先攻击，对战争中肯定会损失的装备的迅速而及时的补充或许不会招之即来。甚至，在这次商谈之前，梅厄和国防部长摩西·达扬(Moshe Dayan)就一致认为，出于外交—政治原因不能先发制人。达扬甚至主张实行部分而非全体动员。[39]

以色列对美国的依赖在三年中不断上升。这种关系的棘手足以让达扬和梅厄都认识到，在该危机时刻，该纽带或许经不起以色列先发制人所带来的紧张局势的考验。支持该结论的证据在该危机前长期存在。以色列的学说在军事方面的根本变化是在情理之中的。

诚然，在第四次中东战争之前的年代中，以色列的学说未强调先发制人。它转而选择依靠以色列军事情报局承诺的48小时预警，以动员足够的地面部队去进行以防御为初始的战斗。不清楚的是，以色列国防军是否制定了某些特殊方案以应对低于48小时的预警。以色列空军在战争前夕的举动表明，以色列的决策者觉得，若无充分的预警，他们可以依靠某些骚扰性的先发制人空袭。或者，也许以色列人的自信是如此之高，以致阿拉伯人发动突袭的可能根本未受重视。就任何一种情形而言，预警没有如期而至是以色列在1973年10月6日面临麻烦的主要根源。

与缺失预警同样重要的正是，一旦知晓战争迫在眉睫，却不能有效地使用空军。空军作为一个资本密集型而非劳力密集型战斗力量，是以色列随时可用的杀手锏。它是应对突袭风险的保障，是任何先发制人攻击的中坚。但在该危机时刻，一个暗藏的障碍突然浮现。在使用空军上，显然不存在与以色列大战略的重大政治变化即对美依赖的上升相吻合的方式。这样，在10月6日清晨，以色列的军事学说未能为该国的困境提供答案。

在1870年和1973年，大战略的分裂，即军事手段与政治目标的分裂，严重损害了有此表现的国家。在1870年，一场灾难性的失败应运而生。在1973年，对以色列来说，与原本该有的情况相比，一场或许不可避免的战争被弄得危险更大和代价更高。

革新

军事学说的革新及其反面即停滞可通过两种途径影响国家安全。第一，它们能影响整合；第二，它们能影响胜负的可能。

无论是革新还是停滞（稳定或许是更好的一个措辞选择，因为它不那么有倾向性），都不能理所当然地视为褒义。对于革新的好处，可根据它对于整合的影响而进行部分的评判。手段与目标是否有着积极的互动关系？对革新的评判必须部分地根据总体的军事和技术环境。有关国家的军事力量成功履行使命的可能性有多大，无论该使命是进攻、防御还是威慑？权衡而言，鉴于一国环境上众多的可能变化和军事硬件上纷繁的技术变化，革新的缺失应该总会吸引战略家们的注意。近距离的观察可能表明革新乃非必需，但永远不应将此视为当然。

尽管革新能够并的确在一国大战略的政治层面上发生，但是我将更注重解释军事层面上的革新和停滞。大战略的很多政治面貌由国家无法控制的国际环境因素所决定。军事面貌处于国家的权限内，而且更具可控性。与军事学说相关的政治—军事整合任务始自国内。如果政治—军事整合对于国家的安全是重要的，那么我们应该关注如何促进它。军事层面上的革新和停滞不仅仅是整合的重要决定因素，而且也是可操控者。

革新和停滞不仅影响到政治家的政策是否有唾手可得的推行手段。如果战争发生，它们会影响胜负的可能性。军人必然带着头脑中的很多想法——其中多数会变化——去规划对于军队的运作。如果只是出于规划目的，军人必须认定某个敌人。如果政治家改变了对敌人的认定，军人必须改变其规划。如果对盟友的认定变动了，实也同此。敌人或盟友的变动比规划或程序的变动耗时更少。军人还必须认定任何特定敌人的军事能力。这些也许变化迅速，并需要自身作出改变。最后，对手和本方面临的技术性机遇都可能改变。军人必须认定何者值得探求，并以怎样的速度去探求。某种应对是否顺理成章，而且要多久？是否应该仿效该应对，或者是否应该采用某种不同的技术性抗衡？军旅职业是一个复杂的领域。

对于军事学说的很多方面，军人和文官都常有错误的估判。在某些情况下，军人的革新方式不符合本国的政治目标。在另一些情况下，他们根本未能革新。一些革新是成功的，比如德国的闪电战和英国皇家空军的战斗机司令部(RAF Fighter Command)。像马奇诺防线这样的另外一些革新看来不成功。在某些局面下,尤其当战争看来迫在眉睫时,改变某个过时的军事学说或许比维持它更危险。改变学说要花费时间,这会使军事组织陷入迷惘。在该过渡期的战争会非常危险。1941 年,希特勒扼住了处于这种变化中的苏联军队。在耶拿,拿破仑扼住了处于这种重组中的普鲁士人。

以色列已被列作未能实现符合国家政治目标的军事革新的一个案例。对于以色列国防军的各种军事失误,分析家已有大量探讨。其中一些是战术和技术性失误,它们在这场战争的最初数日中得以修补。比如,针对敌人据知已拥有的各种反坦克武器——火炮、无后坐力步枪、肩射式火箭和最引人注目的反坦克导弹——不断上升的密度,以色列国防军在战前未能作出战术调整。在二战中,坦克、步兵、火炮和迫击炮在行动上的密切协同对于对付高密度的反坦克武器必不可少。以色列在 1956 年和 1967 年没有碰到该问题,对于坦克的独立使用也变得过于大胆。在 1973 年战争最初几天的动荡局面中,这令以色列损失甚大。但到战争中期,总能随机应变的以色列国防军成功地重拾了“军备协同”战术。

但在整个战争期间,以色列国防军受制于先前作出的关于军事行动性质的高层决定。它们在军队身上有如此体现,以至于对其难有改变。一旦战争到来,一个问题在于物力。以色列空军以及次之的坦克部队,被赋予了过多资源,步兵和炮兵则被忽视了。尽管以色列国防军迅速地重拾了军备协同战术,它仍然受制于训练有素的步兵、运送步兵的装甲车辆、基层战术梯队的迫击炮以及用来支持快速机动作战中坦克和步兵的自行火炮的缺乏。一场战争的初始战斗是用现有装备来打的,在战争开始前很久就已作出的决策将决定战争中某些作战的可行性。

在 1973 年战争前的最后一次防务预算中,据称总开支的 50%给了空军,30%给了装甲部队。[40]鉴于埃及空防系统在消耗战期间所施加的困难——所动用的只是以色列在1973年将遭遇的空防能力的一半，对空军有这么大的指望是否明智？将这笔钱用来加强炮兵以弥补以色列空军先前履行的一些支援性任务，是否或许更好？尽管该问题很少被如此提出，但评论家已注意到以色列炮兵在战争期间的乏力。[41]

当考验到来时，以色列空军难以履行期待于它的所有使命。情况正逆向发展。如前所述，以色列空军的先发制人遭到了总理基于政治理由的反对。达扬也基于政治和军事理由而反对它。他质疑先发制人的空袭能够带来多大的军事收获。埃及空军以地下机库和混凝土掩体为依托，因此不可能在地面打击到它。对于摧毁叙利亚空军，先发制人似乎已被看成不必要。达扬辩称，对于阿拉伯地面部队的空袭“只有望将阿拉伯人的战备干扰数小时”。而且，以色列空军将攻击“处于戒备状态并由致命的导弹屏障所保护的敌人”[42]。可能的损失或许令空军元气大伤，难以应对余下的战争。

这些观点在战争中也会完全成立。达扬的坦白十分引人注目。作为国防部长，他刚刚将以色列捉襟见肘的防务资源的50%用在了他突然认为在政治和军事上都没用的军事力量上。他的空军看似为他提供了自1967年来少经变化的先发制人打击方案，而很多变化显然已发生于该时期中。先发制人在政治上不可接受；而且，即便下令执行，在军事上显然无效。适合1967年的军事学说被迫去应对1973年的情况，却被发现力不从心。

我们可以重返一战去选取一个兼具学说革新和停滞的案例。从1866年和1870年发生的战争中，欧洲的主要军队吸取了应对未来战争的教益。在这两个案例中，普鲁士军队的成功被归结于普鲁士可从平民中召集的预备役人员的数量，以及这些部队被火车运往战场的有序和速度。反之，关于为何裹足不前，法国1870年动员的混乱和拙劣则被看作一个教训。军人将随后的四十年用于寻求更好的“质量与速度的乘积”。这些准备是重大的革新，但它们未能造就军事领导人曾预言的决定性速胜。

军事规划者出了什么偏差？他们的军队为何最终在战壕里熬上了四年？军人的思维只集中在1866年和1870年的那些有利于进攻的教益上。来自这些战争和随后战争的表明现代武器或可决定性地影响交战过程的证据被系统地误读了。军人尽可能避免去正视新武器技术明显的防御潜力。[43]

迟至1917年，这些教训仍未被吸取。来自这场可怕战争的最可怕统计或许是，56 000名英国军人在伊普雷（Ypres）轻易地湮没了，他们的躯体在高爆炸药和泥浆的混杂中灰飞烟灭。进攻崇拜有着顽固的生命力，很多士兵则随之丧命。进攻性学说的持久性令人劳神，不仅因为关于新技术的作用的客观教训在一战前就有，也因为法国、德国和英国的年轻军官兼学者已经正确地解释了这些教训。[44]

总结

大战略是政治和军事目标以及手段的一个链条。军事学说是大战略的关键构成。军事学说的重要性在于它们影响着国际政治体系中的生存质量，以及作为其奉行者的国家的安全。军事学说可能强调不同的军事行动——进攻、防御和威慑。军事学说可能与也可能不与大战略的政治目标相整合。它们可能是革新或停滞的。在下一章中本书将引入两个理论，它们有助于解释为什么军事学说会循着本章所述的三个维度而变化。

注释

1. Edward M.Earle, ed., *Makers of Modern Strategy*(Princeton: Princeton University Press, 1971), p.viii.

2. Bernard Brodie, *Strategy in the Missile Age*(Princeton: Princeton University Press, 1959), p.361; N.H.Gibbs, *Grand Strategy*, vol.1, *Rearmament Policy*, in *History of the Second World War*, United Kingdom Military Series(London: HMSO, 1976), pp.772—775; Arnold Horelick, "Perspectives on the Study of Comparative Military Doctrine," in *Comparative Defense Policy*, ed. Frank B.Horton(Baltimore: Johns Hopkins University Press, 1974), p.195; Paul M.Kennedy, ed., *The*

War Plans of the Great Powers, 1880—1914（London: Allen and Unwin, 1979）, pp.1—22, esp.7; Henry Kissenger, *Problems of National Strategy*（New York: Praeger, 1965）, pp.9—10.

3. 对于战略、军事学说和战术这些术语的定义，军事领域的作者未达成一致。但就最简单的意义而言，战术是对于如何进行战斗的研究。在我看来，一旦人们开始问询如何实施战役的问题，他就进入了军事学说领域。当他开始问询应该打哪场战争或是否应该开战时，他就进入了战略领域。

4. Robert Jervis, *Perception and Misperception in International Politics*（Princeton: Princeton University Press, 1976）, p.64.

5. Robert Jervis, "Cooperation under the Security Dilemma," *World Politics* 30（January 1978）:169.

6. Jervis, *Perception*, p.76.

7. 这是一个可溯至修昔底德之作的老论点。该论点以均势理论为外衣，在 18 世纪再次崭露。就其早期表现而言，这是一个对策性理论，它促使明智的政治家以"制衡"某个扩张性霸权的权力增长的方式去缔结同盟。同样的基本概念和假设广见于肯尼思·华尔兹对均势理论的更具预测性的重新阐述，以及罗伯特·杰维斯对安全困境的讨论。国家被假设成按照合理方式行事以保障它在自助体系中的安全的单一行为体。以无政府状态为背景，如果某国推行扩张政策，他国——如果它们享有自治——组成联盟反对扩张主义强权应属常态。该理论预言，制衡行为在国家间或国际体系中应时常发生，大致类似一架天平的某种权力态势应属常见结果。参见 Thucydides, *History of the Peloponnesian War* trans. Rex Warner（1954; Harmondsworth England: Penguin, 1972）; Kenneth Waltz, *Theory of International Politics*（Reading, Mass.: Addison-Wesley, 1979）, pp.116—123。

8. Waltz, *Theory*, p.168.

9. 例如参见 A.J.P.Taylor, *The Struggle for Mastery in Europe, 1848—1918*（Oxford: Oxford University Press, 1971）。

10. 对于为何如此，杰维斯和华尔兹都不约而同地提出了同样简单的解释。该解释不要求各国理解它们所生存的体系，也不要求它们有意识地寻求"均势"。该解释将各国希望保持国家身份看成理所当然——一个看似合理的论点。据此，某些国家可能意欲扩张，他国则认识到这点，并可能从其自身私利出发而作出回应。

11. Jervis, "Cooperation," pp.186—190.

12. 关于这类行为的一个解释和不那么明显的一个模仿，参见 Harold Brown, *Department of Defense Annual Report, Fiscal Year 1981*（Washington, D.C.: GPO, January 29, 1980）, pp.65—83。

13. Fritz W.Ermarth, "Contrasts in American and Soviet Strategic Throught," *International Security* 3(Fall 1978): 152;另参见 Benjamin Lambeth, "The Political Potential of Soviet Equivalence," *International Security* 4(Fall 1979); Stanley Sienkiewicz, "SALT and Soviet Nuclear Doctrine," *International Security* 2（Spring

1978)。

14. Desmond Ball, "Counterforce Targeting: How New? How Viable?" *Arms Control Today*, February 1981; Desmond Ball, *Politics and Force Levels—The Strategic Missile Program of the Kennedy Administration* (Berkeley: University of California Press, 1980), pp.31—34, 195—201; Aaron L.Friedberg, "A History of the U.S.Strategic Doctrine, 1945—1980," *Journal of Strategic Studies* 3(December 1980):37—71.参谋长联席会议主席戴维·琼斯(David Jones)将军在美国国会参议院对外关系委员会的讲话, *SALT Ⅱ*, 96th Cong., 1st sess. pt. 1, p. 381; U.S.Congress, Senate, Committee on Armed Services, *Military Implications of the Treaty on the Limitation of Strategic Offensive Arms and Protocol Thereto* (*Salt Ⅱ Treaty*), 96th Cong., 1st sess., pt. 1, pp. 169—170; David Alan Rosenberg, "'A Smoking Radiating Ruin at the End of Two Hours': Documents on American Plans for Nuclear War with the Soviet Union, 1954—1955," *International Security* 6:3(Winter 1981—1982):3—38; Henry S.Rowen, "Formulating Strategic Doctrine," Appendix K—Commission on the Organization of the Government for the Conduct of Foreign Policy, June 1975(Washington, D.C.: GPO, 1976), pp.217—235;对这些材料的详细阅读表明,美国的核战争计划一直含有对苏联战略核力量发动大规模攻击的选择。

15. "如果核大战对双方皆是威胁,必须如何行动以实现必要目标,即在本方遭受最小损失和破坏的情况下消灭敌人?美帝国主义者及其西欧盟国给出了如下答案:第一,大力强化军备竞赛,重点是核导弹和太空武器;第二,突然性因素……突然性可保证赢得先机,迅速消灭敌人的武装力量(首先是其战略力量和武器),扰乱对部队和整个国家的控制,并破坏经济和民众的士气。强劲而突然的袭击据信将在各方面令敌人瘫痪,其命运在战争的头几日中就会被决定。" V. D. Sokolovsky, *Military Strategy: Soviet Doctrine and Concepts* (London: Pall Mall Press, 1963), p.66.

16. International Institute for Strategic Studies, *The Military Balance, 1983—1984* (London: International Institute for Strategic Studies, 1983), pp.3, 11;以及作者的估计。

17. Ibid.; U.S.Congress, House, Permanent Select Committee on Intelligence, Subcommittee on Oversight, "Statement of the C.I.A.Concerning C.I.A.Estimates of Soviet Defense Spending"(mimeographed, September 3, 1980), pp.13—14.

18. Taylor, *Struggle*, p.xxix.

19. Ibid., p.xxviii.

20. Jervis, "Cooperation," pp.186—190, 199—200.

21. 核威慑学说的影响类似于常规意义上的防御性或威慑性学说的影响。一个明显差异在于对长期战争的假设。短期战争在动用核弹时非常可能出现,尽管胜利被视为不可能。核威慑学说的确使维护现状的强国更易于被确认。为惩罚目的而作优化的力量不易成为最佳的反力量武器。这种学说假定，惩罚比进攻（解除第一次打击能力或区域防御）容易。最后，它们假定，对手进攻能力的上升可被相对轻松地化解。

22. Jervis, "Cooperation," p.76; Herman Kahn, *On Thermonuclear War*(New York: Free Press, 1960), pp. 357—375; Thomas Schelling, *Arms and Influence* (New Haven: Yale University Press, 1966), pp.221—248.

23. Alfred Vagts, *Defense and Diplomacy: The Soldier and the Conduct of Foreign Relations*(New York: King's Crown Press, 1950), p.381.

24. Michael Howard, "The Armed Forces," in *Material Progress and World-Wide Problems, 1870—1898*, vol.11 of *The New Cambridge Modern History*, ed. F.H. Hinsley (Cambridge: Cambridge University Press, 1962), p. 217; Taylor, *Struggle*, p.xxviii, table 4.

25. Vagts, *Defense and Diplomacy*, p.380.

26. Ibid., p.410.

27. Jervis, "Cooperation," p.19.

28. Ludwig Reiners, *The Lamps Went Out in Europe*, trans. Richard Winston and Clara Winston(New York: Pantheon, 1955), p.136; L.C.F.Turner, *Origins of the First World War*(London: Edward Arnold, 1970), p.76.

29. Henri Michel, *The Second World War*, trans. Douglas Parmee, 2 vols. (New York: Praeger, 1975), 1:36.

30. Philip Selznick, *Leadership in Administration*(Evanston, ill.: Row, Peterson, 1957).

31. Carl von Clausewitz, *On War*, trans. and ed. Michael Howard and Peter Paret(Princeton: Princeton University Press, 1976), p.605.

32. F. H. Hinsley, *Power and the Pursuit of Peace* (Cambridge: Cambridge University Press, 1963), p.245.

33. Taylor, *Struggle*, p.173.

34. Michael Howard, *The Franco-Prussian War*(London: Granada, 1979), pp. 33—38.为我对普鲁士和法国的军事学说和能力的评论提供了依据。

35. 这场战争主要由炮兵、战斗机、陆基防空部队和突击队进行。埃及挑起了战端，目的是让以色列相信占领埃及领土的成本不可忍受。以色列试图让埃及相信，这些代价可以控制，而且埃及将不得不为加大以色列成本的任何企图付出代价。

36. Nadav Safran, *Israel: The Embattled Ally*(Cambridge, Mass.: Belknap, Press, 1978), p.316.

37. Michael Handel, *Israel's Political-Military Doctrine*, Occasional Papers in International Affairs, No.30(Cambridge, Mass.: Center for International Affairs, Harvard University, July, 1973), pp.65—66.

38. Safran, *Israel*, p.285.

39. 该简述主要依据 Chaim Herzog，*The War of Atonement*（Boston：Little，Brown，1975）；London Sunday Times Insight Team，*The Yom Kippur War*（Garden City，N.Y.：Doubleday，1974）；Safran，*Israel*。

40. Safran，*Israel*，p.275.

41. Herzog，*The War of Atonement*，p.271.

42. Insight Team，*The Yom Kippur War*，p.123.

43. William McElwee，*The Art of War*：*Waterloo to Mons*（Bloomington：Indiana University Press，1974），p.314.

44. 与奥格尔(Auger)上尉、冯·弗莱塔格-洛林霍芬（von Freytag-Lorinhoven）男爵和埃德蒙兹(Edmonds)中校一脉相承的更知名平民评论家伊万·布洛赫(Ivan Bloch)预言了堑壕战。Ibid.，pp.319—322.

第二章　解释军事学说

理论与解释

对于哪些因素导致军事学说在进攻—防御—威慑、整合—分裂和变革—停滞维度上发生变化，本章将提出一些假设。这些假设可分为两类，它们代表着关于国家行为的两个不同视角："组织理论"视角和"均势理论"视角。本章将对两者进行总结。在关于国家安全政策的研究中，这两个理论视角已得到广泛应用。两者都拥有大量的研究文献。因此，在试图解释军事学说时，它们看来是一个适当的起点，但它们极少被如此运用。

"视角"一词或许比"理论"一词更适合描绘这两类假设。组织理论是一个比下文所概括的要庞杂得多的思想体系。我只总结国际政治的研究者所引用的组织理论的基本要点。均势理论也类似地有着庞杂文献——对策性和描述性的，其支持者之间的很多争论也被纳入其中。我对该理论的总结在很大程度上是参考肯尼思·华尔兹，但他的著作在该领域中或许是最抽象的，其观点也绝非得到普遍接受。

对于我对该理论的运用，华尔兹和其他的均势理论家或有争议，因为我将其引申为"政治现实主义"或"现实政治"。它们有着密切的关联性，但不是一回事。[1]华尔兹强调体系意义上的一般性约束和刺激对所有国家行为的影响，以及对作为整体的体系的影响。"现实政治"的研究者关注的是，这些一般性约束和刺激如何与单个国家的特殊状况相结合，促使它们选择了特定的外交或军事政策。因此，对"组织理论"和"均势理论"这些词汇的使用或许多少有误导性。但简洁起见，也为了清晰说明本书所引假设的一般性来源，将用这些词去指代本书所考察的军事学说根源的两个“视角”。

关于技术和地理对军事学说的影响，我将导入若干假设，它们与上述两个视角中的某一个相吻合。在对国家安全事务的当代研究中，人们可发现一个普遍观点：技术对军事学说有着决定性影响。在过去，像在当前一样，地理有时被赋予了类似的影响力。我没听说有什么一般性的理论阐述解释了技术或地理如何和为何影响了军事学说。所以，这些论点将被纳入对组织理论和均势理论的探讨中。

对于解释过去二三百年中的很多国家行为，组织理论和均势理论都是有益的。均势理论应能解释主权政治单位在任何缺乏管制的环境中的行为。在我们可看到功能专一的大型官僚组织的任何地方，组织理论都可用以解释组织的行为。后一情形部分地体现在 17 世纪末以来的欧洲国家身上，自 19 世纪下半叶起在它们身上则有充分体现。另外，这两个理论可用来导出新的假设，它们可根据该时期的国家行为而予以验证。由于这些理论的性质，可对时空上不同的国家进行合理比较。源自这种比较的教益在未来数年中都应适用，而且应有助于就未来作出某些大致预测。

所考察的这两个理论都是同一类型——结构主义理论。这类理论试图从特定的政治体系中抽象出关于其组成部分以及这些部分之间互动的特征。如肯尼思·华尔兹所说，目标是发现体系各部分的“排列”和“排列的原则”。[2] 换言之，这类理论的动机是希望找到使体系成其为体系、使其构成整体并使其以特定方式运作的因素。国际政治的研究者已观察到，某些结果易于时常发生，且常与行为体的意图相左。组织理论家在其考察范围内注意到了同样现象。形形色色的国家在很多历史环境中的行为虽然确有质的不同，但看似都体现了重要的基本相似性。修昔底德(Thucydides)对雅典与斯巴达之间争斗的描述及其对该争斗的解释出奇地令人想到苏美冷战。在组织层次上，大型企业、大型官僚机构和大型军事组织的研究者看到了行为上的鲜明相似性。

华尔兹强调,“结构”概念可用来理解什么使国际体系成为一体,什么导致了某些特定结果。组织理论家不言自明地持有这种认识,他们时常使用“结构”一词,尽管甚不精确。在华尔兹和很多组织理论家对该术语的使用中,有着一条共同线索。[3]能力——体系中的权力——的分布被认为具有长期性的关键意义。

为什么能力的分布是重要的?理由是,各政治行为体受制于自身权力的限度和他者权力的大小,这是一个合理的假设。另一个合理假设是,各个政治行为体有着足够理性,从而对自己以及同类会如何行动有所感知。在就权力分布本身作出判断之外,重要的是要了解权力是否根据某个固定原则来分布。权力的分布是否有意无意地保障了某种特定价值?

在组织内部(以及此种意义上的国家内部),权力的分布是为了实现功能的专门化——高度的分工。功能专门化的各个次单元之间的协调需要等级制的权力分布。权力的功能性和等级性分布是为了保障组织(它可以是公司、官僚机构或国家)的目标。

在国际政治中,同样的情况显然不存在。在其中,权力的分布比在组织中更加均衡。而且,其分布不是为了保障群体性目标。在国家间,不存在功能的专门化。但是,我们可将所保障的价值概念化。各国“阅读”国际政治权力的分布,很简单地就知道它不能保护它们,并可能陷其于险地。主权单位是自己在照顾自己,它们知道没有什么外在一方会帮助它们。它们培养自身所拥有的权力,而且它们常常寻求获得更多。在国际政治中,权力可进行自我保障。这种行为方式趋向于使单个主权单位得以保全。无政府状态——即统驭一切的主宰者的缺失——则依然如故。这样,权力分布在国际政治中*无意识地*保障了无政府状态——该情形下的“价值”。

均势理论和组织理论都假设,各行为体本着各自的权力而尽其所能,并参照他者的权力而尽其须行之事。以此为事实,每个理论都预言，各单元在结构类似的背景下有着类似行为。无政府环境应会在生存于其中的国家间造就某些类似的行为。目标明确且功能专门化的各组织应会在下属各部分之间造就行为的某些类似性。

对于履行以下任务，即比较和解释不同国家——都由专业军事组织所保卫，但在国际政治体系中地位不同——在军事学说上的变异，这两个理论对结构的强调都赋予了它们特殊效用。通过共同运用这两个理论，而非运用其中之一或进行根本不借助理论的经验性研究，对军事学说的根源可有更透彻的理解。对于影响现代国家中国家安全决策者行为的约束性因素，两个理论都进行了概括。外部和内部约束的作用在某些情况下相互矛盾，在另一些情况下它们则相得益彰；在任何情况下它们都是重要的。

理论验证

通过从某理论中合乎逻辑地导出一系列“经验性论断”，可对其进行验证。若结果表明这些经验性论断是正确的，该理论看来“更可信”。做到这点的次数越多，有关理论就变得越可靠。本章中引入的假设就是这种性质的经验性论断。如果它们得到了本书后文所考察的案例的证明，导出它们的理论就更为可信。[4]

第二种有力的验证方式是将理论相互比对。亚瑟·斯廷奇康比(Arthur Stinchcombe)应用了关键性试验的概念。“与我们不加思考地检查自身理论的作用从而随意清除替代性选择相比，通过将最可能的替代性理论清除出去，我们在提升我们理论的可信性上要远胜一筹。”[5]就当前问题而言，该验证难以实施。只要对发展军事学说的理论解释尚无多少尝试，就难说什么是最可能的替代性理论。我的目标只能更为中规中矩——选择应用最广的两个关于国际政治中国家行为的理论，并比较其解释力。就解释军事学说而言，这里引入的理论相互间都属于“最可能的替代性”理论。斯廷奇康比提议我们“注意我们理论的那些遭替代性理论否定的推论”[6]。国际政治的研究者不会不注意到，本章引入的属于均势理论类别的那些假设与格雷厄姆·艾利森(Graham Allison)的“模式一”或理性行为者模式、汉斯·摩根索(Hans Morgenthau)的“现实主义”国际政治理论以及肯尼思·华尔兹(Kenneth Waltz)的“第三镜像”紧密相关。属于组织理论类别的假设则与艾利森的“模式二和模式三”紧密相关,并属于华尔兹政治理论中的“第二镜像”。[7]在解释国际现象时,均势理论家强调体系的影响,组织理论家则强调国家及其组成部分。读者将认识到本章提出的一些假设是矛盾的,这样也就卷入了争论之中。倘若从这个或那个学派导出的假设看来更好地解释了军事学说的特征,那么导出这些假设的理论也就获得了更大的可信性。

如本书所言,军事学说是对来自国家和国际层次的影响的反应。它体现了国家对外部世界的制约和刺激的反应,但它也包括由军事组织掌握的手段。这也许是最具“组织性”的组织,后来的多数组织正是从其基本结构中获得了启发。这样,军事学说为这两个理论提供了再好不过的战场。

理论验证的一个目标应是构建特别困难的验证,即在人们直观的料想中,理论只能勉强通过的验证。对均势理论和组织理论而言,军事学说带来了验证上的困难。在与国家安全直接相关的事务上,若料想环境中的制约和刺激因素以及文官的高度政治控制对军事组织具有最大程度的影响,这不无道理,该结果与均势理论相一致。如果从中导出的假设提供了对特定军事学说的特征的最佳解释,那么组织理论的可信性也会上升。若它在这样一场围绕解释性价值的竞争中失利,这必被看成在一个它自视强大的领域中的一个弱点。

对于均势理论,军事学说也带来了验证上的困难,因为根据组织理论的预言,军事组织是属于最难被掌控的。它们狭隘、封闭、庞大,被赋予了各种资源,并掌握了某种高深莫测的技术。它们在很多时间中应超脱于控制之外,如同它们在一战前的情形。如果情况表明均势理论对于军事学说可侃侃而谈,这应使我们对该理论更有信心。

无论是认为技术对军事学说具有决定性影响的观念，还是认为地理因素有此影响的观念，都未经任何一般性理论的具体论述。不过，验证每个观念的合理性是有益的。在我们自己的时代，关于如何打核战争的学说的出现常被归咎于分导式多弹头导弹(multiple independently targeted re-entry vehicle)和制导技术的改进之类的技术发展。[8]关于英国参与大陆政治和战争的独特方式，它在地理上与欧洲大陆的分离被长期援引为一个解释。[9]由此，军事史家们常常乐于断言，某一技术具有使其或应该使其影响军事学说的客观意义。罗伯特·杰维斯和乔治·奎斯特(George Quester)这样的理论家用军事技术和地理因素来解释国际政治事件，常将它们视为客观因素。[10]

阐释新的军事技术并应对地理上的制约和机会乃国家和军事组织之责。关于国家和军事组织的理论可帮助我们理解新的军事技术如何被吸纳，以及地理因素如何被解读。就技术或地理因素的客观意义可被确认的程度而言，均势理论看似预言了当事者对于这些因素的某种重视。另外，组织理论预言了对于技术和地理因素的颇为特定且非常的认识。

尽管有限的证据和历史的奇异致使对于国际政治理论的多数“验证”有欠决定性，但我要强调，作为该实践的结果，均势理论的可信性比它近年来所享有的要大得多。另外，组织理论从结果看其可信性稍次。该分析不表明组织因素无足轻重，而是它们易屈从于国际政治体系层次上的约束和刺激。最后，关于技术或地理决定论的粗泛观念未获多少证明，尽管这些因素的确通过重要方式影响了军事学说。

基于组织理论和政军关系文献的关于文官和军方行为的预言广泛表明，进攻性的和僵滞的军事学说——与国家大战略的政治目标很不协调的学说——是趋势所在。案例将表明，这些趋势的确存在；组织理论的确成功预言了军方的不少行为，并对政军关系的确多有解释。但到 1940 年，与该理论的那些预言相左的结果出现了，为什么？

均势理论表明，对于所料之敌具有潜在危险性的权力增长，国家会作出反应。与通常的看法相反,制衡行为在20世纪30年代随处可见。比如,到法兰西之战时,英国和法国的总体军事力量或许超过了德国。制衡行为在质和量上都有表现。各国不仅寻求盟国和增加自己的军事力量,它们也审查自己的军事学说。该审查会缓解组织理论所预言的革新停滞的趋向。

均势理论预言了进攻—防御—威慑维度上的差异,这取决于一国大战略的政治目标及其面对的地理、技术和政治上的约束和机遇。根据国家在国际体系中的政治"地位",均势理论可预言军事学说的某些细节。与组织理论相比,它还预言了国家的军事学说与其大战略的政治内容的更紧密整合。最后,它预言了作为国家间竞争的体现的军事学说上的革新趋向。这些趋向不总是显而易见的。在国际局势相对平静时,组织力量处于放任状态。但在威胁来临时,政治家以及——在次要程度上——军人的举措将趋于克服这些力量。

因此,尽管我的分析肯定了组织理论对于军事学说研究的效用,但它也质疑了过去10年该理论在国家安全问题研究中受到的广泛欢迎。反过来,它提升了均势理论的可信性,并扩展了其解释力。

案例选择

上述评价直接引出了有关案例选择和案例研究方法的问题。将英国、法国和德国的二战前军事学说选作案例,是出于五个原因。第一,该时期是基于技术体验而对军事技术的意义多有总结的时期。第二,这是一个军事学说有着重大革新——闪电战和战斗机司令部(有史以来第一个整合性的空防体系),以及一项次要革新——马奇诺防线——的时期。第三,在两次世界大战之间的多数时间中,德国在政治上相对孤立,这与英法之间以及它们与受其庇护的各小国之间的关系有着强烈反差。对于验证我从均势理论中导出的关于政治孤立对国家军事学说的影响的假设,这提供了机会。第四,该时期的各国是由庞大和现代的专业军事组织来守卫的。这样,这三个案例提供了可供考察的三大军事组织。其实，由于每个案例都要考察不同的军种，要考察的军事组织不止三个。这样，就有了验证组织理论假设的上佳机会。最后，其中两个国家即英国和法国是主张维持现状的强国，它们起初对自身安全不无信心，但逐渐面临着越来越多的反证。这样，关于"制衡"的论点可被验证。

在考察二战前的军事学说时，我主要依靠关于该时期的众多二手文献。当前，英国和法国的档案机构正公布该时期的材料，近来有史著发表的作者们也可接触到大量的一手资料。我有时也用一手资料来补充二手资料，倘若这类资料有助于阐释某些论点或填补空白。

军事组织与军事学说

现代国家的国家安全职能是由专业人员来分担的。这些专业人员，尤其职业军人，是在高度体制化的复杂组织中安身立命和履行职责。现代国家的这两个特点，即职能的专门化和官僚化，对本书选作研究对象的军事学说的那些方面发挥着重要影响。

军事学说属于军事组织的日常负责范畴。对于构建军事学说并在战时履行它，这类组织负有要责。如果这类组织未对军事学说发挥重大和特殊的影响，并借此影响到总体大战略，人们在直觉上会感到意外。但是，仅仅依赖直觉是不必要的。关于组织、军队和国家的大量且相互关联的（即便不是完全系统的）命题为生成军事组织对军事学说影响的假设提供了一个有益的起点。这些命题在关于组织理论、政军关系以及国家构建和国家结构的文献中被提出。有两个基本论点引人注目。第一，现代军事组织的某些特征影响了它们对进攻、防御和威慑、政治—军事整合以及革新的态度。第二，在被择为研究对象的军事学说的各维度上，现代国家结构的某些方面令文官难以行使其权威，尽管不是不可能。

与军事组织研究相关的很多命题散见于组织理论文献中。遗憾的是，组织理论本身是一个十分松散的领域。尽管各种命题层出不穷，但它们之间的联系模糊不清。尽管这些论点对于因果联系及其原因的解释绝非清晰，但某些命题确实涉及本研究的核心问题。尽管关于政军关系的文献趋于关注军方干政问题，但它们也包括与军事学说研究相关的论点。下文不是对这两个领域中文献的一个评述，而是对可能有助于回答本研究核心问题的那些洞见的一个讨论。

组织理论试图解释组织的行为和结构——组织有何举动？其面貌如何？在军事上，军事组织的进攻性倾向是我们意欲解释的这类行为的一个代表。组织理论对问题的解释是参照三个重要的根源性动力：目标、人员和环境。

目标

组织出于对特定目标的追求而存在。目标离不开协调、规划和监管。它要求系统地引入关于因果和成本收益的理性标准。对目标的追求会增进旨在减少不确定性的行为和结构。所有这些会造就特定的组织形态即官僚机构。官僚机构职能的独特反映了其目标的独特。与生产钢铁相比，研究和开发需要不同的官僚结构。[11]

人员

组织必须依靠人去实现自身目标。人是不确定性的重大根源。尽管目标需要理性，但人未必能够提供它。人几乎不可企及古典经济学假设的完美理性。[12] 能力是有限并且不均衡分布的。而且，人不是工具；与原材料或机器的投入和产出相比，他们的投入和产出不能按同样方式计算。人寻求的不仅是从所在组织获得薪金。力量、权威、声望、顺从、良好的同事关系等等都左右着人在组织中的行为。因此，要获得实现目标所需的理性是有疑问的。

环境

从最根本的意义上讲，环境催生了组织；它造就了使组织得以存在的目标。人和物质的供给也须从环境中获得。组织的产出被售给或交换给环境，并换回更多的供给。但是，环境是不确定性的重大根源。组织的产出会让环境中的那些令组织依赖的群体满意么？必要的供给会在组织实现其目标所需的时间和地点出现么？环境如同组织中的人，对于实现目标所需的协调、控制和理性经常是一个阻碍。[13]

组织理论中的多数论点强调的是一个或多个这样的本源性力量，以及它们相互间的关系。从这些力量出发，可就组织的行为和结构构建出一幅图画。为了实现其目标，组织须以不确定的环境为背景，协调和控制众多变化无常的人员的作为。目标需要理性，不确定性是理性的敌人。组织会试图减少不确定性的内外根源。

处理不确定性——内部机制

为处理特定的任务、问题和事态，组织会形成作为组织日常运作标准的规程。这就是当今著名的“标准执行程序”(standard operating procedure，即 SOP)，以及结合了这类程序的规章，它们因格雷厄姆·艾利森的著作而为人熟知。[14]标准执行程序是用以实现基本任务的最简单的一般性规则。在多数的西方军队中，从“车身隐蔽”(hull-down)位置或“藏身”(hull-defilade)位置开火是坦克的一项标准执行程序。将坦克部署在小山的后坡上并降低炮口，可使坦克的主体甚少暴露在敌方炮火下，但不妨碍它开炮。在进攻中尽可能地利用不规则地形来掩护推进中的坦克也是标准执行程序。

标准执行程序按照标准方式结合起来，就产生了规章。[15]要订立一项规章，或许要使用很多标准执行程序。上述的两个标准执行程序可合为一项行之有效的进攻性规章：某作战单位的一些坦克可以待在便于隐蔽车身和进行火力压制的位置上，以掩护正利用地形的其他坦克的推进。组织通常没有多少规章，制定新规章也非易事。某组织拥有的全部规章可称为它的总曲目，而且大致等同于其军事学说。

为了控制和协调众多下属单位的作为，各组织会形成所偏好的行为方式。与某一标准执行程序或规章有着特殊关系的个人和下属组织会与之形成个人或专业意义上的利益关系。各组织会保证,任务的完成是通过赋予下属组织如此行事的能力和权威而实现。

下属组织中的个人根据特定的行事方式而得到培训、酬报和提升。经过组织的社会化和提拔从而按照特定方式行事的那些人反过来将同样标准用在下属身上。因此,标准执行程序、规章以及施行它们的各组织会被体制化。[16]在它们变得不合时宜后,它们可能还长期存续。骑兵在西方军队中不同寻常的长期存在是一个好例子。艾利森已观察到,对某类问题的首要责任带来了"狭隘的主次先后之分和认知"[17]。该现象在军事组织中特别明显。[18]

环境的不确定性

环境可成为很多干预和不确定性的来源。各组织会尽其所能去减少可能干扰其例行规程的环境性干预。[19]大体而言,各组织可利用两种战略来减少对环境的依赖:物质的和政治的。物质战略旨在将不确定性置于组织的直接控制下。各组织囤积或贮存资源,推崇计划性,并努力收集所有它们能收集到的信息——针对的是其所需求的供给和对其行动要求的可能变化。[20]在某些情况下,组织采取了将这些不测的部分纳入自身控制的帝国式政策。美国海军陆战队决心保持自身专有的空中力量是一个很好的案例。二战时对海军航母航空力量的糟糕感受令陆战队相信,陆战队的步兵只能依靠陆战队弟兄提供可靠的近距空中支援。

当物质战略过于昂贵或受阻时,组织诉诸于政治战略。比如,军事组织或许喜欢决定自身预算的规模。但是,一个组织不可能同时既是组织性暴力的专家,也是税收专家。所以,军方有赖于合法的政治权威提供关键支持。

凌驾于组织的正式权威的存在是不确定性的一个来源。组织竭力要获得对于合法权威的独立性,担心对于该权威的变化无常且不为人知的运用会打乱内部结构和规程上的脆弱平衡。为了保持其自治，组织会运用政治战略，诸如保有备选的供给者，追求威望，或追求凌驾于所依赖对象的权力。军国主义是军事组织施行的一种威望战略。[21]军事组织在国内拥有某些基于其所履职能的固有权力，而且它们试图通过将其技能神秘化并对文官当局隐藏该技能而增加该权力。如马克斯·韦伯(Max Weber)就官僚制所观察的，军方看来明白知识即权力，而且设法保密其知识。[22]

政军关系的研究者注意到了军事组织寻求自治的趋向。萨缪尔·芬纳(Samuel Finer)认为军方可能恰恰由于自身的专业性而干涉政治。"作为其领域内的专家，军方领导人可能觉得只有他们有能力决定军队规模、组织、征兵和装备之类的事项。"[23]

在对于战后危机时期政军关系的透彻考察中，理查德·贝茨(Richard Betts)的结论是，变化并不显著。自二战以来，参谋长联席会议通常寻求保持"政策性"决定(他们借此向文官领导人提出建议)与军事性决定(对此他们要求专权)的区别。在很多情况下，他们更愿选择组织拥有自治但缺乏资源，而非政治上受控但拥有财富。[24]

在来自环境的其他不测中，还包括竞争者试图接管某组织的首要任务，这有时会引发受威胁组织的强烈反应。美国海军在战后初期激烈反对空军谋求主导地位的企图。这些危险可通过安排"协议性环境"(negotiated environment)来减轻。"通过就预算分配达成一致、就职责范围求得认同和明确行为方式之类的安排，基本环境(与组成政府的其他组织的关系)得以稳定。"[25]简言之，组织寻求结盟和订立约章。

艾利森关于国际环境的评论具有特殊价值。"在不可能就国际环境达成协议的场合，组织通过设定一系列构成它们所备不测的标准情境(standard scenario)，来应对余下的不确定性。"[26]这对于军事组织有着特殊影响。一旦军事组织对这样的标准情境已有准备，它们就有意向通过进攻行动将这些情境强加给对手。

不确定性与革新

对组织理论的上述总结甚少表明，组织革新是可能或简单的。作为有着“理性”和目标的工具，组织重视可预测性、稳定性和确定性。这些价值不利于革新。组织内的个人对于组织的特定部分会形成个人利害关系。由于这些原因，组织行为的研究者们更经常论述的是渐进性变化而非革新。[27]

但是，组织的革新——大规模变化——并非闻所未闻，其原因何在？

第一，组织会在它们失败时革新。该假设屡见于文献。被视作严重失败的事件会对组织的根本生存形成挑战。其存在取决于某个特定目标的实现。组织必须以实现该目标的某个方式去革新，否则它将受挫。[28]

第二，组织会在它们面临外来压力时革新。心怀不满的委托人会告诉组织哪儿出了问题。如果他们有着凌驾于组织的正式权威，他们将改变之以作纠正。压力可能是间接的。组织可能面临资源供给的萎缩，因为其主顾或委托人正与其他方面展开交易。组织必须革新，否则就面临重大损失。[29]

第三，组织会因为它们希望扩张而革新。为了控制环境中的不确定性，并获取可用来奖赏其成员的新资源，组织经常希望扩张。当然，革新仅是服务于扩张的战略，而不必然是心仪之举。[30]

在上述篇幅中，我已总结了组织理论的主要假设，它们有益于本研究。利用这些主要假设，现在有可能导出更具体的假设，它们涉及本书特别关注的军事学说的三个维度：进攻—防御—威慑、整合—分裂和革新—停滞。

假设——进攻、防御和威慑

多数军人和很多文官直观地将进攻当成稍强一筹的战争方式而心存向往。常被误解为攻势鼓吹者的克劳塞维茨对于防御性战略的优点心知肚明。他将防御称为“更强的一种战争方式”。但是，其著作中每个可被解读为鼓吹进攻的地方都被如此这般地解读了。如何解释这样的系统性误读?

减少不确定性

军事组织通常会偏好进攻性学说,因为它们通过重要的途径减少了不确定性。

1. 对于标准情境的需要促使军事组织偏好进攻性学说。为了拥有一系列的“标准运行程序”和规章,它们必须就“标准情境”作出筹划。一旦已有“标准运行程序”和方案应对这类标准情境,为了可以“迎战”即在战斗中使用,组织必须适应这些“标准运行程序”和方案。如果组织要成功地“迎战”,它须以可预测的方式应对指挥问题。指挥官们须有能导致可预测回应的命令以供下达。因此,在敌方对本方同样行事之前,通过进攻行动将自己的“标准情境”强加给敌方非常符合军事组织的利益。

2. 战争是一种极具竞争性的行为。其最成功的实践者甚至连最微小的优势都紧争不放。因此,军事组织看来偏好进攻性学说,不仅因为它们看来使进攻方可保有自己的标准情境,也因为它们使敌人不可获得自己的标准情境。军事组织更喜欢去打以我为主的战争,并防止对手如此行事。发动攻势,采取主动,是将战斗定型的一个途径。看似与突然性相伴的优势不仅是心理上的。打有准备之战的组织可能比做不到这点的一方干得更好。比如,在阿拉伯人 1973 年对以色列的攻击中,埃及和叙利亚的备战是为了让以色列不得不面对一种不为其所好的战争方式。

防御性战争或许看来也使某组织得以将战争定型。但是,身处防御的组织时常处于被动地位,要随机性地推陈出新以应对敌方的主动出招。如果身处防御的组织不论出于何因而才思敏捷,它可以迅速地随机推出挫败进攻方计划的反措施。(以色列国防军在 1973 年通过横渡苏伊士运河而做到了这点。)这使两个组织都要打一场随机应变的战争，而双方或许都想避免之。胜利会属于最具灵活性的指挥结构。但通常而言，职业军人看来相信先打第一枪是有利的，因为这至少在一开始弱化了攻方随机应变的必要和守方随机应变的能力。该军事判断可能反映了某种不言而喻的认识：军事组织不具敏捷的才思，正因为它们是前文描绘的结构化系统。采取攻势的好处因此在想象中被放大了。

3. 由于预测谁的国家意志会被首先摧毁是一项不受制于军事组织的分析技能的政治任务，军事组织不喜欢威慑性学说。使用常规或核武器的惩罚性战争趋于针对对手的意志，而非其能力。对军事组织而言，比之为了摧毁敌方能力而构想看似合理的情境，在战前去估算谁的意志将可能首先崩溃本质上要更难些。与军事组织所掌握的那些技能相比，估算对手的决心需要一套完全不同的技能。对军事结果的估算至少是多少受制于“工程性”标准，对相对意志的估算则并非如此。但是，该论点可能是一个经不住推敲的论点。有更有力的理由去解释为何军事组织不喜欢威慑性学说。

4. 军事组织会偏好进攻性学说，因为它们有助于增加组织的规模和财富。通过增加组织可分配给其成员的报酬，规模和财富有助于减少内部的不确定性。通过为重大损失或局部失败之类的不可预见事态提供缓冲，规模和财富有助于减少外部的不确定性。

尽管进攻使攻击力量得以更明确其组织将如何运作，并令某个对手失去这种确定性，但进攻有可能在技巧上更加复杂，并对数量有着更多要求。还有很多额外的不测需要进攻性军事工具去应对。处于攻击中的军队会遇到必须跨越的天然障碍，这造就了对工兵的需要。所遭遇的筑垒工事可能需要更多和更为重型的火炮以消灭之。进攻中的军队可能不得不四处出击，这要求其装备拥有特殊的技术能力。不可能有什么是专用于母国的环境的。飞机需要更大的航程和载量。所有这些因素都离不开在挺进大军身后伸展的大规模后勤能力。要有部队去守卫该交通线。近距离交战使装备蒙受更多损耗——这要求有大量的储备，还要求有更强的支援能力。尽管地理、政治和技术上的各种特征或许对防御性力量提出了同样的这些要求，但作为常例，进攻性学说会在更大程度上要求之。威慑性学说为军事组织提供了最低程度的物质机会，其部分原因在于它们更多地取决于政治意志而非军事能力。这部分地源自惩罚性任务的明确，极致的专门化由此而可行。

5. 军事组织会偏好进攻性学说，是因为它们强化了军方的自治。如前所述，对军事组织而言，文官对作战事务的干预可成为不确定性的一个重要来源。进攻性学说趋于比防御性或威慑性学说复杂，因而增加了希望了解军事事务的文官的难处。防御和威慑相对容易被文官理解。在二战后，使用核武器的威慑战争一直被证明是文官分析家最容易理解的战争形式。依靠大众抵抗的威慑性战争——比如长期游击战——对于政府的合法性及其对民众的权威有如此高的依赖，以至于它可能是最高形式的政治—军事战。防御或抵拒不具备进攻的复杂性，且又包含与文官当局如此紧密的合作，以至于会限制军方在作战上的自行其是。但是，进攻可在本国疆土之外展开，从而直接减少了文官干预。进攻性作战是力量与策略的精细结合——更多地是艺术而非科学。抵拒更为直截了当，惩罚则再简单不过。防御把军人从求取胜利的行家变成了消耗战的行家，威慑则将其变成了杀戮行家。

在组织理论或政军关系的文献中，没有多少表明现代军方会偏好进攻性学说之外的任何东西，只要这类学说无论如何是可行的。

地理

6. 组织理论体现了地理对军事学说的较弱影响。（技术的影响将在下文探讨。）在地理可看似合理地被断言有利于进攻性学说的场合，它都加强了上述的组织倾向。比如，在解释普鲁士—德国（过去的）和以色列（当前的）对于进攻性学说的亲近时，已变得习以为常的解释是：(1)它们都被强敌包围并在数量上处于劣势；(2)它们享有内线优势（拥有从一条战线向另一条快速调兵的能力）。因此，通过一系列的快速进攻相继击败敌方联盟的成员——在它们能够聚合力量并协同攻击之前，被视为颇具吸引力。任何发现自己身处类似处境的国家想必都会同意。

人们较少发现相反的观点——有些特殊的地理态势通常而且合理地催生防御性军事学说。当然，在大战略层次上，英国和美国都利用了海洋屏障所赋予的防御优势。不过，这两大强国的海军为了获得“制海权”不时鼓吹进攻性军事战略。[31]它们常常被迫按照更有限的方式行动，但对于进攻的偏好——即便在这看似不合理的情况下——彰显无遗。

能够找到军事组织低估地理的防御效用的很多例子。英国在印度的殖民军人认为阿富汗是一条潜在的俄国入侵通道，并寻求控制它。不过，英国的军事远征相继遭遇了彪悍的阿富汗偷袭者、险恶的地形和天气以及遥远的距离带来的灾难。[32]当随后的远征被看成必不可少时，该地区不适合作为入侵通道的明显证据被置之一边。在一战中，俄国人低估了马苏里安湖区(the Masurian Lakes)对于德国人的防御价值。该湖区最终将俄国的大军分割开来，令数量更少的德军得以将其各个击破。[33]在一战开始之际，英国人向波斯派遣了一支小规模部队，去保卫阿巴丹(Abadan)的石油设施。其指挥官选择去进攻巴格达——一个该部队根本不可企及的遥远目标。[34]当前，美国海军主张对巴伦支海和摩尔曼斯克的苏联海军部队——一个棘手且遥远的目标——奉行进攻性战略。[35]在挪威北角(North Cape)外海和格陵兰—冰岛—英国间豁口(Greenland-Iceland-United Kingdom Gap)，北约拥有地理上的阻隔点，这为对付苏联的任何海上进攻提供了强有力的防御优势，差不多排除了向北方发动攻势的需要。简言之，组织理论表明，支持进攻性学说的地理因素会比支持防御性学说的地理因素更经常地得到正确评估。历史证明了该认识。

假设——整合

一个半世纪前，就战争与政策的关系，克劳塞维茨作出了如今闻名遐迩的评论。简单不过地讲：“战争不是一项单纯的政策行为，而是一个真正的政治工具，是政治活动通过其他手段的继续。”[36]政治考虑注入了军事手段，以影响“对战争、战役甚至常常是战斗的规划”（强调乃我所示）。[37]克劳塞维茨确信，政治家能够而且应该保证政策对军事行动的影响。决策者要有“对军事事务的某些领悟”[38]。但是，他们不必成为军人。“在这个位置上需要的是出色的智慧和个性。他（政治家）总能以某种方式获得必要的军事信息。”[39]对于该成功，克劳塞维茨过于乐观了。没有多少人质疑其判断，即战争行动必须受到政策的影响，但实现该目标已被证明要难于其想象。在他自己的时代正发生的社会变革将使政治—军事整合颇成问题。

美国军事历史学家拉塞尔·威格利（Russell Weigley）观察到，政治—军事整合仍是一个“在现代国家的整个历史中”随处可见的“难以驾驭的问题”。[40]而且，该问题看来与政体是民主还是极权无关。它出现在所有类型的政治体制中。在点出“现代国家”时，威格利已趋向于提出某种解释，因为现代国家的独特结构造就了该问题。

在17世纪和18世纪，现代国家以其现代面目而崭露头角。在军事学说上，其最显著特点是职能的专门化。对于政治—军事整合，掌握不同技能、信息和物力的组织和个人在外交和军事上的各司其责造成了结构性障碍。不无讽刺的是，这种职能专门化是欧洲君主间的权力斗争所致。对外政策和国家安全职能的专门化和职业化普及开来，因为它们提升了各国的战争能力。[41]“战争造就国家，而国家造就战争。”[42]

对于政治—军事整合，职能和专业技能的分割不是一个不可逾越的障碍。但是，它是一个活生生的障碍。即便可指望军人服服帖帖地贯彻文职领导人的意愿——即便他们是公共行政理论家曾假设的所有官僚机构皆是如此的中立性工具，但将政策与行政、将政治目标与军事学说相调和的问题仍会存在。对于对方的问题的无视和协调的受阻会造成难题，大战略会趋于分裂。

但是，前述的军方作为作战组织的内在特征令该问题更加严重。这影响的不仅是学说将在多大程度上是进攻性的，还有整合的程度和革新的机会。而且，现代国家内部的职能划分趋于放大这些内在特征对总体大战略的影响。

军人和政治家之间职能的专门化，以及军人趋于追求尽可能多的免受文官干预的独立性，共同使政治—军事整合前途难卜。国家体制和组织的这两个根本方面导出了如下的推理：

1. 作为一项准则，军人不会费心地将其使用的手段与国家政策的目标相协调。这不必然等于说，他们有意识地试图将其手段与政治目标割裂开来。但是，军人时常将所偏好的作战行动中的狭隘技术需求抬至文官政策的需要之上。就一战前的欧洲军队而言，对战场优势的狭隘追求封杀了政治家的外交选择。

2. 分裂的这一根源会恶化，原因是军事组织不愿向文官当局提供涉及学说问题的信息，尤其是那些与作战的实际开展关系最大者。这样，文官们根本意识不到军事学说可能与国家政策的目标相冲突的方面。决策者对其军事组织的作战举措的了解可能根本不足以改变他们的政治战略，或促使军事学说发生令其与当前政治战略相符的变化。不过，尽管有着信息上的局限，组织理论会看似表明，若要实现政治—军事整合，文官对学说问题的干预至关重要。问题是，鉴于这些障碍，什么足以促成文官的干预？这是一个均势理论回答得更好的问题。

3. 在各军事力量和任务间设定主次先后是政治—军事整合的一个关键内容。在多军种的军事组织中，文官的干预对于设定主次先后至关重要。这是文官干预促成整合的另一途径。第一章中强调，大战略的任务之一是在来自环境的威胁和机会间确定主次先后，并在应对这些威胁和机会的各力量间确定主次先后。解读外在环境是文官的专长，建设并动用军事力量是各军种的任务。在各军种间以及军种内的各部队或部门间确定主次先后是大战略的一项中心任务。不过，组织内的个人维护其组织或下属组织的任务和权力的趋向表明，在各军种之间或内部，自治目标应该就像它对于整个军方所言的那般坚定。因此，对于一个多军种群体而言，设定主次先后的任务完成起来非常困难。一个多军种或多兵种群体在它们自身之间设定主次先后的意向将是消极的。

若缺乏文官的干预以及只有文官拥有的合法权威的运用，军方会达成一个“协议性环境”。这可能表现为或者保持预算分配惯例，或者平等分配。每个军种将准备它自己的战争。各力量不会有效合作，它们也不会有着良好的均衡。将呈现的趋向是，每个军种在决定需求时，好像战争要靠它单枪匹马地去打。这容易导致对国家的稀缺安全资源的不当分配。

若由它们自己说着算，一个多军种群体不可能订立与该国大战略的政治内容密切整合的军事学说。它们只能把各军种的学说凑成一团。这在各军种内部不那么属实，其中的较高级权威能够作出分配决定。即便在各军种内，主次先后也可能不是根据战略标准设定的。出台某个军种学说可能与出台总体大战略同样困难。

军种内的不同部门有着不同的目标和利益。比如，在两次世界大战之间的德国陆军中，控制了高层的炮兵趋于反对装甲的发展，大概是担心装甲坦克的直射火炮或许确实会令火炮和炮兵人员曾有的卓然地位失色。在军种内以及各军种间，主次先后必须根据大战略和军事上的严格标准来设定。没有什么可保证，所设定的主次先后将反映政策判断和政策需要，除非文官为确保这点而插手。

假设——军事学说的革新

障碍

1. 由于体制化过程，军事学说的革新应该很少发生。它只会偶尔由军事组织自身发起。如业已所述的，根据组织理论，组织为实现目标会试图控制其成员的行为。做到这点的一个途径是将权力的分配贯穿于该组织，以保证某些任务将得以实现。对于这种权力分配及其所维护的目标，个人会形成某种既得利益。通常，促进或服从激进变革不符合组织多数成员的利益。

2. 军事学说上的革新将是罕见的，因为它们增加了作战的不确定性。在革新尚在进行时，组织的标准执行程序和规章将动荡不定。指挥官不无信心地与组织“战斗”的能力会下降。假如战争在过渡期来临，该组织会发现自己正游离于学说之间。在战争状态下，即便一项糟糕的学说也可能好过没有学说。或可强调说，耶拿的普鲁士人、1940年的法国人和1941年的苏联人都被置于了学说过渡期中。

3. 由于对革新的上述阻碍，未经战争验证的技术几乎不可能作为学说革新的催化剂而自动发挥作用。军事组织时常将几件新技术嫁接到旧学说上。如伯纳德·布罗迪(Bernard Brodie)所说：“我们所充斥于耳的军方保守主义看来一直局限于他们对新武器的适应，而非他们对它的欢迎。”[43]顺理成章的是几个辅助性论点。

某项新技术通常将被吸纳进某个旧学说，而非推动向新学说的变革。该论点与组织理论完全吻合，但它是伯纳德·布罗迪和爱德华·L.卡曾巴赫(Edward L.Katzenbach)所做的经验性推导。[44]在对于骑兵的长期存续所做的行文谨严的研究中，后者观察到：“……在军队中，若要证明传统的组织和学说模式的微调不足以吸纳真正重要的技术革新，这颇不可能。”[45]问题的根源是，新的军事技术若未在大战中得到应用，就难以得到任何验证。随着就精确制导弹药的影响所进行的明显无止境的争论，该问题在今天再次出现。

军事组织难以从其他军事组织的战争中去了解新技术对作战的影响。该论点是经验性的推导，虽然它完全符合可从大型组织身上预料到的褊狭心态。一战前的多数欧洲军队未能针对正在凸显的新军事技术的防御能力——体现于美国内战、1905年的日俄战争、1877年的俄土战争和1899—1902年的布尔战争——而作调整，这支持了该论点。[46]

革新的起因

在军事领域，关于军事组织通常未能针对新技术而革新的上述论点有两个例外：

4. 军事组织的确看来愿意从其代理人国家——使用资助方的武

器，可能还有学说——所打的战争中获得教益。美国和苏联的军方都愿意从1973年的阿拉伯—以色列战争中获得教益，尽管很多“教益”并非完全清晰。

5. 通过在自身的战争中运用技术，军事组织能够更好地熟悉它。在1850—1870年间普鲁士学说的演变中，或可发现直接体验可带来对技术的正确评估的最好例证。普鲁士在1850年试图依靠铁路针对奥地利进行动员是一个失败。普鲁士人从该经历中长了见识，在1866年将铁路变成了有效的战争工具。[47]

该论点的力度是有限的。在美国内战中，针对现代火力的技术现实，前线士兵迅速作了调整。他们在任何有条件的地方“挖壕”。将领们领会得最少，他们在整个战争中下令对建好的阵地进行前沿攻击。[48]这同样发生在一战中，将领们下令进行了一次次代价惨重的进攻。伯纳德·布罗迪指出，将领们“看来不能从经验中获得教益，很大程度上是因为高层指挥与前线的空前分隔”[49]。这看起来是一个似乎合理的解释，而且再次符合组织理论。

即便在自己的战争中，军事组织也可能误读新技术的影响，除非教益非常醒目。卡曾巴赫表明，普法战争中的普军和布尔战争中的英军都设法回避那些有关现代火力对骑兵冲锋的影响的交战所赐的教训。[50]法军起初从普法战争中正确地得出了技术有利于防御的教益，但后来认定其失败源于进攻乏力的战略。这最终使法军在一战开始时可为进攻性的“第17号计划”(Plan XVII)找到理由。甚至，也应谨慎地接受该观念，即对新技术的直接体验将使它被合理地融入学说之中。

对于技术与军事学说的进攻、防御或威慑特征之间的关系，先前的例子也提供了视角。再简单不过的是，如果军事组织采用了或想采用某项进攻性学说，关于防御占优的技术教训可能被忽视、贬损或压制。这符合先前提出的关于多数军事组织的进攻偏好的论断。

组织理论预言了革新的至少两个起因，它们在发挥作用时比对新技术的体验要有力和可靠得多：(6)军事组织在它们受挫——遭受失败——时会革新；以及(7)它们在文官从外界干预时会革新。这些假设可从大型组织的基本生存动机中导出。若未能实现其组织目标即国家的成功防务，这能够促使军事组织重新考察其基本学说偏好。类似的是，对于时常随失败而来的文官干预，军人可能作出回应，以保护遭到抨击的组织的自治。

失败与文官的干预经常如影随形。军人输了，文官变得又气又怕，压力加在了军方身上。这种压力有时是间接的。文职领导人对某个军种的表现不再抱有幻想，并将资源转投他处。这些资源可以让成为新宠的军种有“富余”去尝试某些革新。失败者会竭力赢回所丧失的地位。在二战后美国，军种间争斗或许带来了某些益处——为决策者提供了一份革新菜单。可以认为，在总体上促进了美国安全的三军“三位一体”的发展中，军种间争斗已成为一个重大因素。类似的是，以另一军种为代价的扩张可能是革新的一个动机。

尽管文官对军事学说的干预看来是革新的一个关键的决定因素，但它不无特殊问题。文官和军人之间的分工泾渭分明。文官不可能有能力去凭空想象全新的学说。因此，文官的干预有赖于找到精通军事知识的人。文官干预所采取的方式应该是从各军种抛出的薄薄的革新菜单中进行选择。在多军种的防务体制中，基于国家的战略地位，文官有可能在相互竞争的军种间进行选择。在各军种内，等级制和指挥链条应趋于压制新的学说选项在文官们不可能发现它们的层次上出现。

这根本不是说军事学说的革新是不可能的。这些仅仅是趋向，革新是可能的。在本书讨论的两个案例——英国和德国身上，学说的重大革新发生了。

小结：组织理论的假设

进攻、防御和威慑

1. 对减少了作战中不确定性的标准情境的需求会推动军事组织偏好进攻性学说。

2. 源自战争的高度竞争性、要剥夺对手的“标准情境”的动机会助长进攻性学说。

3. 军事组织在对国家意志进行比较性估算方面的乏力会使其反感威慑性学说。

4. 因其扩大了组织的规模和财富，军事组织将偏好进攻性学说。

5. 因其加强了组织对于文官当局的独立性，军事组织将偏好进攻性学说。

6. 由于追求进攻性学说的组织动机强烈，军事组织通常将重视有利于进攻的地理和技术因素，但低估或忽视有利于防御或威慑的这类因素。

整合

1. 由于军事组织寻求对于文官当局的独立性，以减少作战的不确定性，军事学说往往与大战略的政治内容糟糕地整合在一起。军人将避免将政治标准纳入其军事学说中，如果这类标准干涉了实为工具性的军事逻辑。

2. 由于功能性的专门化，文官和军人往往对对方事务知之甚少。还是出于对自治的追求，通过不向文官提供重要的军事信息，军人们将使该问题变得更加严重。文官对军事事务的欠了解给政治—军事整合带来了障碍。

3. 对于根据战略理性在不同军种之间设定主次先后，军事组织内部的技能专门化会起到阻碍作用，使分裂进一步加剧。

尽管有这些障碍，文官对军事学说的干预有可能是大战略的政治—军事整合的首要原因，这仅仅是因为文官自己对于协调政治目标与军事手段，以及根据某些理性考量在军种间设定主次先后有着兴趣和权威。

革新

关于军事革新的多数论点是负面的。

1. 由于体制化过程造就了组织的多数成员系于现状的利益关系，学说的革新在很少情况下才由组织自身发起。

2. 由于学说的革新增加了作战的不确定性，它将很少由组织自身发起。

3. 新技术在它尚未在战斗中试用时，几乎不会自动成为学说革新的催化剂。

4. 附庸国对于新技术的作战体验可能推动革新。

5. 对于新技术的直接作战体验能够促动革新。

6. 战场上的失败能够促动学说的革新。

7. 文官的干预能够促动军事革新。

均势理论与军事学说

组织理论表明，军事学说趋于进攻性和停滞性，并与一国大战略的政治内容糟糕地整合在一起。均势理论预言了军事学说中存在的更多差异，它们取决于每个国家对其政治、技术、经济和地理上的问题以及在国际政治体系中潜在机会的合理评估。三个案例研究将表明，尽管组织理论准确预言了军事学说的某些趋向，但总体结果更符合均势理论的预言。

根据均势理论，可导出关于进攻—防御—威慑、革新—停滞和整合—分裂变量的具体论点。均势理论还描述了这些论点最可能成立的情形。在国际局势相对平静的时期，若政治家和军人觉得战争风险微弱，上述的组织动力会趋于发挥作用。若威胁看来更大，或者战争看来更可能，制衡行为会发生。该行为的一个关键组成是文官对军事事务的更多关注。

这种关注将军事学说中更为僵化、服务于组织自身并在政治上不可接受的方面置于了更严格的审视之下。对灾难或失败的恐惧促使政治家质疑经年累月的观念，挑战军种的偏好，改变预算的分配，并寻找军事上的建言和领导的新来源。文官通过干预来改变细节，包括军事态势和学说，而不仅仅是一般原则。组织理论则将此种程度上的文官影响视作不可能。而且，军人担心因和平时期的效用而久受青睐的政策在战时可能显得乏力，会比国际局势平静时多少更易于接受外来批评(根据均势理论)。军人自己更可能去检讨他们传统的前提性认识。他们不会将其抛弃，但他们可能要防备其失效。就其自身而言，军方的这些趋向未强大到足以造就符合均势理论预言的军事学说。是文官干预与军方更为开放的心胸共同造就了所预言的结果。

在第一章中，“安全困境”观念被用来解释进攻性学说对于国际政治的有害影响。国家被假定为主权单位，它们希望一直如是。它们的生存环境是无政府的；每个国家必须照看自身的安全。一国采取的保障其安全的措施会削弱他国的安全。当这发生时，那些受威胁者明白在战争来临时它们只能依靠自己，会趋于采取反制措施。无论是建立同盟还是进行军备竞赛，各国会置身于制衡行为之中。

对于国家、其环境及其行为的描述不取决于特定国家的任何特质。它更多地与国家的环境而非其特点有关。[51]如我所理解的，均势理论考察了国际政治体系的总体本质，并强调了该体系对于各行为体行为的影响。因此，我在本书中偶尔会使用与均势(其形容词涵义)同义的体系的一词。

无政府环境，即最高权威的缺失，令争端在国家间浮现。这些争端常常只能通过战争解决。由于最高权威的缺失，暴力是国家间一种持续且无处不在的风险。在暴力争端中，两个因素决定了结果：能力和意志。那些凭借占据优势的联盟、更强大的经济或更有效的军事组织令对手束手就擒的国家经常赢得战争。盟国就是这样赢得了二战。凭借过人的为打仗而付出金钱或鲜血代价的意志，也可赢得战争。在南越的战场上，美国的武装力量未被挫败。由于在这些战场上所遭遇的痛苦和所承受的代价，美国政府和人民的意志被挫败了。

尽管国家间的争端司空见惯，但它们不总以战争收场。不过，进行战争和战争威胁的能力时常隐于幕后。在无政府背景下，能力和意志是最终的裁决者。当这一方或那一方被彻底击败，或显现抽身而退之意时，战争就度量出了争端各方的相对能力和意志。因此，对特定争端背景下的相对能力和相对意志的认识会减少诉诸暴力的趋向。如果这种认识可通过其他途径获得，各方不必以战争为媒介去度量对方相对于本方的权力和意志。各国不是为打仗而打仗。若认识到战争的成本和风险，它们会试图通过外交去实现对于彼此权力和意志的相互认知——一个就谁想要更多和谁拥有更多达成的一致。[52]这是一个困难的过程，每方尽其所能让人以为自己是强大和心系时局的，即便在它须对对手的如法炮制投以冷静的分析目光时。如果该过程未能就相对权力和意志达成一致，实现这种"度量"的任务就必须交由战争了。

集聚权力——军事能力和提升军事能力的资源——也许是国际政治体系施于国家的最重要使命。它是无政府环境中的生存手段。权力的集聚是均势理论家和现实政治的倡导者的核心关注所在。在无政府背景下，国家会想方设法保证其安全。它们努力增加其权力。它们不必全神贯注地或无止境地这样做。但是，即便在某国出于防御动机而试图改善其权力地位时，它保障自身安全的所作所为也时常会削弱他国的安全。如果某个特定国家有扩张倾向，其行为就更可能有此效应。对于回应以增加自身权力的尝试，那些受威胁者有着强烈动机。这被称为"制衡行为"。

国家通过两个基本途径来制衡：组建联盟和内部动员。组建联盟是使用"均势"一词的多数政治家和学者的关注所在。一些探讨是对策性的，告诫明智的政治家要保持均势。另外还有预测性的，指出国际政治的无政府状态明显促进了国家间的制衡行为。无论各国是否在明确地追求均势，均势都将是可能的结果。大国间的同盟建构则一直是重点所在。

为了进行战争，同盟将一些国家的军事力量联合起来。在战前，联盟（或其迹象）还可服务于该目的：强化为人所感知（perceived）的权力。在 20 世纪 70 年代末，美国按此套路打了"中国牌"。英国外交大臣格伦威尔(Grenville)勋爵起初是把针对大革命法国的第二次联盟首先当成外交工具,其次才是军事工具。他要以战争威胁为后盾,向法国执政府(the Directory)提出一个全盘解决方案。[53]在两极体系中,这种集聚真实和感知意义上的权力的做法收效甚微。尽管与第三方结盟的威胁可能带来某些外交作用,但第三方的相对虚弱会削弱该影响。因此,在两极体系中,我们应会看到对于既集聚真实权力、又强化感知性权力的"内部"机制的更多关注。对多极体系中政治处境孤立的国家而言,这同样应属实情。

内部动员是国家增加其权力的第二种途径。在应对特定对手的进攻能力的上升或某个进攻性联盟的发展时,国家可在自身疆界内找寻更多的能力。两个超级大国之间的军事竞赛或"竞争"是内部性的制衡行为。国家可以将更多资源从其经济中抽出用于军事目的。它们可以限制消费并促进投资,以实现高速增长。通过加强训练,可争取一国军事组织的质的进步。可以提高薪水,并增加专业骨干。

正如结盟和结盟的迹象可在和平时期强化感知性权力,内部能力的集聚也可如此。在大型且显眼的武器系统上的军备竞赛是敌对各方难以避免的。这类武器常被看成相对权力的标杆。在苏美军备竞争进行了 35 年,以及苏联获得不可回避的第二次打击能力 15 年后,对于军事能力的特定组成部分在很多指标上的细微不等,很多分析家和高级官员依然不时感到不安。这类指标显然影响了对于相对力量的政治感知。

军事力量还可被更直接地用于显示权力和意志。力量可被调遣、置于警戒状态或予以动员。为了显示打更大规模战争的意志,可以去打小规模战争。在为美国在越南的存在进行辩护时,后一理由时常出现,尤其在不能找到其他理由时。对力量的这种示威性使用一直是外交的长期辅佐手段。腓特烈大帝曾言道:"没有武备的外交就像没有乐器的音乐。"随着常备军的出现,武力示威的习惯在腓特烈时代崭露头角。[54]布鲁金斯学会的一项研究表明,在冷战期间,美国曾 200 多次如此这般地部署军事力量或令其处于警戒状态。[55]

几个因素影响了制衡行为的强度，以及结盟与内部动员的混用。体系中的一些国家试图改善其权力地位的认真程度是最重要的因素。最经常地被认作历史上霸权觊觎者的那些国家引发了其邻国最强烈的制衡行为。其他三个因素也是重要的：体系中的权力分配；不同行为体在地理上的优缺点；还有军事技术。

很多均势理论家认为特定体系中的大国数量是一个重要变量，因为它影响到能力的集聚和度量。[56]政治体系中的大国越多，这些任务变得越复杂。一个有很多强国的体系为扩张性国家提供了机会，因为抵制扩张的责任模糊不清。多极体系助长了“推诿责任”。在两极体系中，情形则相反。超级大国主要是相互担心，所以它们小心地相互监视。任何一方都不可能在未引起对方注意的情况下着手去准备侵略。维护现状的超级大国会承担抵制扩张的责任，因为推诿责任不是一项选择——没有其他国家强大到足以接过被推卸的责任。每个超级大国都受到了结构的限制。能力的分布状况提升了警惕性，并抑制了消极懈怠。

在多极体系中，相对权力难以估算。无人能够十分肯定谁将与谁站在一起。即便在两个同盟针锋相对时，背叛的可能依然存在。该问题在两极局面中不会出现。尽管每个超级大国能够靠自身之力对对方造成重大伤害，权力分布的不等足以使得没有第三方可对两者中任何一方造成差不多同样的伤害。两极局面可能助长反应过度，它可能引发冲突的扩大和深化。另外，它使相对权力更易于被评估，并使两个超级大国都打消该念头，即步步推进的侵略能够成功。

在多极体系中，侵略者可赢得先机，因为防御者们会争论该威胁的性质，以及谁应该支付与其对抗的代价。如曼瑟·奥尔森(Mancur Olson)所指出的，也如同肯尼思·华尔兹所重申，这种异议至少在短期内对于每个自治而且自利的单位而言是合理行为。阻遏一个扩张性霸权是一项公共利益。无论是一个国家创造了该利益，还是大家创造了该利益,所有人都受益。由于无法防止特定国家享受该利益,该国有“搭便车”的动机。每个国家都可能这样看待世界,企图尽量少付出,并让他者多付出。

这种异议将妨碍防御性联盟的建立,即便在它们建立后也将限制其效能。关于风险和成本的争执是同盟固有的。而且,今日之友可能是明日之敌的见解会助长关于如何分赃的争执。战争一定不能以此为结局:与战争开始时相比,联盟的某个成员比他国更加强大。没有哪个国家希望比他国失去更多,没有哪个国家希望他国比自己得到更多。这些算计意味着,被提供的公共利益——防御——有可能少于“最优”数量。

均势理论家不那么经常提及大国之间的相对能力问题。理论是通过简化现实而推进的。对于或由几个同等强国(多极)、或由两个同等强国(两极)组成的体系中的行为,有可能归纳出相对清晰和明确的假设。对于真实世界中两个或更多大国的相对能力有可能发生的无穷变化,总结出这样的假设会十分困难。不幸的是,要把有着理论意义的假设具体化却轻而易举。

比如,理论家将当前的国际环境正确地看成两极性的,尽管该事实——美国的国民生产总值大致是苏联的两倍,而后者只大致与日本等同——使每个超级大国的行为与严格的两极世界中的情形相比略有改变。与假如两国的总体力量更趋相等时的情形相比,苏联人或许在更用力地竞争,美国则发力较轻。类似的是,接下来的案例研究表明,在真实世界中的多极体系内,大国能力的变化的确看起来是重要的,尽管它们发挥重要作用的方式与均势理论的预测大致相符。尤其是,在多极体系中,维持现状的大国比扩张性国家越弱,该大国投入精力寻找盟友的趋向就越强——实际上,相比于加强自身的军事力量,它对于该努力可能投入多得多的精力。处于更有利地位的维护现状的国家可能更加关注自身的军事能力,对结盟则关注较少,因为它们觉得自己更能够自立,至少是暂时的。

地理和技术能够影响制衡行为的强度和特点。在地理和技术据信有利于防御方的场合,所有种类的制衡行为应比假如进攻据信具有优势时更慢和更弱。鉴于前述的军事组织的独特偏好,身为文官的决策者将比军人更可能持有这种观点。

在体系意义上,关于地理对国际政治的影响的研究或许是考察环境对各国的国家安全行为的影响的首个尝试。比如,观察家长期强调了地理对瑞士、英国和德国的军事战略——实乃对外政策——的影响,它几乎独立于总体能力和军事技术的影响。

山地障碍为瑞士人提供了有力的防御优势,这个国家已让其军事组织长期适应了对这点的利用。

英吉利海峡提供了使英国得以放弃大型陆军而偏爱海军的防御优势。在战时,由此而来的海军优势连同横亘西欧外海航线的位置,令英国得以封锁其大陆对手的商船队和舰队,并因此控制世界上的很多贸易。这些优势造就了独特的对外政策和军事学说。在安全而富裕的情形下,英国通常不温不火,凭借着封锁、联盟、补助和小规模的陆上远征军去进行战争。

德国则与这种奢华无缘。它相对缺乏天然的防御屏障,并被强国所包围,没有明显的战术优势。但是,如果能够足够快速地调动部队,德国可以享有"内线"优势,即将军队迅速地从一条受威胁的边界向另一条转移的能力。在某种程度上,腓特烈大帝设法利用这种优势。蒸汽机的发明和密集铁路网的建设将该地理特点变成了一个甚至更加重要的军事因素——倘若有着适当的学说。德国军人的应对是予以机动和进攻越来越多的强调。该结合将使德国军队得以选择它心仪的地点进行集中,迅速地对付某个对手,然后转移军队去威慑或击败来自其他方面的攻击。

这些例子体现了地理据认为会影响军事学说的某些路径。总体而言,说起来并非无理的是,拥有地理上的防御优势的国家将比其他国家对对手能力的上升反应得更慢和更弱,并将更经常地强调防御性学说。

这类障碍的缺失应会趋于导致相反的结果。在地理因素看来有利于进攻性军事学说的场合,国家将倾向于这类学说,无论它们是否有着维护现状的政策,而且制衡行为应是趋于迅捷和有力的。

如德国案例所表明的,根据地理因素与能力分布以及军事技术所带来的可行性的相互作用,这些论点将被赋予或多或少的说服力。归根结底,尽管军事技术和工业力量分布上的变化从长期来看的确左右着地理因素的军事影响力,某些地理因素确实在很长时间内趋于对军事实践施加某些影响。瑞士山脉的防御价值是一个业已引用的例子。在直至二战结束的差不多三百年中,英吉利海峡对于英国的学说一直有着强大的影响。通往开放大洋的出口的受限制约了沙皇俄国的军事选择,它继续困扰着苏联的弹道导弹潜艇力量。水路交通的效率总体上仍高出陆上交通如此之多,以至于美国可考虑在伊朗南部与苏联进行常规战争,即便该作战区域距美国至少是距苏联的十倍。

对于技术对军事学说的影响的任何理论探索由于该事实而变得复杂:即技术看来有时是独立或干预变量,有时则是依附变量。政治家们经常看似将技术视作在他们与对手的原始权力之间发挥作用的不变因素,影响到每个国家可生成的有效军事能力。比如,在军事技术被视为有利于防御方的场合,与假如军事技术被视为有利于进攻时相比,对手国民生产总值的增加可能看起来少些威胁性。技术性的防御优势会有效削弱扩张性国家的原始权力,而技术性的进攻优势则增大了该权力。

另外,一些地理或政治因素可令进攻性学说(或者防御性学说)如此有吸引力,以至于一国将努力使技术与所偏好的学说相调和。由于原始军事技术如同民用技术那样常常颇具可塑性,而且几项军事技术可以被结合或再结合起来,在防御(或进攻)可能看似唯一可行选择的场合造就进攻(或者可能是防御)优势,国家可能进行革新以改变看来不变的技术现实。所以,某项特定的军事技术或军事技术的结合决定总体优势是偏向进攻还是防御,这常常是一件既基于事实也基于感知的事情。如果进攻或防御优势在特定事例中确实存在,而且如果该事实令人不快，当事人——根据他们面临的其他压力——可能为改变它而付出巨大努力。永不清楚的是，这些努力是否将被证明是成功的。如同将表明的，出于地理和政治原因，20 世纪 30 年代德国和英国的政治家和军人成功地进行了干预，改变了人们心目中的技术现实。苏联和美国的政治家和军人对显然属于核技术固有本质的一种状况——较富裕的国家容易获得难遭打击的报复性力量，所以核战争不可能取胜——感到不满，在过去 30 年中为改变该状况而维系了持续不懈且投资可观的努力。这些努力遭到了失败，但它们仍在继续。

假设——进攻、威慑和防御

对于围绕进攻、防御和威慑性学说起因的各个假设的探讨须以对该首要假设的辩护为开端：均势理论表明了该维度上的异质性而非同质性。我已强调，组织理论表明多数军方将偏好进攻。如果均势理论也体现了该维度上的同质性——这三类中的一类在学说上的绝对主导地位，这可能使竞争性的理论验证任务或者更简单，或者更困难。如果均势理论表明国家将偏好防御性学说，该任务将简单易行，因为我们可以轻易地考察大量军事学说，看看它们是常为进攻性还是常为防御性的。另外，如果均势理论预言了进攻性学说，那么两个理论都在预言同一结果，人们几乎不可能将它们相互验证。在我们发现进攻性学说的场合，我们将遇到“多元决定”(overdetermination)问题——对结果的超出百分之百的解释。当然，在出现防御性或威慑性学说的案例中，两个理论都将被质疑。但是，均势理论没有预言同质性结果，尽管对该理论的误读或许体现了这点。

国家行为的若干研究者——其分析反映了均势理论的视角——预言了看似需要进攻性学说的国家政策。汉斯·摩根索、约翰·赫兹(John Herz)以及——相对次要的——罗伯特·吉尔平(Robert Gilpin)预言国家通常将试图扩张其权力。[57] 国家将寻求的不是单纯的平等，而是优势。国家有可能这般行事，因为权力是在无政府体系中生存的关键所在；由于相对权力难以度量，国家从不清楚它在何时拥有足够权力，所以它应该合乎逻辑地力求拥有大幅度的领先余地。归根结底，如同我所强调的，这些理论家强调安全困境一直存在。实际上，他们还强调——*这是我未强调的*，安全困境通常十分明显。如果关于体系及其对行为体的影响的这种观点是完整的，那么推导出所有国家为了便于扩张其权力将偏好进攻性学说看来也合乎逻辑。由于进攻性学说可以为征服某国的邻国和攫取某国边界外的权力资源提供方便，它也许看来是提供了最多安全的军事选择。

但是，该观点是不完整的。它就最根本的意义而言是*反历史的*（ahistorical），把国家假定为实际上乳臭未干的小孩，他们仅仅以基于"尖牙利爪法则"的方针作为行动指南，闯入了国际政治的丛林中。在这种情况下，安全困境或许确有可能特别强烈地发挥作用。但是，罗伯特·吉尔平承认，国家在考虑是否尝试扩张时会进行成本—收益的权衡，而且对成本的认识受到该国历史经验的影响。[58]特别重要的是它自己或他国扩张之举的后果，以及从这些经历中学到的教训。尽管国家或其主政者常常误读历史教训，均势理论自身表明扩张性霸权将遭遇抵制和阻止。*我们有足够的历史证据表明这是实情*。这是一个易于学到的教训。其实，这种学习符合肯尼思·华尔兹的预言，即国家将被它们所生存的体系中的规范社会化。[59]不是所有国家都学到了该教训——这不足以维持永久和平，但所发生的学习足以让暴戾和无节制的扩张政策成为特例而非惯例。维持现状政策是惯例而非特例。路易十四和拿破仑治下的法国、德皇和希特勒治下的德国对于不得不反对他们的那些人而言，已经是过多的欧洲霸权的觊觎者了；但就常常包括多达六个主要参与者的三个世纪的角逐而言，则少得令人惊讶。

当然，维持现状政策不必然造就防御性军事学说，但它肯定也不必然造就进攻性学说。实际上，维持现状的强国将评估它们的政治、地理和技术上的处境和机会，并设计一种以最小代价和风险去保持其利益的军事学说。因此，来自均势理论的一个推论是，在进攻—防御—威慑维度上，军事学说将是异质的。

进攻

1. 有征服倾向的国家会偏好进攻性军事学说。该论点不是导自均势理论，而是一个常识。路易十四、拿破仑·波拿巴和阿道夫·希特勒都有着扩张主义的对外政策，并需要进攻性工具去推行这些政策。

2. 各国会试图将战争成本转嫁给他国。进攻行动是实现这点的一个途径。如果战争看来会招致高昂的附带损失，国家会试图设法使战争在敌国、中立国甚至盟国领土上展开。尼古拉斯·斯帕克曼(Nicholas Spykman)曾提醒说："国家只在衰弱期才在本国作战。在强盛期，它们在他人的领土上作战。"[60]当然，除了那些的确想利用这点的国家，不是所有国家都有着在国外作战的选择。迈克尔·汉德尔(Michael Handel)提出了另一个例子："如果战争爆发，它必须尽快地被转移到并开展于对手的领土之上。这是以色列的战略军事学说的一个铁律。"[61]看起来或许与普遍认识相左的是，这是两次世界大战之间时期中法国学说的一个根本信条。(第四章中对此有更详细的探讨。)

3. 当权力看来正变得不利于自己时，国家会支持进攻性学说。进攻性学说对于进行"预防性"战争必不可少。看来也有可能的是，在权力可能迅速变动的场景中，政治家会要求"在枪膛中"保持进攻能力。特别激烈的军备竞赛看来会助长进攻性学说。(我们已看到相反的情形如何能够成真。)预防性战争是一种特殊的制衡行为。"由于我不能让你追赶上，我现在就要把你打倒。"以色列对于1956年法英袭击埃及的合作可部分地由该恐惧来解释：埃及刚刚声称，东方集团的军火库将赋予它永久的军备竞赛优势。希特勒偏好进攻性学说的部分原因是，他相信他在重整军备方面已比其假想敌更快，但他们会很快赶上。通过让德国在盟国得以修正其军事缺陷前就对其进行打击，进攻性学说将使他能够防止这点(见第六章)。

4. 没有盟国但面临多个威胁的国家会类似地受到进攻性学说的

吸引。进攻性学说使该国得以选择战争的时间和地点。如果对手的合力是占优的，进攻性学说会特别具有吸引力。在进攻性行动中，被孤立的国家可以逐一攻击和击败其对手，将能力失衡的影响最小化。这是预防性战争的一个变种。进攻者不去打一场针对一个优势联盟的战争，而选择去打一场等于轮流单挑敌对联盟的每个成员的战争。进攻性学说因而是权力制衡的一种方式。

5. 若加之地理上遭遇包围的因素，先前的假设将更有分量。普鲁士和后来德国的军事史体现了对于进攻性学说的一贯亲近。这可由多条战线上的战争所造成的频繁威胁来部分地予以解释。以色列的进攻性学说使它得以逐一击败阿拉伯国家。苏联军事学说的进攻性——在火箭部队和地面力量上——在部分程度上也可能是对于每条边界上都存在敌对国家的回应。

6. 如果政治家缺乏强大的盟友，他们会偏好进攻性军事学说，因为这类学说可使他们煞有其事地操控战争威胁。对于制造威胁，进攻性学说再好不过。国家可兼用结盟威胁和军事力量威胁，去支持表达实力和意志的外交。在缺乏强大盟国时，该任务的全部负担落在了国家的军事能力上。这是希特勒早期外交的主要特点（见第六章）。（美国）前国防部长詹姆斯·施莱辛格（James Schlesinger）兜售以“灵活战略选择”为面目的强大反力量性核能力，这是主要动机所在。在 20 世纪 50 年代战略空军司令部（Strategic Air Command）学说中的进攻性内容的背后，该动机看似也在某种程度上存在。军事示威和进攻性学说也是以色列大战略的重要组成。

7. 国家不必在政治上被孤立或地理上被包围，才会觉得防御性学说缺乏吸引力。有着广泛的安全依附者的国家可能觉得，将用于解除武装的进攻性军事力量或威慑性、惩罚性的军事力量集中于对手（或对手们），而非将稀缺的军事能力分散在多个地方的徒劳的抵抗行动中，对于保护这类盟国是可取的。这类依附者，比如 20 世纪 50 年代北约范围内的欧洲国家，可能离保障者遥远，而与某个主要强敌邻近，并且过于弱小以至于无力对自身防御多有贡献。难以仅仅通过防御/抵拒手段来保障这类国家的安全。假如美国曾不得不使用常规的抵拒手段来保护战后欧洲,在欧洲或许将有比实际情形多得多的美国部队。必须抑阻(dissuade)苏联这个对手与美国的依附国开战。在两次世界大战间时代,如果法国的东欧盟国要得到保护,这实属同样情形。

如果防御/抵拒手段被排除在外,如何实现抑阻?剩下的只有威慑和进攻。尽管美国在冷战中主要依靠威慑,但进攻也扮演了重要角色。很多人对于只依赖威慑颇有微词,因为对手能够对我们可能发起的任何打击进行报复性惩罚。延伸威慑(extended deterrence)难以做到,原因是:虽然一个国家对直接侵犯自己的对手施加惩罚的意愿不容置疑,但不那么可能令人信服的是,它愿意因为远方的依附国遭到进攻而惩罚同一对手,并因此给自身招致战火和苦痛。随着通过解除对手武装从而限制我们自身所受伤害的能力的上升,该承诺的可信度据说也在上升。赫尔曼·卡恩(Herman Kahn)、科林·格雷(Colin Gray)和格伦·斯奈德(Glenn Snyder)以不同程度的强调点出了这点。[62]这些考虑部分地解释了"大规模报复"的进攻性内涵。迄今,对于"并非看似不可行"、破坏力受限的第一次打击能力的心照不宣的需求可以在很大程度上解释美国核学说的进攻性。

威慑

8. 广泛的安全依附者和强大的对手可促使某强国选择威慑性或进攻性学说。进攻性学说将是偏好所在,但该问题可观的涉及面和对手的能力使进攻性能力来之不易。对于该问题的涉及面,技术和地理常是关键的决定因素。在二战前,英国希望守住半个地球之外的属地。它缺乏在这种距离上投射强大力量的天然能力——尤其在保护本土免遭更邻近的对手威胁之余。即便它能够聚齐该能力并应对该距离,英国缺乏可将日本解除武装并令其一直赤手空拳的技术。如果国家面临这种状态,它们将接受——尽管它们未必拥护——威慑性学说。

最常发现自己处于该状态的政治有机体看来是历史上的大帝国。在20世纪20年代和30年代，英国人觉得不通过鏖战而通过空袭来管制阿拉伯部众是有利的。他们可能或是循规蹈矩，或是受到惩罚。[63]对20世纪30年代的英国防务政策的细致考察显示了对于威慑的明显倾向。该时期的政治家常常使用该词汇。由于经济、工业和技术限制，所设想的实际操作更多是抵拒而非惩罚之类的。但是，抑阻是目标所在，而且人们看到了对于利用军事能力和潜在军事能力以抑制侵略的持续关注。在20世纪30年代，对某种惩罚性行动的筹划仅仅停留在英国轰炸机司令部(Bomber Command)的轰炸平民学说上。

在9世纪的拜占庭帝国，C.W.C.奥曼(C.W.C.Oman)找到了威慑战略的一个例证：

> 一旦其军队(萨拉森人的军队)据报已经北上到达了卡帕多西亚，通过对其国土进行猛烈袭击，并将西利西亚和北叙利亚破坏殆尽，也可大有作为。这种毁灭性做法被经常采用；而且，对于基督教和伊斯兰教交界地带的居民来说，两支军队各自蹂躏对方土地而不试图自保的情景是再熟悉不过了。海上入侵是对陆上袭扰的补充。[64]

9. 如前所述，受强敌威胁的小国常常诉诸威慑性学说。甚强和甚弱者之间在学说上的这种独特重合易于解释。在这两种情况下，能力的不足驱使各国选择了这类学说。倘若一国的能力满足不了其目标或需要，它可能利用其政治“意志”去影响天平。意志既是任何物质源泉的产物，也同样是一国政治团结的产物。因此，每当国家面临安全威胁，并且由于任务或自身贫困状况的严峻而缺乏资源时，我们可期待看到威慑性学说。

防御

我已强调，结盟是为了外交而强化感知性权力和为了战争而集聚真实权力的通行办法。不过，联盟的管理有其问题。拿破仑曾宣称，如果他不得不发动战争,他更愿意让它针对某个联盟。阿尔弗雷德·瓦格茨(Alfred Vagts)言道:"在所有类型的战争中,这是政治目标最可能排挤和压制战略目标的一类。而且,即便此非期待所在,其他的合作伙伴或伙伴们对此仍不无疑虑,将试图节约自身之力而牺牲盟国之力。"[65]

10. 防御性学说,或者有着明显的防御性内涵的学说,会得到推行维持现状政策并准备以联盟方式作战的政治家们的偏好。这类学说给予了联盟中的国家更多时间去处理战争成本和收益的分配。如果发动攻势的成本看似高昂,该现象将尤其明显。一个看似矛盾的例子体现在 1973 年阿以战争中埃及的所作所为上。尽管埃及人发动了一场跨越苏伊士运河的成功攻势,但他们在过河后选择了一种待在其空中和反坦克防御圈身后的低风险战略。这样一来,他们让以色列难得地能够集中主要军力去对付叙利亚的危险攻势。埃及将战争成本转嫁给了叙利亚人。只是在叙利亚人暴跳如雷的抗议表明以色列将迅速获胜后,埃及才从其防御位置起身。当埃及最终发动攻击时,其攻势被粉碎了。在 20 世纪 30 年代,英国和法国犯有类似的"推诿责任"错误。在埃叙案例和英法案例中,发动攻势的成本都看似高昂。就 1914 年的强国而言,进攻的成本看似偏低。这解释了战争初期不那么谨慎的举动。

11. 另一个限制可能削弱上述假设。尽管国家可能追求使其得以将一些防御成本转嫁给联盟伙伴的军事学说,但它们必须设法取悦这些当下或潜在的盟友以吸引之。[66]因此,同盟的追求者可能采用它们所期冀的盟友的学说。对于推诿责任目标和结盟目标,某个特定的军事学说可能无力同时企及。而且,若它确是如此,国家可能面临困难抉择。1973 年,埃及似将其军事学说描述成了争取叙利亚在初始进攻中的协作的一个途径;在战争早期,它为了节约自身力量而改弦更张,最终在对西奈山口的以色列军队的失败攻势中回归了对叙利亚人更通融的战略。另外,借助防御性学说,20 世纪 30 年代的法国可吸引英国对某种终极战争行动的支持,并控制自身对它的付出。英国不想对德国有任何挑衅，而这对法国不是问题。

12. 维护现状的国家通常会偏好防御性学说，倘若地理或技术使这类学说具有吸引力。与不维护现状的国家相比，它们更可能正确解读这类因素；而且由于其目标是维持权力，它们更可能在军事上利用之。

13. 维护现状的国家可能偏好防御性学说，仅仅由于这些国家知道它们不可能首先开火。因为它们预料将首先遭到攻击，对它们来说，将军事努力用于探求如何去阻挡攻击是在情理之中。

假设——文官干预及其对整合和革新的影响

我已探讨了军事学说特征的一些起因。组织理论将外来干预看作整合和革新的一个关键来源，但也预言这种干预将十分困难。均势理论预言，不论是否困难，这种干预都将会发生，倘若此乃保卫国家之所需。如果均势理论成功预言的不仅是干预，还有它所产生的环境，那么该理论在相对于组织理论的可信性上会得分。因此，论述文官干预军事事务的原因是重要的。

1. 有侵略意图的政治领导人会经常审视其军事力量，以判断它们是否准备就绪。希特勒对于其军事能力最为关注，并如我们将看到的，也是闪电战发展的首要推动者。这更多地是一种常识，而非均势理论导出的论点。国际政治的无政府状态为寻衅滋事开了方便之门。相关目标的军事价值可能是也可能不是寻衅滋事的动机。如果政治领导人出于扩张安全资源的目的而有侵略企图，那么可根据结构性约束来粗泛解释其干预。不然，我们必会用贪婪和“血腥心态”去解释。

无论文官决策者出于何因选择了侵略道路，军人们必须或者执行其首长的命令，或者辞职。战争前景可对军人的行为具有催化剂般的影响，其生命或职业生涯将不可避免地面临险境。1939 年底和 1940 年初，当希特勒决心对盟国发动攻势变得昭然若揭时，德国陆军的指挥官才迈出了通往闪电战学说的最后步伐。

2. 如果出于政治目标而谋划侵略是文官干预军事事务的一个常见起因，另一个则是恐惧。这与均势理论相符。政治家们易因国际环境中的事态而担惊受怕。很多不同的事态都可能威胁到国家的安全。恰如国家通过军备竞赛或结盟而在物力上进行“制衡”，它们通过密切关注自身军事组织的学说、能力和备战状况而在质的意义上进行“制衡”。它们不是一直这样做，但一旦它们做了，恐惧是最常见的驱动力。

3. 同样的恐惧会增进军事组织对外界批评的接受能力，还会壮大其内部有自省精神的成员的影响。但是，假如某个特定国家觉得自己有可能结盟，该论点的力度在多极体系中会被削弱。在威胁面前，文官对于追求盟友和评估自身军事态势可能是双管齐下。这或许会减少某个特定的军事组织面临的压力，以至于组织动力得以获胜。关于该问题，能够得出更多的具体论点。

4. 面对着任何形式的安全问题，没有盟国的国家将趋于对其军事组织予以高度关注。政治上孤立的国家确是如此。以色列是一个当前的好例子：军事领导人退休后成为了重要的政治领导人，政治家们通常熟悉军事事务。在两极体系中，这种关注也是两极的特征。自冷战发生以来，与我们历史上的任何先前时期相比，美国领导人对于军事事务给予了更多关注。

由文官干预引发并由政治孤立推动的军事革新的例证是路易十四统治时期法国常备军和法国大革命期间大众型军队的发展。回想一下大主教黎塞留（Richelieu）和文职的陆军大臣米歇尔·勒·泰利埃（Michel Le Tellier）在法国第一支全面职业化的常备军的发展中所扮演的角色。什么将法国驱使到了这个方向上？历史学家迈克尔·霍华德（Michael Howard）写道：“在古斯塔夫斯去世时，……黎塞留觉得自己面临着临时拼凑一支军队并亲自上战场的必要，倘若哈布斯堡的——西班牙人和奥地利人的——权力不能成为欧洲主宰的话。”[67] 勒·泰利埃的儿子卢瓦尔（Louvois）侯爵完成了他父亲的工作，缔造了路易十四用来对几乎整个欧洲发动战争的那支军队。[68]

大革命法国的情形差不多。执政府共有六个主要对手;到1793年8月23日,危险是如此之大,以至于公共安全委员会(the Committee on Public Safety)下令实施普遍征兵制,这在所有现代欧洲国家中是第一次。到次年夏天,法国陆军已有75万人服役,是蛮族入侵以来欧洲最大规模的武装力量。[69]该委员会不单是发明了大众型军队。拉扎尔·卡诺(Lazare Carnot),一个前职业军人,也是一个对军事组织和战术有着新思维的人,投身于大革命之中,法国军事革新的指南即出自其手。

尽管政治孤立为文官干预提供了另一个刺激,但即便有可能结盟的国家在面对新的或不断上升的威胁时也会体现文官干预的趋向。在1934—1940年英国的所作所为中,可找到最好的例子。德国不断增长的军事力量带来的不仅是大规模防务支出的恢复,还有文官对军方计划的更多关注。尽管军事组织奉行进攻性学说,但文官通过干预推动了一项重大的防御性革新——该国一体性空防系统的发展,这是历史上的第一个此类系统(见第五章)。尽管皇家空军没有全心全意地拥护空防,但该组织对空防的支持随着战争风险的加大而上升。

5. 一个国家记忆犹新的灾难是文官干预的重要推动因素,即便没有迫在眉睫的威胁在地平线上出没。(该论点和接下来的那些论点在组织层次上有其对应者。)如果威胁显而易见,该趋向会更加明显。最近的例子是,以色列的阿格兰纳特委员会(Agranat Commission)对导致1973年战争的所有事件以及该战争进行了非常透彻的检讨。尽管该委员会有两位前参谋长参与,但主席和其他两位成员都是文官。报告的主要部分依然是保密的,但它据知已引发了以色列武装力量的广泛改革。[70]

另一个例子可在普鲁士身上找到。在1806年10月7日和11月7日间,拿破仑·波拿巴彻底摧毁了腓特烈大帝的后继者的军队。在法国人占优的数量和战法前,这支"有国家的军队"遭到横扫。在这次灾难后,文武双方的改革者走到了前台。在战前,改革官僚体制或军队实际上是不可能的。战后,在军人格哈特·沙恩霍斯特(Gerhard Scharnhorst)和奥古斯特·格乃泽瑙(August Gneisenau)伯爵的领导下,一个改革军队的委员会被建立起来。反对的声音并非罕见，实际上只是靠着国王的直接干预才被压住，他将改革的反对者撤出了该委员会。[71]

6. 造成某些文官干预的不是灾难，而是对特定的军事行动所预料的高昂成本。取得了胜利但代价甚大的战争可令一国大伤元气。即便在某种优势提供了某些限制损失能力的背景下，20 世纪 50 年代的美国文职决策者们对其核力量的关注更强于他们对军事力量曾有的关注。尽管美国可能在一场核冲突中“占上风”，但该游戏不可能划算。（这类行为的另一个例子见于两次世界大战间的法国——见第六章。）

对军事灾难的体验或预计提供了技术可影响军事学说的一个关键途径。文官们尤其倾向于解释新技术，并将这种解释与军事学说结合起来，倘若该技术对于该国的生存构成了一些非常清晰和明确的威胁。该威胁可能是失败，或是有可能出现高昂的附带损失。除非技术的表现——通过验证或战时运用——足够鲜明或可怕，以至于动摇了文官对自身军事组织应对它的能力的信心，否则文官干预不可能出现。法国文官们对于一战的任何重演风险的态度，英国文官们对于落在伦敦的炸弹幽灵的态度，以及美国文官们对于核武器的态度，都是好例子。不过，即便在此，技术的影响也非决定性的。在法国案例中，技术被视为大体上一成不变的，是一种须被承认并应对的力量。在英国案例中，技术则被视作某种可变化的东西。

对于失败的单纯恐惧提供了文官干预的另一个动机。如果某个对手看起来令人特别难以忘怀，有着获得决定性胜利的潜能，文官们会对他们的军事工具予以相当关注。比如，促使英国文官干预皇家空军学说的是对于德国人“击倒性空中打击”的恐惧（见第五章）。

小结：均势理论的假设

进攻、防御和威慑

总体而言，该理论预测了进攻—防御—威慑维度上的异质性。

1. 扩张性强国将偏好进攻性学说。

2. 当战争看来会招致非常高昂的附带损失时，国家将偏好进攻性学说，因为进攻令该国得以将战争引至他处。

3. 权力地位有利但正遭受侵蚀的国家将偏好进攻性学说。（进攻性学说是预防性战争的工具。）

4. 面临几个对手的国家可能偏好进攻性学说。（还是那样，进攻性学说是预防性战争的工具。）

5. 在类似意义上，地理上被包围的国家可能偏好进攻性学说。

6. 没有盟国的国家将偏好进攻性学说，因为它们必须利用军事力量为外交服务，这是进攻性能力最适用的一个目标。

7. 有着广泛的安全依附者的国家将偏好进攻性学说，因为它们为集中稀缺的军事资源提供了可能。

8. 如果保持进攻或防御性学说不可行，有着广泛的安全依附者的国家将接受威慑性学说。威慑性学说是利用政治意志去影响军事平衡的一项工具。

9. 在类似意义上，小国可能选择威慑性学说，因为其能力不足以支持任何其他类型的学说。

10. 结盟而战的可能性可导致国家实行防御性学说，因为这类学说令这样的一种战争步调得以可行：结盟者凭借它可解决战争风险、成本和收益的分配问题。

11. 准备结盟参战的国家还必须取悦未来的盟友。这减弱了论点10的力度。如果一国出于自身的特殊原因采纳了进攻性学说，其追求者可能觉得它必须顺应。但出于同样原因，如果被追求的国家采纳了防御性学说，对防御性学说的顺应不无可能。

12. 维持现状的国家通常将偏好防御性学说，如果地理或技术使这类学说具有吸引力。

13. 维持现状的国家可能偏好防御性学说，仅仅由于它们知道自己不可能首先开火。

整合和革新

1. 有侵略企图的政治家将趋于干预其军事组织。

2. 通常,任何加大对国家安全的感知性威胁的因素都是文官干预军事事务的起因,从而是整合和革新的可能起因。

3. 当战争威胁加重时,军人自身趋于更顺从外来督促。

4. 与安全环境更有利的国家相比,在政治上孤立或地理上被包围的国家中,文官趋于更频繁地干涉军事事务,而军人趋于更认真地应对战争。因此,整合和革新在这类国家中应该更加频繁。

5. 最近的军事灾难可成为整合和革新的起因。

6. 所预计的高昂战争成本可成为文官干预的起因。因为新技术(比如核武器)可明显左右对成本的预计,这是技术可对整合和革新施加影响的一个途径。

在看来更容易找到盟国的多极世界中,上述的所有可能起因都会被削弱。国家和政治家可能花费太多时间去追求盟友,从而没有足够时间去审察自己的战争机器。

总结

在本章中,我提供了对于组织理论和均势理论的简要考察;而且,对于什么导致军事学说在进攻—防御—威慑、革新—停滞和整合—分裂维度上的变化,我从这些理论中导出了假设。我将这些假设与关于技术、地理对军事学说的影响的若干论点结合了起来。这些论点中的多数符合所引入的两个理论中的此或彼。

如本章开头部分所述,这些是结构性的理论。它们适用于考察接下来的案例。这些理论将被结合起来运用,以解释法国、英国和德国的军事学说。由于这两个理论在某些案例中导出了关于学说的不无矛盾的假设,对这些军事学说的比较让我们得以考察并衡量每个理论的解释力。

就最宽泛的意义而言,根据组织理论,军事学说应该体现对于进攻、分裂和停滞的趋向。军事组织的性质及其与国家的政治决策者在职能上的分离表明了这点。均势理论预言了随国家处境而定的多少有些不同的结果。总体而言，令国家的文职领导人更加担心的任何事情应会刺激政治—军事整合和作战方式的革新。文官对进攻、防御或威慑的偏好将受到国际环境的影响。最后，如果这里引入的两个理论终究具有某些合理性，我们应会发现，技术和地理极少具有自主的决定性，尽管它们对于学说常应具重要影响。

在什么条件下，组织理论将具有最大的解释力？在什么条件下，国际环境将具有最大的影响？在国际环境相对平静的时期，我们应会料到组织因素将具有高度的决定性。在遭遇威胁的时期，我们应会看到学说对于国际体系的更多适应——整合应更为明显，革新更为可能。在各国之间，学说应会体现更多的异质性。但即便在这种情形下，所有事情都不会必然顺当。多极结构——尽管它们对学说施加了重要影响——可能令决策者如此迷惑，以至于使组织性的决定因素再次成为主导。结局会是灾难性的。

注释

1. 当然，汉斯·摩根索的《国家间政治》对现实主义视角提出了最全面的阐释：Hans Morgenthau, *Politics among Nations*: *The Struggle for Power and Peace* (New York: Alfred Knopf, 1978)。

2. Waltz, *Theory*, pp.79—81.

3. 强调结构概念的组织理论家包括：Chester I.Bernard, *The Functions of the Executive*(Cambridge, Mass.: Harvard University Press, 1968); James March and Herbert Simon, *Organizations*(New York: John Wiley & Sons, 1958); James D. Thompson, *Organizations in Action*(New York: McGraw-hill, 1967)。该概念在马克斯·韦伯的著述中时常出现，尽管那些较短文章的译文对它的解释是差劲的。参见 *From Max Weber*: *Essays in Sociology*, trans., ed., and intro. H. H. Gerth and C. Wright Mills(New York: Oxford University Press, 1946), pp.159—179。关于对结构与权力的一个非常有益且具启发性的讨论，参见 Arthur L. Stinchcombe, *Constructing Social Theories*(New York: Harcourt, Brace, & World, 1968)，尤其是Chapter 4, "The Conceptualization of Power Phenomena"。

4. Stinchcombe, *Constructing Social Theories*, pp.16—17.倘若该尝试有某种正

式的方法论基础，该基础是亚瑟·斯廷奇康比提供的。Waltz，*Theory*，pp.13—17；and Alexander George，"Case Studies and Theory Development：The Method of Structured，Focused Comparison，" in *Diplomacy：New Approaches in History，Theory，and Policy*，ed. Paul Gordon Lauren（New York：Free Press，1979），pp.43—68.在该尝试中，这三位理论家无疑都发现了某些可争论之处。但是，我已将他们设立的严格标准用作我自己著作的路标。我会第一个承认该著作没有完全达到这些标准。信息和时间的有限、历史中的无常以及我自身兴趣的特点共同使得这是一个对相关理论的欠完美验证。但在我看来，在国际关系和对外政策领域的文献中，这是能够找到的一个最接近对这两个理论的竞争性验证的东西。

5. Stinchcombe，*Constructing Social Theories*，p.25.

6. Ibid.

7. Graham Allison，*Essence of Decision*（Boston：Little，Brown，1971）；Kenneth Waltz，*Man，the State，and War*（New York：Columbia University Press，1959）.

8. Richard Smoke，"National Security Affairs，" in *Handbook of Political Science*，vol.8，ed. Fred Greenstein and Nelson Polsby（Reading，Mass.：Addison-Wesley，1975），p.311；"The Colloquium：Exploring Ideas，" *Tech Talk*（News Office，Massachusetts Institute of Technology）24:37（May 28，1980）：6—7.

9. Nicholas Spykman，*America's Strategy in World Politics：The United States and the Balance of Power*（New York：Harcourt，Brace，& World，1942），pp.98—113.

10. Jervis，"Cooperation"；George Quester，*Offense and Defense in the International System*（New York：John Wiley，1977），p.11.

11. 在强调目标的重要性的组织理论家中，切斯特·伯纳德（Chester Bernard）是第一个，也是最重要的。另参见 Thompson，*Organizations*。

12. Herbert Simon，"Rationality and Administrative Decision Making，" in *Models of Man，Social and Rational*（New York：John Wiley，1957），pp.196—206.

13. Thompson，*Organizations*，pp.29—39.

14. March and Simon，*Organizations*，pp.169—171；Richard Cyert and James March，*A Behavioral Theory of the Firm*（Englewood Cliffs，N.J.：Prentice Hall，1963），pp.101—113；and Allison，*Essence of Decision*，p.68.

15. Allison，*Essence of Decision*，p.83.

16. 斯廷奇康比的体制化观念（Stinchcombe，*Constructing Social Theories*，p.109）源自 Selznick，*Leadership*，pp.130—142。

17. Allison，*Essence of Decision*，p.81.

18. Samuel Finer，*The Man on Horseback：The Role of the Military in Politics*，2nd ed.（London：Penguin，1975），p.6.

19. Thompson，*Organizations*，pp. 19—21，74—75；Selznick，*Leadership*，pp. 119—133.

20. Thompson, *Organizations*, pp.14—24.

21. Alfred Vagts, *A History of Militarism, Civilian and Military* (New York: Fress Press, 1959), esp.pp.13—15.

22. *From Max Weber*, pp.233—235.

23. Finer, *The Man on Horseback*, p.23.

24. Richard K.Betts, *Soldiers, Statesmen, and Cold War Crises* (Cambridge, Mass.: Harvard University Press, 1977), pp.5—15.

25. Allison, *Essence of Decision*, p.84.

26. Ibid.

27. 关于渐进性变化以及表明它将成为常态的讨论,参见 March and Simon, *Organizations*, pp.169—171; Anthony Downs, *Inside Bureauracy* (Boston: Little, Brown, 1967), pp.167—174; John Steinbruner, *The Cybernetic Theory of Decision* (Princeton: Princeton University Press, 1974), pp.71—86; Charles Lindblom and David Braybrooke, *A Strategy of Decision* (New York: Free Press of Glencoe, 1963); V.A.Thompson, "Bureaucracy and Innovative Action," in *Bureaucracy and the Modern World* (Morristown, N.J.: General Learning Press, 1976); Martin Landau, "On the Concept of a Self-Correcting Organization," *Public Administration Review* 33 (November/December 1973): 533—537; Aaron Wildavsky, "The Self-Evaluating Organization," *Public Administration Review* 32 (September/October 1972):509—520。

28. Allison, *Essence of Decision*, p.85; Crozier, *Bureaucratic Phenomenon*, p.196; Cyert and March, *Behavioral Theory*, pp.278—279; Downs, *Inside Bureaucracy*, pp.191—193, 208.

29. Allison, *Essence of Decision*, p.85; Downs, *Inside Bureaucracy*, p.200; Albert O.Hirschman, *Exit, Voice, and Loyalty* (Cambridge, Mass.: Harvard University Press, 1970).

30. Downs, *Inside Bureaucracy*, pp.198—199, 274.

31. 关于美国海军在该问题上的观点,参见 U.S.Congress, House, Committee on Armed Services, *Hearings on Department of Defense Appropriations for Fiscal Year 1980* (Washington, D.C.: GPO, 1979), p.841; and U.S.Congress, Senate, Committee on Armed Services, *Hearings on Department of Defense Appropriations for Fiscal Year 1980* (Washington, D.C.: GPO, 1979), p.557。

32. Norman Dixon, *On the Psychology of Military Incompetence* (New York: Basic Books, 1976), pp.71—79.

33. Norman Stone, *The Eastern Front, 1914—1917* (New York: Scribner's 1975), pp.44—69.

34. Dixon, *Psychology*, p.96.

35. "Lehman Seeks Superiority," *International Defense Review* 5 (1982):

547—548.

36. Clausewitz, *On War*, p.87.

37. Ibid., p.606.

38. Ibid., p.608.

39. Ibid.

40. Russell F.Weigley, "Military Strategy and Civilian Leadership," in *Historical Dimensions of National Security Problems*, ed. Klaus Knorr(Lawrence: University Press of Kansas, 1976), pp.38—39.

41. Charles Tilly, ed., *The Formation of National States in Western Europe* (Princeton: Princeton University Press, 1975).

42. Ibid., p.42.关于类似的看法,参见 William Graham Sumner, "War," and Robert E. Park, "The Social Function of War," in *War*, ed. Leon Bramson and George W.Goethals(New York: Basic Books, 1964), pp.205—244。

43. Bernard Brodie, "Technological Change, Strategic Doctrine, and Political Outcomes," in *Historical Dimensions*, ed. Knorr, p.299.

44. Brodie, "Technological Change," p.300; and Edward Katzenbach, "The Horse Cavalry in the Twentieth Century: A Study in Policy Response," in *American Defense Policy*, ed. Richard Head and Erwin Rokke(Baltimore: Johns Hopkins, 1973).

45. Katzenbach, "The Horse Cavalry," p.406.

46. 比如,参见 Brodie, "Technological Change," pp. 288—292; Michael Howard, *War in European History*(London: Oxford University Press, 1976), pp. 101—106; Katzenbach, "Horse Cavalry," pp. 408, 412—414; McElwee, *Art of War*, pp.307—327。

47. Bernard Brodie and Fawn Brodie, *From Crossbow to H-Bomb*(Bloomington: Indiana University Press, 1973), p.150.

48. J. F. C. Fuller, *The Conduct of War, 1789—1961* (London: Methuen, 1961), pp.104—105.

49. Brodie, "Technological Change," p.284.

50. Katzenbach, "Horse Cavalry," pp.411—414.

51. Jervis, "Cooperation."在其早期著述中,肯尼思·华尔兹将此称为"第三镜像"。在其近来的著述中,他更细致地探讨了体系的影响。华尔兹将特定国家的特质置于一边,关注国际环境对所有国家的影响,形成了他所谓国际政治的结构理论,这是对均势理论的一种规范化。参见 Waltz, *Man, the State, and War* and *Theory of International Politics*。

52. 根据对 1700 年以来所有战争的考察,澳大利亚经济史学家杰弗里·布莱尼(Geoffrey Blainey)认为,尽管战争的根源可见于各种各样的具体争端,但它们归根结底都是围绕相对权力的争端。它们在行使暴力的相对能力模糊不清时发生。"战争通常在两国对它们的相对力量认知不一时来临，而且战争通常在交战国对它们的相对力量认知一致时停止。”在某种程度上，战争的主要目的是度量争端各方的力量。令人遗憾的是，布莱尼未将意志问题纳入其考察中。

意志对于现代威慑理论的论点至关重要。托马斯·谢林(Thomas Schelling)或许是二战后最著名的文职“战略家”。在其著作中，外交和(作为逻辑的延伸)战争被视作围绕冒险、惩罚和痛苦的竞争。谢林将与战争有关的暴力和无趣本身强调为涉及国家间争端解决的重大因素。以往，军事能力的该方面没有得到应有关注，因为向对手施加痛苦时常取决于首先击败其军事力量。鉴于核武器的发明，以及它们颇为突出的不首先摧毁军事力量即可摧毁国家价值的能力，一些文职学者迅速认识到，当代战争对意志的考验将不低于对技术的考验。制造纯粹暴力的技术能力已经减少了军人艺术的重要性。在国家间的争端中，文官对于战略将更有发言权；战略需要考虑的不仅是军事力量能如何作为，还有国家会如何付出。谢林总结了核武器的影响，还抓住了体现于常规战争的军事战略的潜在方面，他指出：“军事战略再也不能像某些时代的某些国家所能认识的那样，被视作谋求军事胜利的科学。如今它同样是强制的艺术，是威胁和威慑的艺术，即便不是更甚。战争的工具更多地是惩罚性而非攫取性的。不论我们喜欢与否，军事战略已经成为暴力性外交。”因此，战争的另一个功能是度量相对意志。如同对于权力，有助于解读特定争端背景下的相对意志的任何东西都有助于避免诉诸战争。Geoffrey Blainey，*The Causes of War*(New York：Free Press，1973)，p. 246. 另参见 Thomas Schelling，*The Strategy of Conflict*(New York：Oxford University Press，1963)，and *Arms and Influence*，p.34。

53. John M.Sherwig，*Guineas and Gunpowder*(Cambridge，Mass.：Harvard University Press，1969)，p.97.

54. Vagts，*Defense and Diplomacy*，p.232.

55. Barry M. Blenchman and Stephen S. Kaplan，*Force without War*(Washington，D.C.：Brookings Institution，1978)，p.ix.

56. 对于大国众多或大国寥寥的体系是否会带来稳定，学者看法不一。一些分析家认为，有多个大国的体系使得任何两国都难以将其精力集中在对方身上。很多潜在敌人的存在会减弱发生激烈对抗的风险。同时，很多潜在盟国的存在会减弱发生激烈对抗的风险。两极体系被视作是糟糕的，因为它们带来了高度的相互关注和敌对。两个超级大国彼此间会变得魂牵梦绕。比如，参见 Karl W.Deutsch and J. David Singer，“Multipolarity，and the Future，” in *International Politics and Foreign Policy*，ed. James N.Rosenau(New York：Free Press，1969)，pp. 315—324，325—335。关于两极促进稳定的论点，参见 Waltz，*Theory*，ch.8。

57. Robert Gilpin，*War and Change in World Politics*(Cambridge：Cambridge University Press，1981)，pp. 86，92；John Herz，*Political Realism and Political Idealism*(Chicago：University of Chicago Press，1951)，ch.2，sec.2；and Morgenthau，*Politics*，pp.215—218.

58. Gilpin, *War and Change*, p.51.

59. Waltz, *Theory*, pp.127—128.

60. Spykman, *America's Strategy*, p.29.

61. Handel, *Israel's Political-Military Doctrine*, p.66.

62. Colin Gray, "Victory is Possible," *Foreign Policy* 39(Summer 1980): 14—27; Herman Kahn, *On Thermonuclear War* (New York: Free Press, 1960), pp.523—550; Glenn Snyder, *Deterrence and Defense: Toward a Theory of National Security* (Princeton: Princeton University Press, 1961), pp.79—84, 148.

63. Schelling, *Arms and Influence*, p.13.

64. C.W.C.Oman, *The Art of War in the Middle Ages* (Ithaca, N.Y.: Cornell University Press, 1953), p.42.

65. Vagts, *Defense and Diplomacy*, p.465.

66. Waltz, *Theory*, p.165.

67. Howard, *War in European History*, pp.62—63.

68. Lynn Montross, *War through the Ages* (New York: Harper & Brothers, 1960), pp.318—319.

69. Montross, *War*, pp.452—455.

70. 关于对该报告的概述,参见 Avi Shlaim, "Failure in National Intelligence Estimates: The Case of the Yom Kippur War," *World Politics* 28:3(April 1976): 348—380。

71. William O. Shanahan, *Prussia's Military Reforms, 1786—1813* (New York: Columbia University Press, 1945), p.127.

第三章　1940 年战役

1940 年，发生了两次大规模战役。5 月间，在比利时和法国北部，德国消灭了法国和英国陆军的精锐，从而为彻底征服法国的主要地区扫清了障碍。第二个战役即不列颠之战，在德国空军和英国皇家空军之间展开，从 1940 年 7 月中旬持续到 9 月底。尽管希特勒在第二个战役中的目标和战略看似曾有变动，但德国的基本目标是摧毁皇家空军并获得南英格兰和英吉利海峡的制空权，这被视为对英国的任何成功入侵的必要前提。对于希特勒对该行动的投入程度，一些历史学家不无质疑。但是，空战本身所耗费的精力和入侵部队准备上的大量辅助工作都表明，倘若德国赢得了此次空战，或许会尝试入侵。[1] 德国空军(the Luftwaffe)未获成功，希特勒将其一注意力转向了苏联——一个在德国国防军(the Wehrmacht)的特长即空地协同作战前更为脆弱的大陆强国。

这些都是重要的战役。希特勒击败法国给德国带来了工业、财政和地理上的优势，使任何先后反对德国扩张的力量必会面对严酷时局，第二次世界大战也将是一场漫长的战争。不列颠之战则保证了德国的先后扩张将遭到抵制，并保留了德国本土在将来受到攻击的可能。假如英国垮台，人们不得不猜想这种攻击是否终究会发生。从中释出的资源或许将使天平在未来的对苏战争中倒向德国一边。

对于这两次战役的结局，历史学家已提出很多解释，社会、政治、技术和军事上的解释都可找到。但我想强调，每场战役的胜者都是对战役未雨绸缪的一方。德国已对其工业和军事资源进行了多年规划，目的是对那些近邻——它们——从德国在 1918 年的失败中获利最多，并最反对德国军事力量的复兴——进行侵略性的速决战。法国料到了该复兴，并计划打一场谨慎的、一开始重在防御的战争，这使它有时间劝诱前一战盟友尤其是英国提供最大限度的军事协助。由于德国人在人口数量和生产能力上都强于法国人，人们的看法是，若无盟国的帮助就不可能对德国发起进攻。若无此帮助，成功的前景将是渺茫的，代价则是惨重的。出于依然不清楚的原因，法国采纳了一个战争计划，它削弱了法国进行谨慎的、一开始重在防御的战争的能力，而其军队自 1918 年来就是为此而规划和训练的。

英国一直希望避免卷入欧洲大陆上的未来冲突，结果使自己将一支缺乏训练、装备不足的小规模远征军投入了一场它未有准备、但猛然发现对英国安全至关重要的战斗。另外，在两个月后，皇家空军又身处一场英国政治家——英国军方在次要程度上也是如此——自 1934 年来既担心又有准备的战斗。

这些战役及其作战方式属于军事学说的范畴。但是，在总结和解释法国、德国和英国的军事学说的特征（第四章至第六章的主题）之前，我将更详细地考察 1940 年的这两场战役，以凸显这些特征的基本影响。

法兰西之战

军力

颇为一致的看法是，德国的胜利不能被解释为在人员数量、主要作战部队（师）数量、重型装备（坦克、大炮等）数量或该类装备质量上占优（见表 3.1）。[2]

如表 3.1 所示，德国和盟国方面部署了大致同样数目的主要作战部队。双方的步兵师，无论是徒步的还是摩托化的，都非常类似——人员有 15 000 名左右，火炮有 70 或 80 门，反坦克炮有 40 或 50 门，还有几十门迫击炮和数百挺机枪。装甲师则有明显区别，如下文所示。在那个时代，德国装甲师是规模最大、效能最高的装甲集群。[3]

总体而言，在地面武器方面，双方的数量和质量优势相互抵消了。

表 3.1　法兰西之战第一阶段中德国和盟国方面的可用军力

资源	德国	盟国方面
人员	250万	300万
师：		
装甲师	10	6
摩托化步兵师	7	8
步兵师	117	108
其他	2(一个空降师、一个骑兵师)	11(全部或部分摩托化的骑兵师)
总计	136	133*
装备		
坦克	2 700	3 000(法国和英国)
火炮(炮兵类)	7 710	12 200(法国 11 200,英国 1 000)
反坦克炮	12 800	8 050(法国 7 200,英国 850)
防空炮：		
中型和重型	9 300	3 800
轻型	无数字	2 300 (另有英国的杂类炮 850 门)

* 法国 103 个师,英国 9 个师,还有比利时、荷兰和波兰的各类师。

资料来源:在对法兰西之战的论述中,对作战数据作全面罗列的寥寥无几。该表是从下列资料中汇总而成:R.Ernest Dupuy and Trevor N.Dupuy, *The Encyclopedia of Military History*(New York: Harper and Row, 1977), pp.1057—1058; Colonel A.Goutard, *The Battle of France, 1940*, trans. Captain A. R. P. Burgess (New York: Ives Washburn, 1959), pp. 21—31, 37, 39—40; Jeffrey A.Gunsburg, *Divided and Conquered: The French High Command and the Defeat of the West, 1940* (Westport, Conn.: Greenwood Press, 1979); Roger Parkinson, *Dawn on our Darkness: The Summer of 1940*(London: Granada, 1977), p.5; R.H.S.Stolfi, "Equipment for Victory in France," *History* 52(February 1970): 1—20。

盟国的火炮在数量上超过德国;而且,由于其中大口径重型火炮的比例要高得多,或许可被认为具有质量优势。但毫无疑问的是,盟国的很多火炮是一战时期的,德国的火炮则颇为崭新。德国的防空火炮在数量和质量上比盟国更胜一筹。在表 3.1 中,参战的防空火炮的数量或许是可信度最低的数字。这点特别令人遗憾,因为德国人还在地面作战中将这些火炮用于针对坦克和地下掩体的直接炮火攻击,这是它们所扮演的一个颇有作用的角色,尤其就著名的 88 毫米炮而言。德国在反坦克炮数量上占优,但与德国炮对付法国装甲相比,法国炮打穿德国装甲的能力或许更强。盟国在坦克数量、装甲厚度和火炮口径上占优，德国坦克则借助通讯装置和光学设备上的长处而有所弥补，其乘员数量和燃料箱储量平均而言也更大。

尽管关于这场战役中参战空军的统计数字有欠清晰，它们仍趋于表明盟国在参战飞机上的劣势，而这有助于解释盟国的受挫。看起来，法国和英国的参战空军在数量上处于一比二的劣势。总体而言，德国飞机比其敌人的多少占优。但是，这些情况没有反映全貌。奇怪的是，大量的战斗机——或许有 1 500 架——被分散地闲置于法国各地。[4]有 600 架可能在参战部队。[5]同样奇怪的是，英国参战飞机的数量也较少，皇家空军总共 1 800 架作战飞机中，参战飞机只有 400 架左右。[6]特别费解的是，以英国为基地但可飞至战区的 300 架或更多的中型和重型轰炸机作用有限。尽管所有的这些飞机都派上了用场，但看来它们未被充分利用。英国轰炸机司令部将攻击分散在很多"准战略"目标上，其中多数位于德国后方过深，以至于影响不到低地国家和法国北部的战斗。[7]

表 3.2　法兰西之战第一阶段中德国和盟国的参战飞机

	德国	盟国(法国和英国)
单座战斗机	850	635
多座战斗机	200	100
俯冲轰炸机	280	49
轻型轰炸机	0	45
中型轰炸机	1 100	414
侦察机	500	300—400

资料来源：Goutard, *The Battle of France*, pp. 31—36; Gunsburg, *Divided*, 1: 269—271.

轰炸机之外，在关键的单座战斗机类别中，双方的差距——大约为四比三——比总体力量对比所体现的要小得多。面对这种差距，皇家空军在不列颠之战中将有着值得称赞的表现，诚然它所处的环境是不同的。简言之，尽管盟国空军的确面对着一个装备上略占上风的对手，但数量上的不等看来有其自身的部分责任。[8]

无论是地面还是空中力量的不等都不能充分解释盟国的失败。相反,这些力量足够对等,以至于对这场战役结局的学说和战略意义上的解释马上会对人们产生吸引力。

军事学说

军事历史学家已形成该认识:对于盟国的失败,军事学说和作战计划的某种结合可给予最好的解释。没有多少人认同一度流行的以德国人数量优势为出发点的解释。以法国人的低落士气为出发点的解释也变得多少不那么被人接受。[9]

要指出的重要一点是,德国的战争计划是当时德国军事学说的折射和改进。法国的战争计划对于法国的军事学说则有着重要偏离,至少偏离了该学说针对任何大战的初始阶段的思维倾向。法国陆军(还有英国人)被投入了一场它不是有备而来的战斗。法国人放弃了打一场他们曾设想的战争的机会,让自己卷进了他们知道德国人希望的那类战争。尽管历史学家一致认为,甘末林将军的战争计划——"D 计划"及其"布雷达变例"(Breda variant)——对于盟国的失败负有责任,但他们尚未充分解释其根源。对于它能在多大程度上解释法国的失败,也尚无评价。尽管本书不会解读后一问题,但要强调的是,解释法国军事学说特征的同样一些因素可以看似矛盾地解释 1940 年的法国战争计划。不那么矛盾的是,该情形也适用于德国案例。

尽管法国的军事学说常被夸张地讥讽为落后于时代——迷失在一战时的泥潭、堑壕和密集的炮火网中,但公平地讲,就其对飞机、装甲和通讯技术上的变革的态度而言,法国人比德国人要保守得多。[10]尽管法国武装力量也拥有这些新技术,甚至为利用它们而创立了一些新的组织和规划,但军事学说、训练和指挥方式仍趋于迎合慢调而保守的作战行动。[11]对火力的强调超过机动,对防御的强调超过进攻,对"战术稳妥"的强调超过冒险。就后者而言,将领们被告诫要尽可能回避风险,而非冒险去利用战机。其中特别重要的是避免"遭遇战"(encounter battle)。这类现今名为“接触性交战”(meeting engagement)的战斗在不经意间发生于运动中的军队之间。它们在没有已备阵地的情况下打响,而且时常发生在机械化战争中。它们是冒险和激烈的,常常代价惨重。法国人和英国人回避这种战斗,但知道它们是德国人善于应对的。

相比于德国空军与德国陆军的协同,法国空军与法国陆军的协同更有限。法国空军没有表现出与法国陆军的良好协同,尽管它或多或少地听命于陆军。各方大概都要同意,若要将敌人的轰炸机驱离陆军部队和补给线,战斗机不可缺少。对于轰炸机与地面部队的协同,也有着一些想法和规划。但到 1940 年 5 月 10 日,适用于该任务的轰炸机生产甚少,空地协同体系也未成形。[12]

德国的军事学说迥异于法国和英国的学说。与已大体抛弃一战时进攻倾向的法国人不同,德国人重申了追求进攻的历史传统。而且,在经历了一个艰苦又未卜的过程后,德国建立并部署了一支新型的作战力量即装甲师。另外,到 1940 年,德国陆军中的某些成员已经创立了一种新学说即闪电战(尽管陆军尚未完全接受它)。对闪电战的倡导者来说,空军与装甲部队的快节奏配合如今更多地着眼于“拆解”而非摧毁敌人的陆军。该学说强调机动和速度甚于火力,尽管它以坦克、俯冲轰炸机和快速的反坦克或防空火炮为依托,追求在关键点上的强大火力。遭遇战是闪电战所期待的。它将空中力量集中用于攻防,为装甲部队的推进开辟道路。就像一战结束之际的德国军事学说,闪电战强调步兵和装甲部队都要执行渗透战术和侧翼包抄运动。如同一战前的德国传统军事学说,该新学说追求单向或双向包抄。不像较早时候的学说,它对于扰乱和瓦解敌人指挥系统的重视不亚于它对于消灭敌军的重视,这要通过对敌军后方地区进行深层渗透来实现。据认为,如果能实现对敌人指挥系统的瓦解,歼灭战就可被避免,或至少更易于进行。[13]

战争计划[14]

由于德国人在经由瑞士的作战中会遭遇的困难,以及马奇诺防线的坚固，法国人曾长期认为，德国人对法国的任何进攻必将经由比利时展开。其实，修建马奇诺防线是为了推动这样的情况发生(见第四章)。从1939年9月到1940年5月，双方针对比利时的战争计划都有变动。法国起步于一个反映了其军事学说和能力的军事计划，但变到了一个不是这样的计划上。德国起步于一个未反映其传统军事学说或新的闪电战学说、也未充分利用德国的新型装甲师的战争计划；对盟国不幸的是，德国人变到了一个有此反映和利用的计划上。

在1939年秋天，法国的“E计划”(Escaut——埃斯考河)主张向比利时境内埃斯考河畔的防线推进。埃斯考河大致与比利时海岸平行，位于内陆100—150公里处，是从法国内地流向安特卫普。对于法比边境上的法国和英国陆军来说，这本非一项困难的推进。它或许会为修建筑垒阵地留下足够时间。这是一个保守的战略，未给英国和法国的防御性学说带来多少压力，也缓和了困扰联合作战的指挥和控制问题。[15]先前20年的法国军事学说着眼于在英国协助下在比利时打一场一开始就是低代价的战斗，该计划与之十分吻合。这将使法国边境上的很多工业地区免遭战火。权衡说来，“E计划”很适合法国的军事学说和军事能力。

德国人在1939年的战争计划是对1914年的德国战争计划的苍白模仿。其相似点在于，它将包括装甲师和摩托化师在内的主力部队集中于德国的右翼，即比利时中北部。其不同点在于，它主张征服荷兰，并对赢得一场决定性战役不抱任何希望。低地国家将被征服，荷兰和比利时的军队将被击败，法国和英国的一些部队将被消灭。德国或可获得有利于消耗战的一些工业和地理上的好处。假如该计划与“E计划”针锋相对，德国人将消灭法英军队的精锐是值得怀疑的。埃斯考河防线或会被守住，德国征服法国所需的终极大战或会在迥异于现实的环境中发生，盟国在战斗经验上或会追上领先的德国。英国和法国为战争而进行的工业动员合在一起，在1940年春天可能不亚于或胜过德国，这或会给盟国带来(至少临时地)全面物质优势。

由于糟糕的天气、陆军领导层中对于首个计划的普遍不满，以及希特勒本人的举棋不定，德国人的进攻在 1939 年没有实现。渐渐地，在击败波兰后仓促而就的原定作战计划也被抛弃了。A 集团军（瞄准比利时的两个集团军中相对较弱并最靠南的一个）参谋长埃里希·冯·曼施泰因（Erich von Manstein）将军从一开始就反对原来的计划。他认为，它根本无望带来决定性胜利，并定会招致德国不可能获胜的消耗战。

从 1939 年 10 月末起，曼施泰因及其长官格尔德·冯·龙德施泰特（Gerd von Rundstedt）将军就将一个替代性计划力陈给德国陆军总部。最终得以执行的该计划主张，将德国装甲部队的侧重点从比利时北部和荷兰（B 集团军）改向比利时南部和法国北部（A 集团军）。该装甲集群将试图突破阿登（Ardennes）地区和渡过马斯河（Meuse），并向海峡地带冲击，把德国人确信将进入比利时的大批盟国部队截断在身后。为保险起见，德国人将尽一切所能让人以为其右翼仍是重点，并遮掩他们在左翼的攻击。盟国军队将被截断在比利时境内并被消灭。

在曼施泰因力推其计划时，其他人得出了类似结论。据说，在获悉这位军人的计划前，希特勒早就“本能地”想到了类似于曼施泰因所想的某种大规模装甲进击。与此同时，陆军最高司令部（OKH）看来也对曼施泰因计划予以了更多关注。到 2 月中旬，希特勒的直觉、支持和干预与陆军总部不无勉强的认可合流了。2 月 20 日，曼施泰因计划被制定成了关于进攻法国和低地国家的作战指令。[16]

这项新计划利用了德国总参谋部在运动战方面的所有传统优势。它体现了该机构传统上对于歼灭性包围战的信奉。更重要的是，它利用了德军的新型机械化战争能力，以实现对盟军后方地带的纵深突破。在德国空军的支持下，德国装甲力量将在这种大胆、出人意料、快速并由其创始人海因茨·古德里安（Heinz Guderian）将军设想了十余年的作战中释放其威力。古德里安将在作战中亲自指挥主要的装甲军团。

在德国人将作战计划改成更适应其技巧和能力的一个计划的同时,法国人也在一个迄今更加冒险的方向上变更了其计划。这些改变将法军及其盟国的军队拉入了他们无甚准备的战斗,并大大凸显了联合作战常有的指挥、控制和协调问题。[17]使这些问题愈加复杂的是,比利时人和荷兰人拒绝在德国进攻前与英国人和法国人协调战争计划。比利时和荷兰有理由地担心,这样的合作将侵害它们已宣布并天真地希望保持的中立地位。这还意味着,在德国进攻前,法国和英国部队不能进入比利时建立防御阵地。法国和英国指望比利时人将此承担起来,但比利时人表现糟糕。[18]

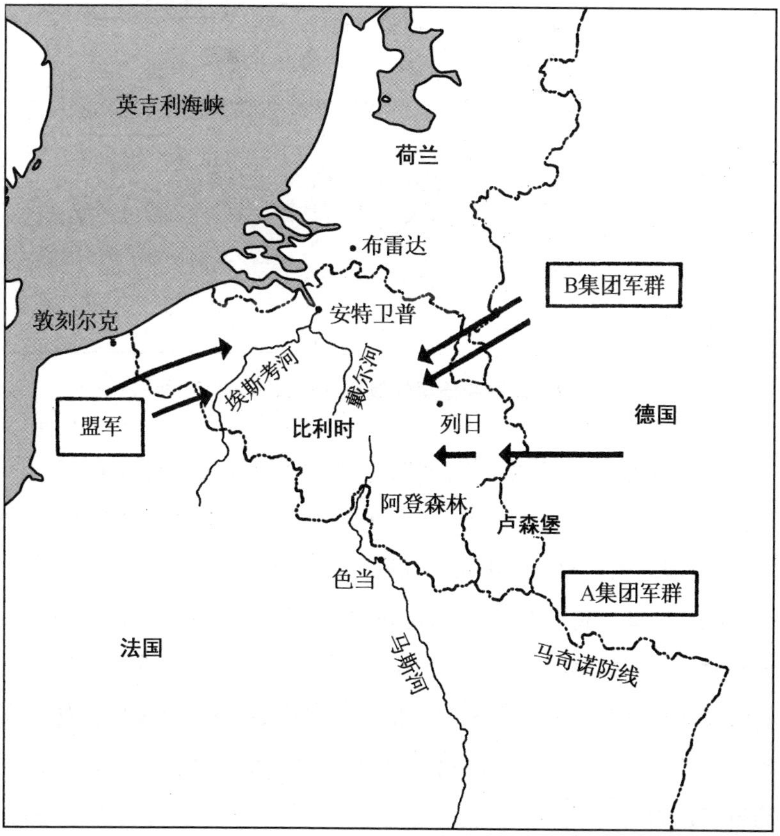

图 3.1　盟军和德军的战争计划,1939 年秋

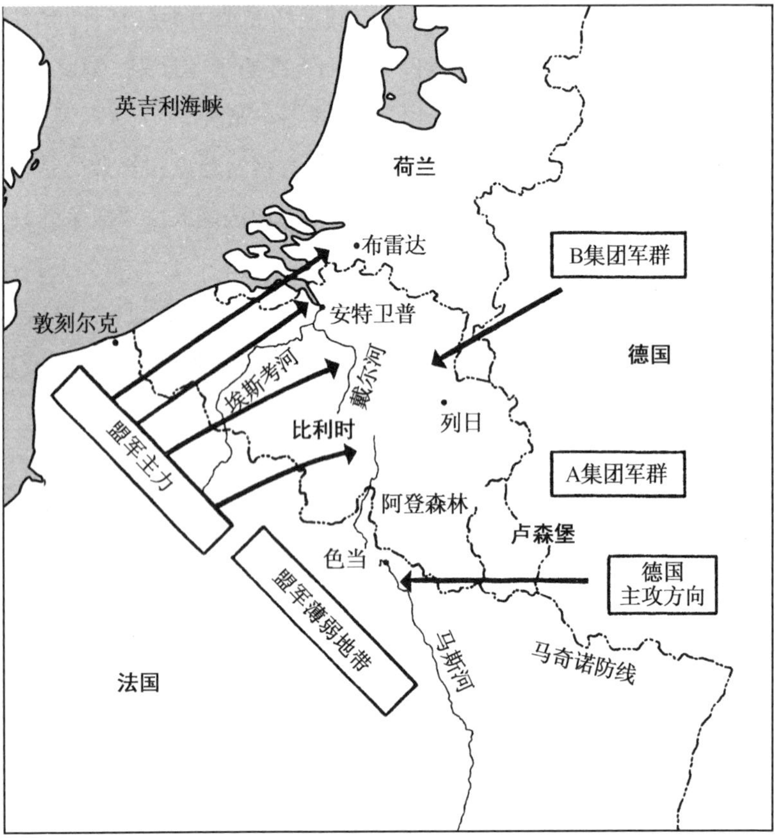

图 3.2　盟军和德军的战争计划，1940 年 5 月

如前所述，对于为慢节奏的防御性战争而训练的军官和士兵来讲，E 计划带来的压力相对甚少。其后继者“D 计划”(Dyle——戴尔河)则主张，英国远征军和法国机械化和摩托化部队的现有主力向远得多的一条战线推进。它沿着戴尔河(比利时中北部)，跨越(戴尔河和马斯河比利时段之间的)任布卢豁口(Gembloux Gap)，然后沿着马斯河的比利时段往下直至法国东北部。该推进使盟军某些部队需要跋涉的距离增加了差不多 100 公里，加大了发生遭遇战的可能，并减少了用以建立防御阵地的时间。

出于从未得到充分解释的原因，法国武装力量总司令莫里斯·甘末林(Maurice Gamelin)将军几乎靠一己之力推出并落实了“D计划”中甚至更加大胆的“布雷达变例”。它动用了相当比例的法国机动力量——相当于两个摩托化步兵师、两个机械化(装甲)师外加三个精锐的徒步型步兵师——向荷兰南部(布雷达)出击。这些兵力大概有三分之二原属于盟军的中央预备队(负责应对不测事态),他们将在后来的战斗中令人非常想念。

尽管该战线的北段和中段将由一流部队来驻守,但作为盟军推进行动的铰链的色当和阿登森林地区是由科拉(Corap)将军的弱旅第九军来守卫。它只有七个步兵师和两个轻骑兵师。在这七个步兵师中,两个是缺乏装备和训练的B类师,由上年纪的预备役人员组成;一个是几乎没有机动能力的堡垒师(fortress division),一个是一流的摩托化步兵师,其余三个师是素质不错的徒步型步兵部队。每个骑兵师有一个马上骑兵旅和一个轻型机械化旅(这只是法国人习惯于将稀缺的摩托化资源在战线上分散使用的一个例证。相反,德国人习惯于集中使用)。第九军及其南邻即拥有五个师的第二军都属明显的弱旅。对于该部署,法国军人给出了两种解释。第一,某些人认为,阿登地区是大部队尤其机械化部队不可逾越的。[19]第二,据认为,法国的预备队可方便地增援该地区。但是,由于“布雷达变例”和其他被草率提出的决定的推行,该预备队不复存在。回过头看,法国人的理由看来是大错特错,因为我们现在知晓,甘末林身边有着大量的表明德国在根据曼施泰因计划加强A集团军的情报。[20]甘末林不仅没有采取预防措施来增援该地区,他还为了在荷兰南部的冒险而取消了战役预备队。在这般行事之余,又是出于某些未知的原因,他没有用驻守在马奇诺防线后的精锐部队来重建预备队,这令他错上加错。

“D计划”和“布雷达变例”有两大缺陷。第一,它们歪曲了——假如它们没有违背——两次世界大战之间法国军事学说的基本信条,即避免遭遇战。[21]该偏差在当时受到了质疑,但潜在的好处显然被认为抵得上风险。当时的法国总理保罗·雷诺(Paul Reynaud)反对该推进,并在战争刚开始时拟将甘末林解职。尽管这段历史有欠清晰，但很多法国部队在与德国人交战前没有足够时间挖掘战壕。这对于第九军在比利时境内的部分显得特别重要，它位于边界上法国一侧的南翼要承受德国突击行动的正面冲击。当然，毋庸置疑的是，由于该段位于法国，法军曾有足够时间来建立工事。但是，这些工事没有彻底完工，因为法国人的主流看法是德国的大部队不可能通过阿登森林。北段的时间不够和南段的措施不到位合在一起，使第九军在它和身边的第二军最终不得不面对的七个装甲师的集中攻击力前不堪一击。

第二，"布雷达变例"歪曲了——假如没有违背——一个常识性的基本"战争法则"：要保留一支战略预备队以备不测事态。"E计划"和"D计划"都保留了这样的预备队，"布雷达变例"则没有。当时的指挥官们对该偏差有异议，但重建预备队仅有草草之举。[22]

"D计划"显然拥有看得到的好处，它们足以克服内部散乱的反对之声。某些好处可能主要对军人有诱惑力。该计划赋予了盟国更大的战略纵深，它还带来了一条更短的战线。尽管部队要推进更长距离，但更短的战线会便于更严密的防御，或者它可释放出富余部队用作战役预备队。"布雷达变例"破坏了这两项好处。但是，尽管"D计划"在11月就已达成，"布雷达变例"到次年3月才下达。从此，对该计划的反对暂时被消除了。

该计划的其他好处可能对军方和政治家都具有吸引力。盟军推进得越远，与退却中的比利时人，并且或许与退却中的荷兰人合兵一处的可能性就越大。尽管这两支军队的装备和训练显然不如英国人和法国人，但他们加起来差不多有一百万人。鉴于所料想的高成本消耗战和德国人在人力上的所知优势，这些资源难以舍弃。类似的是，向戴尔河的推进可为战争提供更多一些的比利时工业资源和原料，并使战斗更远离法国边境地带的工业区。它还使盟军离德国更近，这便利于对德国发动很多人所期望的1918年式的终极进攻。[23]这些盘算必然对有关各方都具有吸引力。另外，出于传统上对于低地国家安全的关注，英国领导人可能也对该计划感兴趣。法国人可能认为，如果比利时和荷兰正得到保卫，英国人会将更多资源投入战争。最后，在英法的这种新勇气的背后，可能恰恰有着一点政治—军事上的尴尬。他们目睹了希特勒对五个独立国家奥地利、捷克斯洛伐克、波兰、丹麦和挪威的欺凌、恐吓和战争。也许，盟国的政治和军事领导层受到了残存的一些"大国"自豪感或荣誉感的影响，要去拯救两个弱小的中立国。

总之，盟国的战略变得更加大胆，越来越多的精锐部队被越来越远地投向荷兰和比利时，战役预备队则被削弱了。同时，该预备队未得到从马奇诺防线撤下的部队的补充。(该举措显然在讨论之列，但未被执行。)德国人则同时加强了他们面对法比边境的左翼。参照泄露了盟军计划的情报，德国人认为，可将盟军的精锐诱入比利时内地，用强大的快速机动的机械化部队断其后路，然后包围和歼灭它。德国的右翼(B 集团军)将尽可能让法国人相信主战场是在北方，并转移法国人对于出自阿登的关键攻击的注意力。[24]这就是 1940 年 5 月发生的情形。

不列颠之战

法兰西之战与不列颠之战最显著的重大不同是：在后者中，没有任何一方的力量如同在比利时的盟军那样被摧毁了。当希特勒取消对英国进行两栖攻击的"海狮计划"时，双方都仍有能力展开作战行动。皇家空军战斗机司令部的抵抗令德国人相信，若为了获得足够的对英制空权而再行尝试，以使海上入侵得以进行，有可能血本无归。

军力

英国人如何取得了该结果？如同法兰西之战，数量本身不可能提供充分的解释。英国人在一线战斗机的数量上处于劣势，尽管不是一边倒的。在 1940 年夏天，皇家空军约有各类飞机 2 913 架，德国空军是 4 549 架。当然，不是所有的这些飞机都参与了此次战役。对于在 1940 年 7 月中旬可以参战的飞机，表 3.3 给出了一个统计。

表 3.3　可用于不列颠之战的德国和英国战斗机，1940 年 7 月

飞机	德国	英国
单引擎单座战斗机	656a(Bf109)	500a(飓风式和喷火式)
其他战斗机	202a(双引擎的 Bf110)	80—85a(双引擎的布伦海姆式和单引擎的无畏式夜间战斗机)
俯冲轰炸机	248a(施图卡式)	0
中型轰炸机	864a(多种型号)	300b(布伦海姆式)
重型轰炸机	0	400b(多种型号)

a. 可当即参战的作战飞机。
b. 总数，其中一些不能当即参战。
资料来源：Len Deighton, *Fighter*: *The True Story of the Battle of Britain* (London: Jonathan Cape, 1977), p.151; Parkinson, *Dawn*, pp.27, 29—211.

单引擎的单座战斗机是双方力量的核心。在一开始，德国人对这点的认识不如英国人清晰。而且，在 8 月和 9 月间，英国的作战力量有时超过了 600 架飓风式和喷火式战斗机，而且很少跌至 575 架以下，德国的战斗机力量在战斗过程中则可能略有下降。英国人在战斗期间每月生产近 500 架战斗机，德国的 Bf109 型飞机的产量则不可能超过每月 200 架。尽管我在表 3.3 中列入了英国的轰炸机力量，但多数历史学家一致认为，它们在此次战役中只发挥了不大的作用，即在德国入侵船队进行集结时袭击了它们。若非由于轰炸机司令部的学说偏好，它们或许有更多贡献。皇家空军的指挥官更愿意派遣其轰炸机打击德国的工业目标。

若总结一下数量上的对比，550 架到 650 架英国战斗机须对付 1 700 架左右的德国战斗机和轰炸机。在这次战役的早期，大约 520 架施图卡式飞机也扮演了某种角色。尽管防御方的战斗机力量与战斗机和轰炸机组成的进攻力量的交锋是复杂的，但平心而论，英国人多少处于数量劣势。英国人的成功当然不能用数量上的比较来解释。

就飞机质量而言，该战役的多数研究者一致认为，喷火式和 Bf109 是最好的飞机，而且旗鼓相当，飓风式则稍逊一筹。在所有的昼间战斗机中，Bf110 是性能最差的。单就武器质量而言，德国人可能稍占上风，因为英国战斗机司令部所辖的喷火式飞机的数量很少超过 250 架，而且常常是将近 200 架。

学说

如同法兰西之战，单靠武器的数量和质量无法解释结果。任何尝试性的解释都必须涉及对于军事学说和组织的考虑。

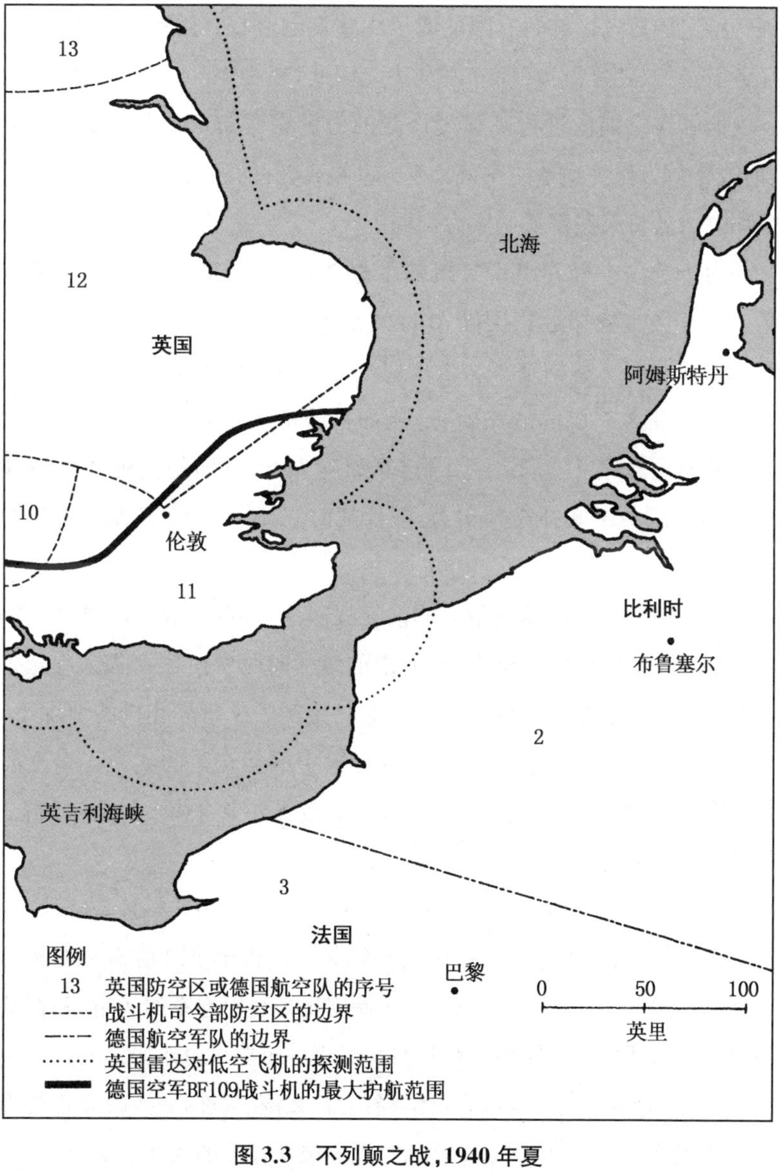

图 3.3　不列颠之战，1940 年夏

如对法兰西之战的探讨所示，德国空军擅长与德国陆军的直接协同。[25]它是一支由战斗机、俯冲轰炸机、双引擎中型轰炸机、侦察机和运输机组成的均衡力量，着眼于为成功的地面作战创造条件。德国地面力量的目标是进行可尽快决定战局的速战，德国空军也是如此。它必须在特定的战场区域和有限的时段中掌握制空权。用军事术语讲，该任务需要的是“震慑力”而非耐久力。因此，在1940年，德国空军作为一支能够在短期内进行高强度作战的力量崭露头角。它主要是一支“前线”空军，作为预备的飞机甚少。甚至，获胜的法兰西之战也在不过数周之内就将某些部队的实力削弱了50％。[26]

由于德国空军着眼于支援陆上战斗，其飞机的航程和载弹量有限。其任务是从邻近德国陆军的后方基地出发，打击前线或敌军后方的军事目标。德国空军从未规划过、也未着眼于“战略”行动——旨在追求可独立完成的战略目标，比如摧毁敌人的工业基础。它不是为了独自击败某个主要对手的空军而建立的。（即便法国空军也在法兰西之战中不断补充其实力，在停战时它比5月10日拥有更强的一线力量。）

德国空军是为短期战争而非消耗战而建立的。在没有飞机储备、零配件储备也较少的情况下，在有限的激战时段中使各中队保持充盈的实力是勉为其难。在德国飞机工业只生产了少量战斗机的情况下，难以让各战斗机中队在较长的激战时段中保持充盈的实力。无论如何，德国空军很不适合它将对英国发动的战役。令人怀疑的是，德国空军是否曾认真考虑过这类战役的可能性。

一旦希特勒开始考虑入侵英国，除了命令空军为此举打头阵外，他别无选择。而且，由于海峡地区的糟糕天气使得早秋之后不可能从海上入侵英国，德国空军只有三个月去制定击败皇家空军的战略，并在某种程度上为适应该战略而重塑自身。对于一个要学习或变化的大型组织来说，这为时仓促。这或许可解释：为什么该战役的一些研究者与流行的认识相左，认为德国空军从未达到侵袭所需要的成功水准。[27]

英国战斗机司令部的目标或学说是清晰的，它与德国空军的有明显不同。[28]（它也不同于皇家空军的首要部门轰炸机司令部的学说。皇家空军仅被划分为功能性的司令部，这不同于德国空军将不同种类的飞机组建为"航空队"参与具体作战的做法。）如防务协调大臣托马斯·英斯基普（Thomas Inskip）爵士所言："我国空军的角色不是及早发出击倒性一击……而是防止德国人击倒我们。"[29]

尽管英国政府自 1934 年起就在筹划空防，对于战斗机空防的强调直到 1937 年 12 月才成为官方政策。到 1940 年夏，历史上的首个一体性的空防系统已就位。其核心是"链向"（Chain-Home）雷达系统，它就即将到来的袭击向战斗机司令部发出预警，并让地面控制室得以标出来袭路径，从而将英国战斗机中队引导到拦截方向上。当时的雷达是原始的，地面指挥也常常不够，但"链向"仍为战斗机司令部提供了明显优势。至少还有其他两个情报来源看来对早期预警也作出了贡献：名为"Y 服务"（Y-service）的通讯监听计划[30]，以及通过破译德国"恩尼格玛"（Enigma）密码获得的 Ultra 情报。[31]雷达还得到了细密的肉眼观察系统的补充。所有情报被送到战斗机司令部一个单独的"过滤"中心，它再将情报传给相应的防空区司令部（英国被分成了编号为 10 至 13 的四个防空区），这些机构将目标分配给特定的分区司令部，它们组织和指挥各中队进行实际拦截。

作为该系统一部分的还有分布于多个机场的至关重要的战斗机中队，以及针对高低空的防空火炮。随着时间的流逝，也随着德国人对于袭击皇家空军机场变得愈发娴熟，越来越多的低空防空炮被集中用于机场防御。但总体而言，防空火炮没有很大作用。

战斗机和战斗机飞行员是英国空防的核心。在战斗机的供应上，英国人比德国人更有准备，在 20 世纪 30 年代末拨款建立了在战时可将产量扩至满额的"影子工厂"。1940 年 5 月，丘吉尔任命比弗布鲁克（Beaverbrook）勋爵监管飞机生产。比弗布鲁克理解战斗机司令部对战斗机的需求，对其生产全力以赴。英国看似准备欠佳的一个领域是战斗机飞行员的供给。随着战役的进行,飞行员的损耗迫使战斗机司令部司令休·卡斯沃·道丁(Hugh Caswall Dowding)爵士从其他司令部索要飞行员,并将草草受训的飞行员送上战场。该问题的根源从未被充分解释,而且有些人在争论其严重程度。如果有问题,它可能不是数量问题,而是安排和训练现有飞行员的问题。[32]

战略

双方不同的军事学说和力量态势反映在各方呈现出的"战略"或其欠缺上。如前所述,德国空军不是为了它将要履行的任务而建立的。不过,如果德国要有望入侵英国,德国空军必须摧毁皇家空军。在德国武装力量中,海军是最弱的军种;在英国武装力量中,它则是最强的。对英国的入侵不可能成功,除非皇家海军沦若无物。而且,若要将成功机会最大化,该进犯须在英国地面部队从其在比利时、法国和挪威的惨败中复苏前进行。这意味着,入侵必须在短期内实施。最后,这种入侵必须利用夏季这几个月的好天气。简言之,德国人只有较少时间去利用英国的早前失败和迟迟才重整军备所赋予的短期优势。尽管该优势有限,但它在一场有着内在风险的侵袭中或被证明是决定性的;而且,如果它不存在,"机会之窗"或许永远不会再次开启。

在6月到9月的时段中,若无德国空军的最大限度帮助,规模有限且曾遭重创的德国海军没有任何希望去制服英国海军。如果皇家空军被彻底赶离英吉利海峡和海峡沿岸,德国空军才可提供这种帮助。这意味着要摧毁英国的战斗机司令部。而且,如果战斗机司令部可被消灭,那么单靠德国的轰炸机就可胁迫英国投降或屈服,彻底去除入侵的必要。

英国的战略与德国的正好相反。如果战斗机司令部在夏季得以生存,任何入侵之举都不可能。如果入侵发生,颇有理由去指望与皇家海军协作的皇家空军能够挫败它。如果战斗机司令部在夏季得以生存,海峡地区的天气将使英国有时间补充力量和使自身坚不可摧。

出于讨论的需要，不列颠之战常可分为四个阶段。[33]在第一阶段（7 月 10 日至 8 月 7 日），各方的战略都不明确。德国人希望阻断海峡地区的英国沿海航运，并在该海域建立某种空中优势。他们只为该任务拿出了部分力量，而且这对于入侵英国的实际意义也不清楚。针对航运的攻击将英国的一些战斗机中队吸引到空中，这使德国空军得以启动消灭战斗机司令部的任务。但道丁是精明的，只出动了尽可能少的飞机。一些沿海商船被击沉了，这促使英国人相对容易地转向了铁路运输。但是，尽管遭到道丁的反对，战斗机司令部有一阵曾受命要保护那些沿海船队。战斗机司令部对该使命从未有所准备。总体而言，在海峡作战中，德国人比英国人损失了更多飞机。英国人获得了一些有价值的战斗经验，但作为代价的是比商船更重要的作战飞机。力主海峡作战的英国文官和海军人士尚未充分理解其战略目标，即保存战斗机司令部。道丁花了数周让他们懂得这点。

该战役的第二阶段是 8 月 8 日至 23 日，第三阶段是 8 月 24 日至 9 月 6 日。在两个阶段中，德国空军都或多或少以战斗机司令部为目标，尽管第三阶段比第二阶段更为成功。空袭针对雷达站、机场和飞机工业而来，试图令战斗机司令部的整个系统陷于瘫痪。另外，德国人希望将英国人诱入可消灭皇家空军战斗机主力的空战。在这方面，他们没有得逞。德国人不了解战斗机司令部的结构，他们的情报也对形势无甚改善。结果，他们的打击目标既不固定，也不集中。三个德国航空队之间的协同也乏善可陈。而且，德国战斗机在航程上不足以在皇家空军的所有主要战区内为德国轰炸机护航。于是，他们以警戒入侵路线和伦敦市的第 11 防空区为重点。尽管该防空区在战斗中损失严重，但德国空军自身也遭受了重大伤亡。英国的其他防空区即第 10、12 和 13 区则依然相对无恙。

广受认同的一点是，假如德国空军对第 11 区及其地面设施的集中打击持续下去，它将很快获得对英国的“空中优势”。但是，英国战斗机司令部看似拥有可保证其生存并足以顽强抵抗德国入侵的飞机、飞行员和备用基地。在严峻压力下，皇家空军或许会将第 11 区的战斗机调防到伦敦以北，正好位于 Bf109 的航程之外。它们可在那里休整和补充，并仍可自如作战。[34]而且，第 11 区的机场和设施或可被修复至支持战斗机司令部针对德国任何入侵之举作南向突击的水平。不管怎样，该行动未表明是形势所需。

英国人没有去顺应德国人的战略。在第三和第四阶段，战斗机司令部尤其是第 11 区奉行了非常保守和谨慎的战略。第 11 区指挥官凯斯·帕克(Keith Park)对他的战斗机资源省使俭用。本着挫败德国各次轰炸的目的，他将各中队逐次投入战斗，这会限制德国人对其机场和地面控制系统的破坏。战斗机被训示要尽可能避免与德国战斗机对抗，集中对付轰炸机。借此，帕克力图限制自身损失并惩罚德国人，即便德国人的袭击未得到决定性的制止。历史学家们一致认为，帕克和道丁理解其使命是保存战斗机司令部。他们在第二和第三阶段中做到了这点，尽管伤亡甚大。

不列颠之战的第四阶段(9 月 7 日至 30 日)耗尽了德国空军的时间和活力。到 9 月初，德国人已确信，英国战斗机司令部的很大一部分力量依然无恙，尽管他们明显低估了英国人的实力。而且，他们自己遭受了重大伤亡，执行“海狮计划”的时间也在耗尽。德国空军中的很多人长期以来强调说，对伦敦的攻击将诱使战斗机司令部大战一场，这使德国空军有机会将其解决。进行一场决定性空战的设想被提了出来，这完全吻合德国空军的身世背景。英国对柏林的空袭使希特勒同意并支持了该计划。

实际上，将伦敦作为焦点看来通过三种方式帮助了战斗机司令部。第一，它给第 11 区的地面设施缓解了压力。第二，德国人失去了突然性，让英国人有更多时间集中其中队。第三，德国战斗机是在其航程的极限处作战，所以它们进行空中格斗时的燃料储备有限。这些变化增加了德国人的伤亡。不过，德国人维系并加强了其努力。在 9 月 15 日——现为不列颠之战日，德国空军看来付出了最大限度的努力。战斗机司令部再次打碎了德国人的希望；尽管它损失了25架飞机和13名飞行员，但它在此次战斗中消灭了60架敌机。德国最高司令部承认了德国空军的失败。9月17日，“海狮计划”被推迟，有待另行通知。空袭逐渐变成了一场夜间的恐怖轰炸行动。

总结

德国赢得了法兰西之战，却输掉了不列颠之战。它赢得了它有备而来的战役，却输掉了它未有准备的。长期以来，其军事学说着眼于欧洲大陆上的大规模陆战，在其海岸之外作战未曾得到多少考虑。德国军事学说大体是进攻性的和有创新的，并与德国的政治战略相整合。假如该学说被一个目标更有限的国家所奉行，不列颠之战或许永远不会打响。但是，德国的大战略包含了自身“分裂”的种子，因为其目标在无止境地扩展，而且它们是在迅速扩展。没有什么军事学说，更不用说某种力量态势，可能与该政策同步。某种程度上，德国是自身过快成功的牺牲品。这些成功使德国制造新敌人的速度快于其军事组织对它们的适应能力。在一个手段有限、权力广泛分布的世界上，这样的一个隐性刹车或可发生在任何没有终点的帝国政策中。任何学说都不可能保持同步。

法国军事学说是防御性的和停滞的，而且不与该国的政治战略充分整合。从作战和政治上讲，它都是对于一战的回顾。在一个强大同盟相伴下进行静态和防御性的消耗战既是法国人的担心所在，也是法国人的目标。主要目的是让他国分担法国的防务成本。在这种合作得以确保之前，法国的军事学说将旨在限制法国和法国军队的受损风险。

法国的潜在盟国对该战略心知肚明，它们一律以将自身防务推诿给法国作为回应。谁都不会为了法国的目标而得罪德国。由于该原因，两次世界大战之间的军事合作是薄弱的。在20世纪30年代，比利时、荷兰、英国和法国，即1940年的联盟，未曾有多少军事商讨。不过，法国人的学说要求限制法国的损失，将战争拒于国门之外。这需要向比利时推进;该推进对于缺乏协同、防御导向和相互猜忌的盟军来说只能是一场噩梦。但是,甘末林向前猛冲,不切实际地追求一条远离法国边界、至少部分地由法国的盟国出人出钱的稳定战线。

英国的学说多少类似。它是防御性的,然而它有着更多革新。它与英国大战略的政治方面有着良好整合。如同法国,英国寻求将其防务成本转嫁给盟国。在地理上,它更有条件做到这点。英国难以被征服,除非通过海洋,而这条出路在皇家海军的控制下。当新兴技术令海峡的对外军事价值受到质疑时,英国政治家通过予以战斗机司令部更多支持作为回应。他们一时忘记——由于这点做来得心应手——的是,德国对海峡沿岸即便只是“谢特河口”(mouth of the Scheldt)的成功占领,将为进攻英国提供两栖和空中跳板。

保卫海峡沿岸需要投入一支大型地面力量,并可能需要付出像英国在一战中所遭受的那般重大伤亡。在1939年前,英国人希望法国人负担这些成本。若海峡和英国空域得到保卫,英国的生路就被护住了。它希望向大陆投入仅够促使法国人战斗的地面力量。谁能想到,陆上战争有如此决定性的变化,以至于为征服法国开了方便之门?因此,在1940年5月,英国打的是一场其大战略多年来寻求避免的陆战。敦刻尔克撤退后英国人的兴奋异常可由该事实来解释:英国远征军既维护了英国的“荣誉”,也同时避免了堑壕战灾难。在这些收获之外的军事失败是小事一桩。

另外,在1940年夏,英国人发现自己在打一场他们在前六年中既担心又有所筹措的战斗。与一战中令人惊骇的损失相比,这个夏天的伤亡微不足道。英国战斗机为英国已规划多时的战争举措的下一阶段成功地争取到了时间。正如法国人曾指望将其部分防务成本转嫁给英国,英国人曾指望将其若干防务成本转嫁给任何国家和每个国家。有战斗机司令部争取到的时间在握,或许可找到一两个盟友。就此而言,英国的大战略或许是20世纪30年代中最成功的。

法国、英国和德国的军事学说的特点可部分地由它们的独特历史经验来解释。但是，本书余下部分所关注的是不同于以往的解释。接下来的三章将循着进攻—防御—威慑、整合—分裂和革新—停滞的维度，参照组织理论和均势理论，去考察法国、英国和德国的军事学说。借此，或许可通过一种不同的而且比通常的历史记述更系统的方式，去阐明 1940 年事件的根源。同时，可就其在解释复杂的国家安全事务上的效用，去验证这两个理论。

注释

1. Walter Ansel, *Hitler Confronts England* (Durham, D.C.: Duke University Press, 1960).

2. Brian Bond, *France and Belgium, 1939—1940* (London: Davis Poynter, 1975), p.93.

3. Len Deighton, *Blitzkrieg* (London: Jonathan Cape, 1979)，封面内页。

4. D.C.Watt, *Too Serious a Business* (Berkeley: University of California Press, 1975), p.75.

5. Gunsburg, *Divided*, pp.173—174.

6. Ibid., p.108.

7. 根据 L.F.Ellis, *The War in France and Flanders, 1939—1940* (London: HMSO, 1953), p.310，英国在 1940 年 5 月有 544 架各型轰炸机。帕金森(Parkinson)认为皇家空军在 1940 年"夏初"有 700 架中型和重型轰炸机(*Dawn*, p.27)。关于英国轰炸机司令部对此次战役的贡献的讨论，可见 Ellis, *The War in France and Flanders*, pp.309—313; and Charles Webster and Noble Frankland, *The Strategic Air Offensive against Germany, 1939—1945*, vol.1, *Preparation*, pts.1, 2 and 3, History of the Second World War, United Kingdom Military Series (London: HMSO, 1961), p.156。它们表明，对于轰炸机在支持地面战斗方面的角色，规划粗劣而且执行不力。显然，皇家空军更愿意尝试它计划已久的针对德国工业和基础设施的战役，无论这对于地面战斗的影响是多么微小。当行动的重心被转向敌人的地面力量时，轰炸机司令部未能有出色表现，因为它在战前拒绝予以这种使命很多关注。

8. 尽管德国人在空军上的数量优势不可否认，但难以认为它决定性地影响了该战役的结果。该战役的历史表明，没有多少关键交战看来是由空中力量决定的。主要的例外是德国在色当附近越过马斯河。在七个小时的时段中，俯冲轰炸机的持续攻击令该河渡口的法国守军尤其是压阵的炮兵士气大挫，导致炮手四散而逃。但是，很多研究者一致认为，真正的物质破坏和生命损失相对有限。在后来的战争中，受到良好训练的德国部队可经受住猛烈得多的战术空袭。类似的是，德国对盟军交通线——道路和铁路——的空袭具有相当的滋扰价值，但看来没有可怕的破坏力，而且没有明显影响部队的运动。(英国的官方史书 Ellis, *War in France and Flanders* 给出了不同的看法。)参见 Marc Bloch, *Strange Defeat*(New York: Octagon Books, 1968), pp.56—57; Goutard, *Battle of France*, pp.133, 136, 206—207; Gunsburg, *Divided*, pp.190, 213; Alistair Horne, *To Lose a Battle*(London: Macmillan, 1969), pp.261—266; and Ellis, *War in France and Flanders*, pp.45—46。

9. 参见 Bloch, *Strange Defeat*, esp.ch.3, "A Frenchman Examines His Conscience"; and Horne, *To Lose a Battle*, pp.103—115。

10. 关于对法国学说的或许最全面——即便有着过分体谅——的探讨，参见 Gunsburg, *Divided*, pp.41—45。另参见 Bond, *France and Belgium*, pp.31, 54; Deighton, *Blitzkrieg*, pp.192—200; Goutard, *Battle of France*, pp.30—31, 40—41; Robert J.Young, *In Command of France: French Foreign Policy and Military Planning, 1933—1940* (Cambridge, Mass.: Harvard University Press, 1978), pp.179—183。

11. 比如，当战争于 1939 年 9 月开始时，法国只有三个与德国装甲师结构类似的机械化师。与德国装甲师不同，它们没有发展出自己的学说，反而屈从于传统的骑兵学说。到 1940 年 5 月，法国还有三个新型的装甲师，但它们训练不足，装备糟糕。

12. 英国人的学说不那么重要。在一战后，英国陆军已重拾其帝国警察的角色。好的步兵而非重型装甲是监管帝国所需要的。如同一战开始之际，英国人投入的是一支由不错的步兵组成的小型力量，为该力量作支援的是被指派来与陆军协同但装备不佳的皇家空军部队。

13. 由于闪电战是如此显著的一项革新，论述它的著述数量极多。一个较新而且十分全面的尝试是 Len Deighton, *Blitzkrieg*。另参见 Larry H.Addington, *The Blitzkrieg Era and the German General Staff* (New Brunswick, N. J.: Rutgers University Press, 1971)；还有下文中的第六章。

14. 关于该战役的这一评述甚为倚赖的著作来自 Bond, Deighton, Dupuy and Dupuy, Ellis, Goutard, Gunsburg, Horne and Jacobsen。

15. John J.Mearsheimer, *Conventional Deterrence* (Ithaca: Cornell University Press, 1983), pp.118—125.

16. 第一军团(将进军比利时的英法联军)指挥官比洛特(Billotte)将军和第七军(配给了布雷达行动)指挥官亨利·纪劳(Henri Giraud)将军在它们作战役规划的文件中提到了这点。整个东北战线的指挥官若热(Georges)将军让甘末林对此不无注意，但毫无结果。参见 Bond, *France and Belgium*, p.77; Gunsburg, *Divided*, pp.131。

17. Bond, *France and Belgium*, p.50; Horne, *To Lose a Battle*, p.205。

18. 无论若热将军还是科拉将军(第九军指挥官)看来都不对阿登地区的难以穿越感到信服。(英国的)帝国总参谋长威廉·艾恩塞德(William Ironside)将军显然认为,阿登或许是一条好的进攻道路所在。1939年10月,甚至甘末林将军也认真考虑了德国借道阿登进攻的可能性。他后来否定了该想法。参见 Gunsburg, *Divided*, p.142; Horne, *To Lose a Battle*, p.168; Bond, *France and Belgium*, pp.60—61; and Ellis, *The War in France and Flanders*, pp.317—318。

19. Bond, *France and Belgium*, pp.78—80; Gunsburg, *Divided*, pp.147—148.

20. 东北战线的指挥官若热将军最担心的是,向比利时的任何推进会带来遭遇战。法国在"奇怪战争"中的举动丝毫未表明,对于筑垒阵地的重视有了突然改向。法军未得到针对工事之外的机动作战的重新训练。相反,该时期的训练看来糟糕无序,尤其对最需要它的由预备役人员组成的B类师而言。很多时间被花在了挖掘野战工事上。法国人在该时期的举动与德军的已知情况反差强烈。德国的各类师经受了紧张的再训。参见 Bond, *France and Belgium*, p.77; Gunsburg, *Divided*, pp.101, 129; Horne, *To Lose a Battle*, pp.90, 108—109; Goutard, *Battle of France*, pp.79—80, 135; and Williamson Murray, "The German Response to Victory in Poland: A Case Study in Professionalism," *Armed Forces and Society* 7:2(Winter 1981): 285—298。

21. 对"布雷达变例"的疑问——即便不是直截了当的反对,也比对原先"戴尔河计划"的反对更普遍。英国和法国的指挥官质疑向荷兰的推进。很多人担心将精锐的摩托化和机械化作战预备队用于布雷达。随着这些力量的被动用,防备不测的最好保障消失了。若热将军最担心该疏漏的后果,考虑将六个步兵师从马奇诺防线撤出以重组预备队。但到5月10日,只有三个师被调走,而且若热当时表示,其他指挥官的政治影响妨碍了他调动余者。参见 Bond, *France and Belgium*, pp.54, 76—77; Goutard, *Battle of France*, p.88; Gunsburg, *Divided*, pp.131—132, 138, 142; and Horne, *To Lose a Battle*, pp.108—109。

22. Bond, *France and Belgium*, p.32.

23. Hans Adolf Jacobsen, "Dunkirk 1940," in *Decisive Battles of World War Ⅱ: The German View*, ed. Hans Adolf Jacobsen and Jurgen Rohwer, trans. Edward Fitzgerald(London: Andre Deutsch, 1965), pp.36—37.

24. Ibid., p.38.

25. 对德国空军学说的探讨见于 Deighton, *Blitzkrieg*, pp.185—189; Edward Homze, *Arming the Luftwaffe: The Reich Air Ministry and the German Aircraft Industry, 1919—1939*(Lincoln: University of Nebraska Press, 1976), pp.131—132, 146; Kenneth Macksey, *Kesselring: The Making of the Luftwaffe*(London: B.T.Batsford, 1978), pp.50—52; Richard Suchenwirth, *The Development of the German Air Force, 1919—1939*, ed. Harry R.Fletcher(Maxwell A.F.B., Ala.: Air University, 1968), pp.167—169; Derek Wood and Derek Dempster, *The Narrow Margin: The Battle of Britain and the Rise of Air Power, 1930—1940*(London: Hutchinson, 1961), pp.49—64。

26. Goutard, *Battle of France*, p.38; Macksey, *Kesselring*, p.73.

27. Parkinson, *Dawn*, pp.202—208; R.Stanhope-Palmer, *Tank Trap 1940, or No battle in Britain*(Devon, England: Arthur Stockwell, 1976), pp.182—188.后者是一本出自不知名出版社的不为人熟知的书,却是我所见过的最透彻和最有说服力的揭示真相的尝试。

28. 关于对皇家空军战斗机司令部的学说和组织的最好论述,参见 Len Deighton, *Fighter: The True Story of the Battle of Britain*(London: Jonathan Cape, 1977), pp.126—130; Wood and Dempster, *Narrow Margin*, pp.170—181, 197; Robert Wright, *Dowding and the Battle of Britain*(London: Macdonald, 1969), pp.160—174。战斗机司令部的空防学说及其空防系统在很多方面是不可分割的。但是,与该系统的使用密不可分的是英斯基普的免遭德国击倒性打击的根本目标。但是,"击倒性打击"的内涵是变化的。一开始人们担心,集中性的轰炸攻势将造成如此多的毁伤和杀戮,以至于没有哪个英国政府可生存下来。投降将不可避免。随着对空战有了更多体验,用空战去削弱整个国家的难度显而易见。从此时起,空军元帅道丁勋爵所代表的战斗机司令部认为,其目标是最大限度地干扰德国的空中作战,以协助对付德国的任何入侵企图。该目标造就了谨慎和经济的战术,这是该战役期间战斗机司令部的特征。

29. Deighton, *Fighter*, pp.12—13.

30. Ibid., pp.197, 263.

31. F.W.Winterbotham, *The Ultra Secret*(New York: Dell, 1974), pp.67—98.

32. Deighton, *Fighter*, p.227.

33. 对于不列颠之战最好的探讨包括:Deighton, *Fighter*; Parkinson, *Dawn*; and Wood and Dempster, *Narrow Margin*。这些论述为我自己的探讨提供了基础。

34. Parkinson, *Dawn*, p. 204; Wood and Dempster, *Narrow Margin*, pp.212—214.

第四章　法　　国

法国在两次世界大战之间的大战略旨在维持在凡尔赛达成的政治和领土方案。法国人认识到，《凡尔赛和约》对德国军事力量的限制是战后安排中最脆弱的内容。他们对其军事学说的构建是为了应对预料之中的德国工业和军事力量的复兴，这被视为对法国安全的主要威胁。在空中力量的支持下，陆军将在法国对德战略中扮演核心角色。（我略去了关于法国海军的讨论。它虽然是一支十分强大的力量，但在对德斗争中的角色是辅助性的。海军的使命是帮助守护法国与殖民地以及欧洲之外其他可能的军事支持来源地的交通。法国海军以地中海为重点，更多地关注意大利舰队而非德国海军构成的威胁。）法国的军事学说在很大程度上是防御性的，其目的是阻遏德国陆军进入法国。进攻性或解除武装的行动显然是次要使命。所设想的唯一重大军事行动是向比利时推进，即便这点也是以保护资产而非击败德国人作为初始目的。

当法国的大战略于 20 世纪 20 年代中期萌生时，它体现了对于法国安全问题的一种整合较佳的应对之道。但从其诞生起，该战略就逐渐松散开来。防御性的法国军事学说越来越无力支撑法国的同盟体系。在 1936 年的各种事件过后，可以认为该学说其实已与法国大战略的政治内容脱节，尽管不是彻底地。比利时的中立声明结束了比利时与法国的联合军事规划。这最大限度地增加了在比利时打运动战的可能，而这是法军未有准备的。德国在莱茵地区的筑垒甚至终结了法国人支援遭到复兴德国威胁的东欧盟国的进攻能力。法国的军事学说，尤其是对于防御战术和已备阵地的强调，本可从 1936 年后进行的认真评估中受益。尽管曾有举措旨在从总体上改善法国的军事地位，但几乎没有证据表明曾进行过这种评估。

尽管政治环境在20世纪30年代变动颇快，但两次世界大战之间的法国军事学说却不是革新性的。马奇诺防线是第一种该类型的筑垒体系，它可被看成某种革新。但是，若以一战中的静态消耗战为背景，该防线看起来更具渐进性而非革命性。类似的是，尽管法国陆军在30年代后期变得更加摩托化和机械化，法国空军也获得了新型飞机，但新式装备未与关于现代战争的任何得到深刻认同的革命性认识结合起来。法国陆军和空军是针对未来对德战争的第一阶段而建设的。该阶段将稳住战线，为出于总体战而动员法国的尤其是盟国的工业资源提供铺垫。

在本章中，法国军事学说的防御、分裂和停滞特征将得到详细讨论。我将评估并比较体系性的约束和刺激、组织压力以及技术和地理对法国军事学说的作用。在其中，我将强调体系因素看来起到了最大作用，技术、地理和组织因素扮演了重要但属辅助性的角色。在很多方面，是所有这些因素之间的*互动*导致了两次世界大战之间法国的复杂且特殊的军事学说。

防御

技术的角色

法国军事学说的防御性在很大程度上可由法国在一战中的经历来解释。从一战中，法国文官和军人得出了重要而相似的教训。一开始，文官看来更愿意把这些教训转化为凸显防御色彩的军事学说。文官和军人一致认为，战争表明了现代火力的决定性作用。[1]一些军人，比如费迪南·福煦(Ferdinand Foch)元帅和约瑟夫·霞飞(Joseph Joffre)元帅(一战前的攻势倡导者)，不愿把该体验转化为对防御性而非进攻性的战术和战役的认可。另外，在法国政治领导人的支持下，亨利·贝当(Henri Pétain)元帅迅速转向了以筑垒阵地中的防御性战争为基础的对于法国安全的长期规划。[2]在贝当在和平年代担任法国陆军首脑期间,由于文职领导层的支持,其观点在军事学说的字里行间和该学说的实际表现即马奇诺防线上都凸显出来。

第二章提出了该假设:当技术的影响足够清晰时,文官将把对技术的判读塞入军事学说之中。军人在这种情形下也会得出结论。对法国而言,来自一战的关于火力的教训特别清晰。在这场战争中,法国因死亡和失踪而损失了140万人,或者说是其"可服役的男性人口"的10.5%。[3]此外还大概有420万士兵受伤。[4]这种伤亡率造成了1917年5月的兵变,西线的法国110个师中有54个出现了"群体性的失序"。[5]法国文官后来的军事决定体现了避免这种伤亡再次发生的决心。这些决定更紧密地将法国政府和法国陆军与防御性战略绑在了一起。

部分地源自前者的第二个重要教训是,现代火力的效力可能造成在人力和工业资源方面都代价惨重的僵局。当这种僵局在一战中的西线形成时,人们发现巨大的资源投入才可支撑现代军备。压倒对手防御以结束战争的尝试需要更多资源,[6]而这样的尝试常常不成功。由于初期的挫折,法国在工业和自然资源上的处境特别不利。在战争前后,这些资源中的大部分集中于其北部和东北部边境沿线。[7]由于在战争爆发时实施的进攻性的第17号方案没有保卫这些地带的措施,它们失守了,这明显削弱了法国后来的战争能力,并增加了法国对英国的依赖。两次世界大战之间的法国军事规划力图保卫这些易受攻击的地区免遭地面入侵。

主要由法国文官作出的两大决策决定了后来法国大战略和军事学说的防御性特征。两个决定都体现了一战中的技术性教训。其一是大幅缩短服役期限,其二是修建马奇诺防线——沿着北部边境的雄心勃勃的筑垒体系。这些决定是密切相关的。

不只是法国的政治家和军人在总结一战的教训。在整个法国社会,都弥漫着对军事问题的厌倦。在明显缩短服役期限问题上,法国领导人面临着普遍存在的一边倒的愿望。[8]顺应这些要求，就意味着要促使法国陆军在很大程度上去考虑防御性作战，因为进攻性作战是与三年服役期如影随形的。

在1913年，法国陆军的服役期从两年增至三年。这部分地是由于国际局势的日益紧张，也部分地是由于法国出生率的不断下降。不太为人所知的是，在法国陆军高层，转而采用更具进攻性的战术学说也被用来支持三年制要求。进攻据认为需要本领高超和激情洋溢的部队。人们认为，高素质的军队不可能出现，除非应征入伍者在军队中待上三年。

服役期在1924年被减至18个月，在1928年被减至12个月，然后保持此状直至1935年。[9]满员师的数量从12个降至6个，非满员师增加了14个，20个师则一如既往地由动员后的预备役人员构成。这导致只有一支薄弱的*防卫军*（couverture）可对付德国人的突然袭击。此时的法国陆军既不适合进攻行动，对防御也几乎难以适应。对于马奇诺防线的建造，一年服役期是一个主要动因。[10]

小规模的防卫军需要利用防御性工事阻挡德国人的突袭。与战前法国的应征者相比，战后的应征者没有多少时间磨炼军事技能。如果36个月对于在战前打造一个“进攻性”士兵必不可少，在20世纪20年代，12个月当然不可能做到这点。对于战后的应征者，筑垒大有裨益。在关于服役期减至12个月的辩论中，这方面多有言及。[11]新的法国陆军将进行防御性交战，至少是在未来战争的初期。[12]

法国政治家决定缩短服役期限和建造马奇诺防线，这是疏远进攻性学说和走近防御性学说的深思熟虑之举。在一定程度上，采取这些措施是对一战中的血腥杀戮的反应。它们也反映了一种认识：法国或许避免不了又一场对德战争，而这样的战争需要与上次战争相同的人力和工业动员。所以，法国不得不维系某种兵役制以给予年轻人最低限度的训练，12个月的服役制度由此而来。同样重要的是，要保护上次战争初期失于德国之手的关键的工业动员资源。马奇诺防线不仅使法国可凭借有限的兵力守住危险的入侵路径，还有助于法国防守长期战争所需的该国东北部的关键资源。[13]

法国的政治家和军人检讨了战争中的技术性教训，得出了不无道理的结论。现代火力意味着，进攻可能是代价高昂的。在已有物质优势在握的决定性时刻到来之前，需要节约人力和工业资源。对法国文官而言，以及随着时间的推移对法国军人而言，这意味着防御性作战和筑垒。至少，法国最重要的军人之一贝当元帅是该观点的大力倡导者。[14]

欧洲的力量分布：影响法国战略的约束和刺激

在评价一战中的技术性教训时，法国人以法国与两次世界大战之间德国的总体力量对比为视角。即便在《凡尔赛和约》订立后，德国依然保持着对于法国的工业和人口优势，本质上更有能力发动像一战那样的长期消耗战。在两次世界大战之间，这种优势其实可能加大了。[15]在 20 世纪 30 年代，德国的人口比法国多三分之一。对服务于现代战争的相对工业潜力所作的比较表明，截至 1937—1938 年，德国的动员能力是法国的 2.5—3.5 倍。[16]在一场消耗战中，这样的巨大差距或可表明是决定性的。法国的军事学说从一开始就认为，把盟国（尤其是英国）的工业资源纳入本国的战争能力是与德国的任何成功对抗的一个前提。

甚至，所假设的某种防御优势也许会被德国的资源优势所克服。同时，工业上处于劣势的法国永远难以击破德国人的防御以结束战争。如果法国不得不单枪匹马地迎战德国，它或许最终要被拖垮并击败。这差不多曾是法国在一战中的体验，即便当时有英国的援助。所以，力量的失衡促使法国去寻求盟友。对现代技术的体验增强了法国人对力量失衡的觉察，并使他们愈发担心它对法国安全的影响，但真实而且严重的力量失衡的确在延续。[17]

力量的失衡不一定促成防御性的军事学说。在某些情形下（如第二章所述),这种失衡会促成进攻性学说。德国的情况就是如此(见第六章)。两个重要的体系性因素的介入令防御对法国具有吸引力:欧洲政治体系中能力的分布;受到威胁的国家维护自身主权的趋向。在欧洲有着潜在的盟友,它们若与法国结盟,就有足够能力使力量对比变得不利于德国。面对德国的扩张主义,这些国家迟早需要与法国携手以保障自身生存。若奉行防御性军事学说,法国可避免让自己看来好战,从而强化其求援要求的合法性;不必在新的反德联盟同心协力之前就发动迅速但可能代价惨重的进攻性军事行动;而且,在战时可划算地争取到获得盟国的重要军事支援所需的谈判时间,该支援对于与德国的最终决战必不可少。

一战后,在欧洲有很多国家拥有值得一提的即便不是强大的军事实力。比如在 1938 年,捷克陆军若经动员,其规模是动员后的德国陆军的一半有余,而且装备状况差不多一样好。[18]不仅在两次世界大战之间的欧洲有着广泛的力量分布,掌握这些力量的国家也可能成为法国的盟友。多数欧洲国家有理由担心德国扩张主义的复兴,即便仅仅由于它们中的很多国家曾从德国的衰落中受益。法国可利用这些担心。核心问题将是,如何能够迅速、简便地将这些国家纳入反德的战时联盟?

尽管法国在结交东欧的盟友,但在两次世界大战之间的大多数时间中,英国被看成未来最重要和最强大的盟友。凭借着两倍半于法国的工业资源,英国是一个特别关键的因素。[19]不过,它在地理上的防御优势使它经得起等待——判断某个侵略者的霸权野心的程度,并判断其他欧洲国家对这些野心的反抗程度。在一战后初期,法国与英国的交往未给它们在未来结盟提供很好的预示。英国拒绝帮助贯彻《凡尔赛和约》中的某些条款,并破坏了法国人的这种努力。它成功地抵制了在《国联宪章》中加入一个有用的关于安全事务的规定。它拒绝与法国建立紧密同盟,并拒绝为战后现状提供保证,无论是在莱茵河上还是在东欧。实际上,英国在每个场合都与法国的反德举动作对。尽管如此,在 20 世纪 30 年代,英国的独特能力和特点仍使它成为法国的战略和外交努力的焦点。[20]英国的举棋不定只会使法国的外交和军事学说比起初所想的更加谨慎和工于心计。

总体而言，法国有潜在的盟友，但把最重要的盟友拉入未来的反德联盟看来不是易事。法国决策者认为，英国的工业和军事资源对自身的国家安全至关重要。在英法的资源得以联合动员之前，任何对德攻势都不在考虑之列。英国和其他盟国必须承担法国的一部分防御成本。法国人构建了一种防御性的军事学说和态势——本着这样的认识：他们这样做才可将该结果出现的可能最大化。英国在20世纪30年代也作出了同样性质的决定——均势理论所预言的一个决定（见第二章），下一章将对此进行论述。法国和英国都构建了有利于“推诿责任”的军事学说，因为德国人看来难以战胜，也因为可以承担责任的潜在盟国就在身边。

关于防御性态势与争取法国盟国大规模援助的意愿之间的关系，法国军事学说的研究者有着一致认识。法国陆军的任务是，在法国及其盟国的资源正被动员之时免遭战败。法国高级战争学院（the École Supérieure de Guerre）的军事史教学计划主要关注一战的经验教训，强调的是法军如何利用稳固战线而免遭过多损失，并等至敌方消耗和美国援助带来本方的决定性数量优势。在未来战争中，初期的防御性战略将发挥类似作用，即以法国的最小代价去获得来自法国盟国的军事支持。[21]

二战后，在1940年时任法国国防部长的杜瓦·达拉第（Édouard Daladier）总结了他对于在比利时早早发动攻势的反对意见。他指出，这将杀死“一百万或两百万（法国）子孙，盟国却未承担一份共同的牺牲之责任”[22]。

法国的军事学说指望英国承担未来任何战争的部分负担。陆军部在1935年给高等军事委员会（haut Comité militaire）的一份文件称：“从实际角度看，可以最有效协助我们的是英国，这不仅是从长远来看——鉴于其巨大的帝国潜力和对海洋的控制，在对抗开始时甚至也是如此。所以归根结底，我们必须重获并配备英国的立即支持。”[23] 1938年末，在给总理兼陆军部长达拉第的一份备忘录中，陆军参谋部重复了这些看法，将防御性战略与责任分担相提并论。

> 一言以蔽之，英法联盟取胜并将其隐性力量转化为大战潜力的唯一机会取决于两个条件：(1)付出及早并十分认真的努力，阻止未来的敌人通过突然和压倒性的打击以迅速结束战争的任何企图；(2)两国政府间有望进行持续和长期的合作，并对共享各自资源提前作出准备。[24]

按照法国人的设想，军事参谋机构日常的联合会谈是战时合作在和平时期的标志。英国人对此一直予以拒绝。不过，每当某个危机出现时——在莱茵兰、西班牙或在比利时宣布中立时，法国人都试图加强与英国人的军事联系。[25]

两次世界大战之间法国的很多外交活动应被看成旨在发展与英国的同盟，或通过建立东方同盟或与苏联和意大利“调情”来弥补英国人的“不专情”。在历史学家朱迪丝·休斯(Judith Hughes)看来，1925年的《洛迦诺公约》是法国人此番心计的一大体现。它虽未实现法国人与英国缔结一流军事同盟的目标，倒也达到了一些相对有限的目的。[26]《洛迦诺公约》为法国人出于维护《凡尔赛和约》而重占莱茵兰地区强化了国际法依据，并获得英国人的该保证：若法国如此行事，它不会在外交上被孤立。[27]

马奇诺防线是两次世界大战之间法国军事学说的核心，并在法国将战争成本推给盟国的计划中扮演了关键角色。法国的边界在某种程度上都设有堡垒，但从劳特堡(Lauterborg)至比利时—卢森堡边界大致延伸100英里的令人印象深刻的马奇诺堡垒则非一回事。这些工事守住了重要的天然入侵路线及其两侧的大量工业资产。

该防线将保护法国士兵免遭可怕的火力。它将保护长期战争所需的法国领土和关键的工业资源。它还将使法国有条件打低成本的防御战，同时与盟国就援助进行谈判。这样，对于一战中的技术性教训、法德在工业和人口上的不等，以及两次世界大战之间欧洲政治体系中的结盟可能，马奇诺防线看来体现了一种充分的应对。这不是十分正确。众所周知，该防线未沿着法比边界延伸至英吉利海峡，即便重要的工业资源富集于该地带。实际上，该地带的堡垒在该时期始终是薄弱的。

通常，这常被看成一个失误而已。这并非如此。一些历史学家将堡垒的不到位归因为法国人不想令比利时心生隔阂，它直到 1936 年都是其盟国。[28]相反的情形或许正是事实：比利时人主张在法比边界上建造坚固堡垒，将其缺失看成对德国人的诱惑和对自身安全的重大威胁。从 1932 年起，这就是比利时的立场。[29]

如果边界堡垒的薄弱不单是疏忽所致，也不是由于比利时的敏感，那么应该如何解释法国人的决定？如果法国感兴趣的是保护其士兵免遭现代火力杀伤，保全集中于边界地带的工业，并为从盟国那里争取援助而获得时间，它为何不在这段边界上筑垒？倘若人们认识到，马奇诺防线和法比边界的强弱反差或许旨在诱使德国人绕行比利时而进入法国，这个问题就变得特别重要。这正是法国人希望发生的事情。看似矛盾的是，不筑垒的法比边界实际上使法国更易于实现上述三个战略目标中的两个。

第一，法国北部的工业区比法国东北部的工业区离边界更近。在法比边界上筑垒只会使德国侵略者从比利时境内将该工业地带炸成碎片。[30]这样，边界堡垒虽可能使法国更易于在短期内防御，也会使其大量的动员能力毁于敌人炮火。所以，在德国入侵而且比利时要求援助时，法国人打算推进至比利时中部，建立一条可使法国的领土和工业免遭战火的防线。[31]显然，该作战行动有赖于比利时及时请援，以及对该推进的细致筹划，还有两军之间的协作。该协作在法比同盟尚存时就弱不禁风，在 1936 年则化为乌有。[32]

第二，德国对比利时领土的侵犯几乎必使英国站在法国一边参战。低地国家的安全长期以来就是英国的关注所在，因为比利时与荷兰的河流和海港会为入侵英国提供方便。所以，法国在法德边界上筑垒但置法比边境于不顾增加了英国施援的可能。

莫里斯·肖万努(Maurice Chauvineau)将军是法国防御性学说最重要的支持者之一,他在1939年出版了不无讽刺意味的名著《入侵:依然可能么?》(*Une Invasion: Est-elle encore possible?*)。[33]在20世纪20年代,他在高级战争学院教授筑垒课程。按照唐纳德·哈维(Donald Harvey)的叙述,他对于马奇诺防线目的的解释是:

> "若诱使德国人借道比利时入侵"以绕开堡垒严密的法德边界,"就将马上得罪英国并导致比利时人介入。甚至更重要的是,它指明了对我们最有利的进攻方向,因为鉴于比利时的整个领土纵深,它增加了从巴黎到边境的距离。"[34]

该计谋看来行之有效,尽管就后果而言难免恶化与英国人的关系。至1938年春天,英国帝国防御委员会(the British Committee of Imperial Defense)已注意到了面向比利时的薄弱的边境堡垒。用一个报告中的话来讲,这被怀疑为一个"蓄意的引诱,旨在迫使我们为了保护多个世纪以来我们一直视作关键的一个地区而进行陆上干涉"[35]。

使法国军人置身于火力之外是堡垒薄弱的法比边界做不到的。如果比利时予以合作,法军或许能够迅速高效地进入比利时境内已备好或部分备好的堡垒,并进行应对德国进攻所需的其他防御性备战。否则,法国军人最多只会在草草准备的防御阵地上御敌,或进行一场最糟糕不过的激烈的"遭遇战"或混乱的运动战,这在比利时于1936年宣布中立后几乎成为现实。

因此,不在法比边界筑垒的决定看来至少是对于体系性和特定的技术性约束和刺激的同等回应。法国人试图借助对比利时的"进攻"(符合均势理论的一项计划,见第二章)来"出口"损失,[36]如甘末林将军在战后所说:"占领前沿的纳穆尔—安特卫普(Namur-Antwerp,在比利时境内)可将战争从我们的北部省份引开……如果人们想到现代战斗对其发生地造成的破坏,该观点(即让法国置身战火之外值得期待)难道不更加令人信服么?"[37]法国将寻求在比利时境内某地建立防线。同时，德国对比利时的威胁是获得英国援助的最佳保障。

那么，一方面对于一战中明显的技术性教训，另一方面对于两次世界大战之间欧洲政治中内在的体系性约束和刺激，我们应怎样评判它们对于法国军事学说的影响力的大小？毫无疑问，前次战争中的火力技术提供了很多教训——开放空间中的战斗是危险和代价惨重的；附带损失是严重的；胜利需要数量优势。在不同程度上，法国的学说是对所有这些教训的回应。但是，力量的失衡和盟国的可求严重影响了法国学说的总体特征。

在东北部，马奇诺防线不仅旨在为求取盟国战时支援的谈判争取时间，也体现了对于一战中的所有技术性教训的理性回应。但是，为了拯救法国的工业资源，并加大英国尽早参加未来战争的可能，作为避免高昂附带损失的代价而在法比边界沿线对这些教训中的某些不予计较，被认为是明智之举。

向比利时推进会将法军置于火力的作用之下和遭遇战风险之中。另外，若要利用比利时战场和英国资源，法比边界只能有薄弱的堡垒。这意味着，如果在比利时的战事进展不顺，法国自身将陷入被动。只要比利时还是法国的盟国，预料中的这种风险或可理解。在比利时于1936年宣布中立后，法国人的计划就变得更加冒险，从而应予以认真的评估。尽管法国人在1936年后进一步强化了其总体军事地位，尤其是在筑垒、工业性动员能力和军备领域，但该计划本身受到的认真关注看似寥寥。无论军方还是其文职领导人看来都未考虑到，法国的军事学说可能已不足以履行由该国大战略规定的一个基本军事使命。因此，体系性的约束和刺激看来盖过了一战中某些特定的技术性教训。首要的考虑看来是输出战争损失和战争成本。两者兼得的机会是存在的，法国军事学说反映了为抓住这些机会而承受风险的意愿。

组织的影响

法国陆军为何接受防御性学说？军事组织偏好进攻性学说，因为它们有助于减少内外的不确定性，也因为它们有助于增进组织的规模、财富和自治，这属于源自组织理论的假设(第二章)。在第一章中，我讨论了一战前法军学说的高度进攻性特征。对该学说的奉行是如此坚定，以至于它长期存在，并延续至一场每天都证明了现代火力所赋予的防御优势的战争。

在一战前法国进攻性学说背后的考虑中，有一个重要的限制性假设：只有依靠高质量的训练有素的军队，进攻性战争才可能成功。在成功地将服役期延至三年的战前举措中，这曾是一个核心论点。该动作赋予了法军对其人力资源的巨大控制。他们可对进攻性战斗作出充分准备。通过增加根据法军的作战计划来安排作战的可能性，进攻性学说减少了外来的不确定性。最后，进攻性学说看似减少了因担心文官干预而起的不确定性。对速决战的预期是如此明显，以至于法国议会未对战时履职有任何筹措就休会了。法国的军人获得了主导权。

鉴于这段历史，法军能够如此轻易地采纳前文所述的防御性学说看似奇怪。尽管法军在一战中对现代火力变得重视有加，但对于它明显支持一个如同战前学说夸大进攻那样去夸大防御的学说，仍需作出一些解释。我将强调，决定法军选择的是多种力量的综合作用，这令防御性学说成为了比进攻性学说更好地减少不确定性的工具。法军向防御靠拢是部分地出自其一战经验，本章前文所述的那些有利于防御的文官们的偏好和重要决定同样重要。

一战后，法国的军人并不认为进攻不可行。他们的结论只是，进攻需要数量优势，而这是法国在战争发生时不可能拥有的。福煦元帅似乎认为，莱茵兰地区的非军事化使得攻势可在战争早期发起。[38]即便是防御派的“高级教士”贝当也承认需要保持进攻精神。但是，进攻离不开细致规划和物质上的压倒性数量。[39]

而且，一些重要的法国政治领导人愿意把及早进攻看成避免一战重演的手段。20 世纪 20 年代，在关于重组陆军和缩短服役期的辩论中，一些人强调防卫军应该强大到足以发动攻势。国防部长安德烈·

马奇诺(André Maginot)和议会陆军委员会主席埃杜瓦·德·卡斯特诺(Édouard de Castelnau)都有此类表述。一支非常强大的防卫军或许能够打乱德国人为对法攻势所做的准备,从而避免漫长的消耗战。[40]假如一战的技术性教训对文职决策者来说不一定意味着防御性学说,那么它们为何会对军人有这般影响?

直至20年代末,法国的文官都未完全倒向由防御主导的学说。此时,一年服役期和法国正规军在殖民地的使命共同减小了防卫军的规模。同时,法国人撤出了莱茵兰地区,这增加了对德攻势要跨过的距离和难度。在小规模防卫军和更长距离的共同作用下,未来战争中及早发动攻势的想法最终被放弃。[41]出现的是实则相反的情形。法国开始担忧德国将军汉斯·冯·塞克特(Hans von Seeckt)的闪击战(attaque brusquée)。[42]对于在东北边境上筑垒,这些担忧是一大推动力。[43]

即便法国的文官对防御有某种倾向性,马奇诺防线的自身性质也并非是注定的。一开始,法国军方希望将它用作进攻基地。在军方内部存在着两个对立派别的争论。自1920年5月起,它在高等军事委员会中进行了五年有余。一方倡导1918年式的防御体系,其重点是一连串有着良好战备的作战空间,它们有着排成一线的带铁丝网的连体性轻型防御工事。另一方主张在精选之地建造一系列防御力甚强的混凝土堡垒以支持机动、进攻和反攻。高等军事委员会赞同后一立场。在保罗·潘勒维(Paul Painlevé)于1925年成为陆军部长后,在其推动下,"混凝土"方式压倒了"铁丝网"方式。但不清楚的是,潘勒维是否赞成一些将军们所主张的对于这些堡垒的"进攻性"使用。[44]

历史学家朱迪丝·休斯辩称,几乎在这些工事开工的同时,法国陆军就开始放弃了进攻性计划。另一位历史学家唐纳德·哈维则辩称,直至20世纪30年代,法军最高统帅部一直将这些堡垒看成反攻和机动的辅助所在。这些堡垒被认为有助于节省防御所需的兵力,并为进攻提供一支"机动大军"。休斯承认法军的言论中有这些内容,但强调这些计划主张稳定东北地带，向比利时境内的防线推进，并为最终的反攻而缓慢动员盟国的资源。[45]

对法国军事学说的不同解读反映了其内部矛盾。法军在形式上保留了对于进攻的传统兴趣，并希望保持进攻精神的活力。同时，军方内外的所有派别都认可来自先前战争的一个教训——“火力杀人”。这样，进攻就需要有数量和质量上的优势以克服防御方的火力。要集聚这样的优势需要时间。随着德国重整军备并在其边界上筑垒，也随着法国军官团对一年服役期越来越习以为常，为战争初期的进攻和反攻集聚优势力量的能力看来愈成问题。总之，如前所述，文官对这类进攻的兴趣迅速消失了。

法军接受了防御性学说，因为它通过三种方式减少了不确定性。第一，它有助于法军在一战后保护它觉得脆弱的政治地位。第二，防御性学说使法军得以进行它在先前战争中学到的那种作战。法国军官不必“从头再来”。第三，法国军官不信任一年制应征者的军事技能和士气。对于看来糟糕的人力资源，防御性作战施加的要求是最少的。

如前所述，1928 年的军事法案规定，法国应征者的服役期为一年。总参谋部对该决定根本不满意，要求通过一些重要规定去修正所察知的 1928 年法案的危险。这些规定未软化最高统帅部对于一年服役期的态度，或使它不那么将其视为对职业军队的存在和效率的一种威胁。相反，军方接受这个经其修正性条款改造的新法案，是为了“造就一个稳定的组织以作为职业军人的一个坚固堡垒和一种心理激励所在”[46]。简言之，军方是在为减少自身的不确定性而努力。

军方对于它所提出的修正方案是认真的。文官后来在执行该法案的这些和那些规定时的拖沓不仅削弱了法国职业军官对军队战斗力的信心，也重燃了对于职业军官团在法国的生存问题的担忧。[47]从职业军官的角度看，两次世界大战之间法国政府的各种决定和举措威胁到了法国军队的生存、自治和战斗效能。为了保护军队，最高统帅部为建设文官们看似需要的防御能力采取了必要措施。一年服役期和建造堡垒是文官们愿意承担的对于国家安全的两大尽责之举。在该背景下，以防御为本的战略几乎不可避免。[48]

尽管对军事组织自治性的威胁为军方接受防御性学说提供了一大动力，但该学说还满足了其他两个需要。防御通过两个途径减少了战场上的不确定性。

防御为慢速战争的设想提供了可行性。慢速战争类似于一战中令人熟悉的作战方式，指挥官有时间去指挥，先前作出的作战计划也可认真实施。如前所述(第二章)，来自组织理论的一个假设是，军事组织通常试图通过进攻给作战定型，从而减少不确定性(第六章论述了德军对于采用该方案的趋向)。但是，我们已看到一战的技术性教训和法国政府的政治偏好如何与该方案背道而驰。一旦大局已定，严格奉行防御的学说或许成为了法军减少战场不确定性的唯一合理方式。最终，军事思想变得僵化和教条。[49]对手可能让防御性计划泡汤的想法也因故消失了。

最后，防御性学说有助于法军解决自身人员上的不确定性。职业军官不认为一年制的应征者是合格士兵。[50]混凝土堡垒可使小规模的防卫军更有效率地战斗，并弥补一年制应征者据说所欠缺的进攻精神。与该观点一脉相承的是，早在1929年，马奇诺就着手修正当年催生这些堡垒的一些想法。他认可了在大型堡垒之间安排较小堡垒的需要。[51]这些地域当初被设为机动地带。它们也将成为固定阵地了。到20世纪30年代中期，法军的基本战术思想会反映该静态观点。[52]

因此，法军接受防御性学说的很大原因是它希望减少内外的不确定性。在一定程度上，军方的默认也是由于法国文官所采用的控制军队的通常方式：找一个与他们一致的将军并让他负责监管重大的军事决定。作为1922年的陆军部长，马奇诺将贝当作为“总监”安插在自己和陆军最高统帅部之间，总参谋部须将有关“军事专业”问题的所有决定提交给贝当。在法国的体制中，贝当只在战时才担当实际的军事统帅。[53]贝当的倾向性——尤其是他愿意着手缩短服役期——与文官的意愿非常合拍。

马奇诺实际上是指派了法国最伟大的英雄之一，去为本质上有着政治和大战略意义的决定提供专业上的可信度。若赋予贝当对所有军事决定的审核权，这有利于更有效地控制有贯彻战略之责的军事组织。贝当可保障该时期的“专业性”决定都有利于防御，无论法国最高统帅部的其他成员有何偏好。

这种对于军事组织的工具性任务的文官控制机制是司空见惯的。觉得军事组织的偏好令人烦心的政治人物经常干预军事组织，选择能够满足他们需要的人选，并将该人选提拔到重要位置上。在两次世界大战之间的英国和德国，该机制都被使用过。在一个进行军事重组的时期，将贝当放到关键的决策位置上便于他制定该组织随后将遵行的规则。

贝当所处地位的影响力倍增，这是由于后来的法国陆军部长如同法国政府那样任职时间不长。他们常常在上任时没有多少防务上的专业技能，也没有多少时间去更多地学习。陆军部的人员很多来自军队，法国总参谋长成为了军事信息的关键来源。[54]因此，政治上的不稳可能强化职能的专门化对法国军事学说的影响。20 世纪 30 年代的法国文职领导层或许在军事领域过于缺乏素养，以至于甚至不考虑对 20 年代的防务决定作出重大变动。

停滞和分裂

我们已看到，法国的文职和军人决策者在其军事学说中是如何应对一战的技术性教训、法国的相对弱势以及在和平时期缔结政治同盟的可能。他们推出了一个具有整合性的防御性学说，它更具渐进性而非革新性。向比利时推进的建议为该学说带来了一个大问题：它可能使法军不得不进行这样一类军事行动，即现代武器技术曾在一战中令它变得代价如此高昂。与比利时的正式防御性同盟缓解了但未消除该风险。

该学说的第二个大问题源自法国与东欧国家捷克斯洛伐克、波兰、罗马尼亚和南斯拉夫的同盟。如果它们遭到德国攻击，法国军事学说的防御性表征将给援助其中任何一个盟国带来困难。当然，法国更关心自身遭袭时它们对自己的援助。但是，由于对资源的攫取，德国在东方各个击破的征服活动会增强德国对付法国的短期和长期战争能力。[55]关注该问题本应完全符合法国的军事学说。但是，它似乎在法国人的头脑中未占有重要的一席之地。在莱茵兰地区依然不设防的情况下，保障法国盟国安全的问题可能看似不严重。在这种有利局面下，即便以防御为导向的法军也可能有进攻意愿。但在防御性学说面前，如何才能让德国履行《凡尔赛和约》和《洛迦诺公约》中关于莱茵兰非军事化的条款？该问题也未得到认真关注。因此，法国军事学说的分裂一直存在。政治事件能够而且将会把小问题变成大问题。莱茵兰的重新军事化和比利时在1936年的宣布中立将法国的军事学说置于了该处境中：只能是或者革新或者分裂。

除了20世纪30年代法国陆战学说面临的问题，法国在看待空军的作用时也有问题。从一战至30年代中期，法国空军只是对质量平平的飞机的一个不大不小的陈列。它缺乏清晰的军事学说，其指挥架构及其与法国其他武装力量的关系也摇摆不定。即便有这些问题，其空战能力依然胜于德国空军，因为后者受到了《凡尔赛和约》的严厉限制。但是，当德国在1935年表明要建立德国空军时，以及在该组织的实力和经验日增的随后几年中，没有多少举动旨在改变弥漫于法国空军身上的混乱。即便不做事后诸葛亮，在当时鉴于德国的进步而发展针对德国的某种系统的空战理念也合乎情理。这方面却一事无成。鉴于法国对短期军事动员和长期工业动员的依赖，对空军问题的漠视特别不同寻常。至少人们会料想，为了保护动员过程，空防应颇受重视。

尽管萦绕法国军事学说的政治和军事环境在20世纪30年代中后期有很大变化，但令人惊奇的是，法国军事学说未有多少改变。革新寥寥无几。法国军事学说变得越来越难实现法国的对外政策目标。而且,这不仅仅是事后诸葛亮。至少有一些法国人在当时看到了这些问题。那么,如何解释法国军事学说的停滞和分裂呢?

力量分布:一个长期因素

法国军事学说在30年代没有变动的一个原因是,法国政治家对于将防御成本转嫁他国比保障法国的自我防御能力更感兴趣。对此,部分的解释在于法国相对于德国的弱势,尤其在于一战中对现代军事技术的体验被认为仍具意义——这凸显了力量失衡的影响。两次世界大战之间的实战也未提供多少——如果有的话——鲜明证据,表明一战的教训需要修正。但是,欧洲政治体系内的结盟或推诿责任的机会同样可解释法国军事学说。如前所述,有很多欧洲国家对复兴的德国有所担忧。即便不无勉强的英国人也可能被诱入一个新的反德联盟,他们一直反对任何欧洲侵略者的霸权野心。法国政治家将其制衡努力的重点放在国外而非国内,既因为法国若无强大盟友就不能指望在与德国的消耗战中占上风,也因为可以找到强大盟友。防御或许拥有优势,但在一场一对一的战斗中,德国的大量人口和资源优势或可摧毁法国的防御。因此,即便在着手重整军备时,其中的一个主要目的也在于重建盟国对法国的信任。没有多少——如果有的话——努力旨在赋予法国与德国单挑的军事选择。

法国有三个途径去推诿责任。英国是头号优先选择。它一直被看成未来任何战争所需要的基本盟友。法国的一串东欧盟国在优先性上排在第二位——这是应对不情不愿的英国人的一张保险单。与苏联或意大利结盟是第三位的,这是一项可能代价高昂的投机性冒险。说英国享有头号优先地位仍是看低了其重要性。英国缺席的对德战争被认为是不可想象的。

法国领导人将其精力集中在了政治机会上。大体而言,军事组织未被予以充分指导。其军事学说的相对停滞未得到很多关注,因为该学说依然符合法国领导层在政治上的主次之分。尽管30年代中期的政治局势有了一些变化，对法国军事学说的最重要影响却未变化。与法国相比，德国有着数量优势，产出也更多。要平衡该竞争，寻找盟国是必然之举。绝不能冒使法国在没有盟国支援时卷入一场不对等竞争的风险。在这方面，法国人大概是对的。但是，法国军事学说需作调整，倘若它在比利时——一旦该国重返中立——要有很好的成功机会的话。类似的是，在莱茵兰设防的背景下，若要保护法国的东方盟国的安全，就需要更具进攻性的学说。尽管有些人看到了进行这类变动的需要，其中最有名和最高调的是夏尔·戴高乐，但变革的政治动力没有到来。

政治意愿的缺失体现了法国对于让盟国承担未来战争的"合理"成本的关注。法国人在意的是不把英国人吓跑，他们一直担心法国人将把自己拉入一场新的战争。法国的防御性战略可缓和与关键的英国盟友的关系。这符合均势理论的一个重要预言。在多极世界上，各国会为了吸引盟友而构建其战略。法国有理由怀疑英国人支持积极的反德政策的愿望。在一战后不久，法国人旨在落实凡尔赛条款的咄咄逼人之举曾损害了对英关系。在20世纪30年代，英国决策者对一战中的可怕伤亡仍历历在目，对于组建在欧洲大陆发挥作用所需的军事力量非常勉强。对于大陆上的侵略者，英国享有天然的地理缓冲优势。因此，英国的大陆外交政策不仅是防御性的，也是懒洋洋的。法国身上的任何有侵略意味的东西，比如进攻性的军事学说，都可能令英国疏远，并推迟它有可能被纳入反德联盟的日期。

同时，更具进攻性的法国军事学说有可能刺激东方盟国出于对法国的过分信任而采取激进行动。法国人担心被卷入一场他们无心去打的战争，尤其在英国缺席的情况下。东欧人则被指望在法国受到攻击时出手相助。

所以，在法国文官身上，难以见到任何要调整军事组织学说的压倒性动力。他们不得不小心翼翼地推动进攻性的军备、学说和训练，同时又不让每个人看清这些进展，除了对德国人——这些举措本就旨在让德国人不要妄动。而且,法国文官需要紧盯着他们的军人,以防向一战前的进攻乐观主义方向有任何倒退。(其实,人们可以猜想到,甘末林的布雷达推进是这种攻势回溯的一个例证。)

法国的案例表明了文官对于军事学说总貌的积极控制可能遭遇的限度。至少在二战前的法国,相比于对某些更细微方面的控制,文官们对军事学说总体框架的控制要好得多。当然,法国人也许找不到令人满意的方案。如组织理论所表明的,文官们在时间、精力和专业知识上也可能确有局限性。(不过,在后面的各章中,我们将看到文官们突破了他们明显的局限性)。在文官们的精力都放在外部事务上,放在打造和管理一个大型联盟的情况下,这些应该特别明显。对盟国问题关注较少的希特勒则将更多注意力放在军队上。

尽管均势理论和组织理论指出的动因看起来共同造就了一个低效的法国军事学说,对于或许希望比两次世界大战之间的法国领导人做得更好的人士来说,法国案例依然有其教益。因为显而易见的是,文官们对于外部事务的关注,以及军方对于保持其自治性和传统的关注,使得文官和军人间没有多少交流。可溯至第三共和国诞生之际的军政之间的政治和社会分裂加剧了这些因素的影响。当政治家和军人之间的交流是如此贫乏时,这个国家不能解决如前所说那般微妙的军事学说问题。虽然直接的政策性意义只是本文的一个不言而喻的目的,来自法国案例的教训是,密切的军政关系是军事学说行之有效的一个前提条件。围绕着各方觉得国家必须采取的军事行动,文官和军人必须详细地相互磋商。这样的关系可能永远不会和风细雨,但它必须是紧密的。

同盟外交

我在第二章中强调,一国外交的核心使命是在和平时期传达实力强大的形象。要做到这点,国家可以利用外部联盟、军事实力或两者的某种结合。在战时,国家必须通过同盟与内部动员的某种结合来配置能力。在 20 世纪 30 年代,法国领导人关注于外部机会,无论是就和平时期的外交还是就对未来战争的预想而言。内部能力扮演的是重要的但显然是辅助性的角色。

出于外交目的而利用内部能力或许需要有更具进攻性的军事学说和姿态。这样的进攻性表象与迄今所述的法国战略思维模式是相左的,它会加大法国单独对德作战的风险。外交上的替代性选择带来了较低风险和获得更多收益的可能。所以,欧洲的政治机会进一步推动法国去维持防御性的军事学说。而且,如上所述,对这些机会的利用往往吸引了政治关注。这样,法国军事学说并没有受到德国军事学说从希特勒那里受到的那种审查。推动防御性实战学说的同样制约和刺激还抑制了服务于不诉诸武力的强制性外交的进攻性学说。找不到多少盟友的希特勒对其军力的构建既是为战争服务,也同样是为欺凌和恫吓服务。德国案例中助长文官干预及其对革新的相应压力的环境在法国案例中不存在。

在法国于 1934 年离开裁军会议时,法国模式大局已定。在希特勒加快德国的重新武装时,英国人和法国人提出了更有力度的裁军建议,希特勒以退出该会议和国联作为回应。

这是一个清晰的信号:德国正在启动终将威胁法国的军事进展。法国领导人从裁军会议抽身的决定表明,他们清楚地认识到这点。不过,没有什么新举措出台以增强法国的军事能力。相反,防御开支被削减了,外交部长让·巴尔都(Jean Barthou)跑到苏联和意大利去寻找盟友。[56]

法国领导人没有采取任何行动去增强法国的进攻性能力以压制德国人,或促进其联盟的团结,反而转向了意大利。1935 年,皮埃尔·赖伐尔(Pierre Laval)不由地将意大利说成“在法国和所有与我国结盟的中东欧国家之间建造的桥梁”[57]。这种考虑促成了短命的“斯特雷沙阵线”(the Stresa Front,法国、意大利和英国组成的一个反德联合)。通过对东欧版《洛迦诺公约》的追求,通过与苏联的(诚然是半遮半掩的)

调情，通过对意大利的讨好，法国政府寻求以一场结盟秀来对抗德国不断上升的军事能力。到 1936 年，这些举措都告一段落，或以失败告终，或像在苏联身上那样，虽获成功但附加条件过多以至于几乎没有价值。只有 20 世纪 20 年代与比利时和东欧盟友缔结的同盟依然如故，相伴的还有《洛迦诺公约》。

1936 年的局势对法国的大战略进而构成了更大的压力，并促成了结盟活动的一次新迸发。3 月，德国人将莱茵兰重新军事化，这削弱了法国对其东欧盟国的安全保证的可信度。1936 年 8 月，西班牙内战爆发。意大利法西斯对于该冲突的早早卷入令来自人民阵线的总理莱昂·勃鲁姆(Leon Blum)心生嫌隙，将意大利作为与东方的“桥梁”的政策被抛弃了。10 月，比利时重拾中立。该举动很快使针对心仪已久的比利时境内防御战的联合军事规划成为泡影。这些事件中的每一件都促使法国人再行努力，要把英国拉入联合军事参谋会谈，这会为法国人想打的那种战争提供必要的前奏。[58]

英国人依然忸怩不前。不过，从此时到二战发生，加强对英联系依然是法国政策的根本目标。实际上，法国人愿意出卖东方盟国中最有实力的捷克斯洛伐克的部分解释在于英国对捷克问题的漠不关心。面对不与英国而与捷克携手，或不与捷克而与英国携手的选择，法国人选择了英国，这与其大战略一脉相承。[59]

从 1936 年到 1940 年，法国拒绝冒险去保证盟国的安全。[60]实际上，法国在该时期的政策是在不明显增加义务的情况下给盟国打气。[61]即便在法、英在慕尼黑将捷克斯洛伐克的部分土地让于德国后，甘末林将军还要倡导新的同盟外交以应对德国不断上升的能力和好战情绪。1938 年 10 月，他主张加强法国与西班牙、土耳其和巴尔干国家的关系。在法国刚刚出卖了最重要的盟国后如何做到这点则不清楚。[62]

再一次地，从 1934 年到二战发生，我们在法国对德国的应对中看到了明确的重点所在。当德国采取任何威胁法国的动作时，法国人忙着四处纠集盟友。虽然法国努力维持 20 世纪 20 年代达成的条约关系,它却不能对其进行扩展。它也未采取使其可向东欧盟国提供支持的军事措施。法国更感兴趣的是盟国可为自己做什么,而不是自己可为它们做什么。

当然,结盟不是慈善活动;它们通常是有关各方向其他某方转嫁防御成本之举。但是,就法国军事学说而言,让德国人一步步地攫取"长期战争"所需的资源于事无补。根据法国自身的战略评估,这将令它处于劣势。不过,这是发生的事实。法国领导人难道根本未意识到该错误?

对进攻的倡导

在法国于 1934 年 4 月 17 日最终退出裁军会议之前,法国陆军总司令马克西姆·魏刚(Maxime Weygand)将军和总参谋长甘末林将军已在担忧德国对《凡尔赛和约》裁军条款的违反。他们夸大了这些违约行为的程度,以支持全面增加法国防务开支的主张——对重型坦克和火炮的需求得到了特别强调。这会使援助法国盟国所需的攻势成为可行。[63]大家不应马上联想到,某种类似闪电战的东西正在筹议之中。这些想要的武器必然是用于进攻,但要按照一战末期形成的缓慢和程式化的方式。

4 月 17 日,法国内阁批准了一项政策声明,它主张对德国奉行一条远为强硬的路线。该文件是前述巴尔都积极结盟政策的先兆。该政策声明主张法国的军事规划有更具进攻性的表征。将军们先前已在为此而呐喊。可是,军方在 1934 年获得的唯一一笔追加款项被用在了筑垒体系的新增工事上。1934 年,对马奇诺防线的初始规划已近完工。政府却未将开支转用于新项目,而是向防御性工程划拨了更多资金。法国人的做法自相矛盾。尽管 4 月 17 日的政策声明意味着需要更强的进攻性机动能力,但军方更愿意在防御性的总体框架内获得更强的机动性。大家会怀疑,是否的确有人心仪于进攻?1934 年的在任政府和后任政府的后续举措都未表现出对进攻能力的任何关注。[64]1935 年

3月3日，在给议会的一项说明中，陆军部长路易·莫然（Louis Maurin）总结了法国政府的立场：

在我们已耗资亿万来建设堡垒屏障的情况下，如何能够相信我们依然在考虑进攻？难道我们会蠢到越过该屏障，追求某种天知道的军事冒险？该表态是为了向你们表明政府的想法。至少就我个人而言，政府对战争计划的认识非常到位。[65]

马奇诺防线对敌我双方发出的同样信号是：除非法国人遭到了直接威胁，否则他们不愿采取任何军事行动。[66]该判断脱胎于法国人在1936年的所作所为，也受到了当时观察家们的评论。在法方内部，反对抵抗德国对莱茵兰重新军事化的一大理由在于法军的结构。在给最高战争会议（Conseil Supérieur de la Guerre）的一份材料中，甘末林直言眼下无兵可用于莱茵兰。法国的军事系统未提供该能力，因为现役部队不过是动员后的国民军队的核心。甘末林连象征性行动都反对。除非整个防卫军都做好战争准备——这意味着将征召一百万人，否则不应轻举妄动。[67]鉴于此时的国内政治冲突，政府认为这种举动是痴人说梦。

这种经历提供了教训，但它们从未用在军队身上。在1936年晚些时候，甘末林自己也承认，法军在外表上的防御性过头了；若要维护同盟关系，军队必须有能力发动跨越边境的某种干预。[68]1937年，让·法布里（Jean Fabry）中校在《军事概论》（*Revue Militaire Générale*）中写道，对于希特勒占领莱茵兰，法国军事组织不允许采取任何形式的大胆外交回应。[69]来自政府核心之外的评论也看出了该问题。戴高乐为他的装甲化和机械化“职业军队”而疾呼，理由是它可防范对法国同盟体系的逐一击破。这样的常备军将使意在抑阻或防御的有限军事行动——与总动员截然不同——成为可能。[70]后来成为总理的保罗·雷诺认同戴高乐的观点，并将法国对外政策的很多失败归因于干预能力的缺失。[71]

莱昂·勃鲁姆的人民阵线政府在1936年认识到，要对付德国人的行动和支持法国外交,必须采取更多的军事举措。[72]然而,虽然法国在接下来两年中所采取的措施重要而广泛,但没有任何一项直接服务于增强法国帮助盟国的能力。所采取的措施与20世纪20年代形成的军事学说完全一脉相承。第一,一项在比利时边境沿线建设轻型防御工事的新项目出台了。其目的是为在比利时的机动作战的失败提供一份保险。这些堡垒未按照马奇诺防线的规模,至1939年秋天尚未完工。第二,服务于长期消耗战的经济动员体制得到了改进。第三,一项全面的重整军备计划启动了。尽管该计划包括购买大量的坦克和飞机,但对于改变陆军对这些武器主要作防御性使用的计划,未有任何尝试。[73]对于任何形式的进攻性行动,也没有任何重大的备战之举。

法国人的战争计划和备战从未改善"他们援助东方的速度和效能"。勒隆将军(LeLong)在1939年就援助波兰问题对英国人的评论表明,20世纪20年代的法国防御性学说几无改变。勒隆指出:"马奇诺防线和齐格菲防线(the Siegfried Line)相互对峙,而法国若无长期准备,就无力对德国发动严厉的陆上攻击。"[74]牺牲波兰有助于法国的安全。促使甘末林在1939年同意宣战的一个因素是,他认为当德国忙于灭亡波兰时,动员可以不受干扰地进行。[75]

总结:均势因素与法国军事学说的停滞和分裂

法国文官和军人对于将法国的防御成本转嫁给潜在盟国的执迷不悟妨碍了军事学说在20世纪30年代的重大变革。在该时期,法国文职领导层的主要精力放在了维护和扩大同盟身上。与英国结盟是头等重要的。更具进攻性的军事学说或许只会使赢得英国支持的任务复杂化。与优先考虑英国援助相一致,法国对于拿出自己的进攻性能力去保护东方盟国甚为吝惜。法国是在两者间走钢丝:对于维持东方盟国勉强而为,同时保持主要是防御性的能力,这既可让英国人满意,也可使法国在战争来临时将战争成本转嫁给或大或小的所有盟国。

该政策意想不到的结果是造就了这样的一个军事组织,它不足以应对法国大战略设想的一些重要事态特别是法国人向比利时的推进。文官们向外而非向内去寻找法国安全问题的解决方案。假如法国的政治局势更像20世纪30年代的德国,或今天的以色列,人们猜想军事手段会得到更持续的政治关注。不幸的是,军方被放任自流了。

组织的影响

在20世纪30年代,法国陆军和空军都未能实现军事学说的变革。在1936年的政治变动过后,该失败成为法国大战略分裂的首要根源。

对于吸收坦克和飞机设计方面的成果,在20世纪20年代和30年代初形成的防御性学说令法国的文官和军人处于不利地位。与布罗迪的总结相符,武装力量"接受了"新武器但没有"适应"它。[76]一战的最直接教训主导了军队的行为。[77]法国人对火力的强调一直胜过机动。[78]对依托大规模初始轰炸的强火力进攻的需要造就了一种缓慢而谨慎的战争方式,新的技术和装备被融入该模式之中。[79]在一战后的十年中,法国高级战争学院将该观点教给了将在十年后成为指挥官的学生们。而且,法国军官是按照"形式主义和例行公事的"方式被教授了抽象的战争原则,关于复杂军事行动的实战性指导看似少得可怜。[80]

法国人对于坦克的观念的演变是一个有用的例证。早在1920年,坦克对步兵节奏的服从就初露端倪。到1929年,保罗·潘勒维发表的《坦克战运用指导》(*Instruction sur l'emploi des chars de combat*)对此作了正式总结。该基础性的野战操典称,坦克"只是临时由步兵动用的执行辅助行动的工具。它们对后者的行动颇有助益,但它们不会取代之"[81]。

到20世纪30年代末,高级战争学院的坦克课程尝试教授对坦克的集群式使用和协同作战。但在1937年,坦克学院(the École des Chars de Combat)依然强调坦克对步兵的从属,以及用来压制反坦克火炮的大规模火力支持的必要性。[82](后一观念已变得相当合理,但这于事无补。)甘末林将军签发的1937年坦克操典有意识地免去了对机械化师和利用机械化部队进行突破的探讨。[83]总体而言，坦克被教条性地从属于步兵，也缺乏利用其机动性提供的任何机会的意愿。与德国装甲师不同，法国的坦克部队常常未被配置机械化的有机支援力量，比如步兵、炮兵和工兵，它们有助于指挥官充分利用坦克提供的机动空间。[84]

早在1932年，法军就试验过一种全机械化部队。指挥官的一个战术性错误被纠缠不放，进而导致了该试验的终结。相对应的是，旧式部队被逐步摩托化和机械化。[85]1932年的骑兵师渐渐变成了1940年的轻型机械化师。将新技术给予一个最传统的兵种也许是保证其有效运用的最糟糕方式。

到1936年，思维模式和组织结构都大局已定。当希特勒开始掠夺时，没有多少人愿意实行有风险的革新。魏刚的结论是，鉴于德国重新武装的速度，不能有任何革命性的举动。尽管很多法国人继续连篇累牍地议论闪击战的危险，但几乎无人建议法军采用其手法。[86]虽然1936年的《大部队指导》(*Instruction sur les grandes unités*)，即20世纪30年代末对法国战术思想的官方表述，褒扬了现代武器的速度和机动性，它同时也强调要谨慎规划和避免遭遇战。1936年的步兵操典则强调了火力和“战术性安全”[87]。

在1939年5月于查塔姆大厦(英国皇家国际事务研究所)的一次演讲中，魏刚重申了他对于防御和火力的信心。“在此基础上，他接着为听众描绘了一幅未来战争中西线态势稳固的图景，决定战局的则是其他地区——东欧或巴尔干。”[88]归根结底，法国的军事学说和军事力量是专门为该期待服务的。

如何解释法国陆战学说的停滞？如前所述，为了挽救其自治和身份认同，法国武装力量被迫接受了防御性学说。在整个20世纪30年代，文官对谨慎的防御性学说的偏好没有改变，文官也没有插手去推动革新。他们未让军人有多少理由相信，其他学说会得到官方的支持。实际上，菲律普·班克维茨(Philip Bankwitz)将该认识(也许带着过多体谅)当作了魏刚将军在30年代中期无意对学说作重大改革的根本原因。[89]

第二,该学说对未来战争性质的猜想一直主要基于法国的一战经历。作为一战老兵的法军指挥官不愿寻求使自身本领过时的变革。

第三,从1928年到1935年,法军只让其应征者服役一年。这被认为是一个不足以进行训练的时段。人们担心,如果最终要动员和征召这样的应征者去服役,他们只适合从事已安排好的防御行动。即便在两年服役期被恢复的1936年,法军仍看低可予动员的大多数预备役人员的训练水平。

在1936年后,另一种担心令变革可望不可及:国际政治变得日益紧张。想想军队身陷大规模重组之中的情景。如果战争发生时法军正处于军事学说的转换期,问题就不是它能否很好地战斗,而是它压根能否战斗。

因此,在20世纪30年代的法军身上,第二章中被假设为可促进革新的因素无一发挥作用:对新技术没有直接体验;非常传统的军种和兵种主宰着新技术。文官对于变革也没有施加多少压力。军方的等级制结构缺乏活力,充斥其中的是一战时期的老军人。反过来,从几乎每个角度来看,学说革新的缺失减少了该组织的不确定性。

法国空军在1940年的学说多少仍是一个谜,但它在法兰西之战中也扮演了某种角色。历史学家一致认为,它对于战争的贡献是不够的。它在参战时使用的是杂七杂八的颇为平庸的战斗机。它部署的轰炸机就更少了。其中一些已经过时,其他的虽新但作用不大。对空中作战的总体协调弱不禁风。对目标的攻击常常或是太迟或是威力不足。空军时常不能在战场上的关键地点集中使用战斗机。

另一方面,空军看起来没有遭到决定性的失败,只是未得到适当使用,而且在某些方面的使用完全是少之又少。尽管其目标一直不清楚,法国空军按其司令约瑟夫·威勒曼(Joseph Vuillemin)将军的话来说,“在停战之时……正准备一显身手,因为与5月10日相比,它在前线拥有更强大的有效力量”[90]。一方面,我们看到了一支在战争中贡献甚微的空军,它在战斗中损失了500多架飞机。然而,它拥有的人员和装备储备足以令它在鏖战中始终力量充盈。所以,从技术角度讲,法国空军能够一战。问题是,系统而又适用的学说未能形成。

解释法国空军的失败是一个复杂任务,也是一个历史学家尚未完成的任务。接下来的论述主要依据罗伯特·扬(Robert Young)的著述。[91]依照组织理论,其解释似乎是正确的。

第一,法国空军直至1933年也未独立于陆军之外。所以,它不可能像多数组织所表现的那样自主履行某种独立任务。陆军令其不得不屈尊为一个附属品而已。

第二,即便在空军获得了名义上的自治后,它依然处于陆军的紧密控制下。独立的发展只能被笼罩在陆军传统偏好的外衣之下。直至1936年,空军看来都没有一位文职部长为其保驾护航。当它最终有了这样的一位部长即皮埃尔·科特(Pierre Cot)时,他的想法遭到了陆军的反对,也未得到政府中其他人的支持。

就像他上任前的很多法国空军官员,科特对于意大利著名空权理论家朱利奥·杜黑(Giulio Douhet)鼓吹的对城市的战略轰炸有着谨慎的偏好。对此,无论科特还是他手下的军官都谈不上热衷。科特对空防不无关注,但他建造了轰炸机。倘若将此看成一个年轻组织在追求一项能够维护其新生的自治的使命,这是可以理解的。战略轰炸将使空军逃脱陆军的控制。由于陆军的体制性影响力,该学说是导致身为文职部长的科特垮台的重要原因。

在科特于1938年1月被赶下台后,其继任者古伊·拉·尚布雷(Guy La Chambre)认为必须快马加鞭以追赶日益咄咄逼人的德国。和英国人一样,他认为将资源转用于生产单引擎战斗机(最容易生产的)是解决问题的最简单办法。尽管法国对战斗机的资源投入不如英国的力度大,该决定还是让法国获得了它在1940年拥有的那点空中力量。拉·尚布雷还完全抛弃了在未来战争的初期进行战略轰炸的观念。[92]为什么要让飞机在一个占优势的敌人身上冒险并招致报复？

法国空军在混乱中问世而且没有清晰目标，它比一群飞机的堆砌强不了多少。战争爆发时，战斗机被分散配给了陆军部队的长官。在法国空军的作战中，它给德国空军造成的是从一支经验缺乏、技术落伍的军队身上所能料到的最大麻烦。但是，通常的情况是这既太少也太晚。

组织理论部分地解释了法国空军的悲剧。如第二章所述，各军种难以在相互间建构符合该国大战略的统一的军事学说。各军种更可能为了追求各自的狭隘利益而相互争斗。各军种都企图将自己对战争的看法强加他人。对于将不同军种的作用相协调，文官的干预是必要的。法国文职领导层一开始未采取积极步骤去管理空军，如前所述，它的很多精力花在同盟外交上。当科特和尚布雷采取行动时，他们先是将空军引向某个方向，然后又引向另一方向，每个人都触发了一场动荡的重组。拉·尚布雷很可能走到了正确的路子上，但与德国人相比他动手已晚。

到 1940 年，从战略轰炸到空防，法国空军对于可想象的几乎所有任务都有着兴趣。但是，在文官未对主次先后有多少规定的情况下，这些任务中没有一项做到位。鉴于英国对空军战略的成功把握，强有力的文官控制在法国的缺失不可仅由专业技能上的相关难处来充分解释。可由法国政治家对于向外看的痴迷给出解释，但仅在部分程度上。对于该谜团的明确答案尚未出现。

结论

判断均势理论或组织理论对于解释法国军事学说的相对价值是一个复杂的任务。这两个理论常常看似指向了同一结果。但是，均势理论的确略胜一筹。

乍一评判，似乎均势理论和组织理论都预言了法国的防御性军事学说。这个国家面临着力量的失衡，这种失衡还在加剧；可以利用盟国去改变它。可是,最有价值的盟国英国不愿冒险再次卷入欧洲大陆的战争。这样,防御性学说符合两个目的。在和平时期,它可顺应所追求的该盟国在政治和军事上的谨慎。法国的求援要求将具有高度的合法性。一旦战争来临,防御性学说可争取时间,从而就分配最终击败德国所需的进攻带来的巨大风险和高昂成本进行谈判。

地理和技术通过更细微的方式影响了军事学说。由于一战中运用的现代武器技术增加了消耗战再次发生的可能,它强化了工业强大的盟国的价值。它还强化了法国工业——主要分布于该国东北部和北部——的重要性。一战的技术性教训也增加了战术上是防御性的军事学说的吸引力。由于邻近德国和卢森堡的东北部工业区比邻近比利时的北部工业区离边界更远,也由于它们当地有着天然防御价值较高的地形,法国人觉得它们更适用于依托固定工事的防御。这样,保护这些地带的马奇诺防线被建立起来。但若仔细观察,洛林地区的一些工业仍会受到德国侵略者可从卢森堡发射的炮火的威胁。

或许由于新技术对于军事学说有着各种不同而且有时相互矛盾的影响,法国人从中得出的结论并不完全一致。在东北地区,基于已备阵地的防御有助于保护一些对动员不可或缺的资源,但有些仍然易遭攻击。对于北部地区,所主张的是对这类资源的保护只能借助向比利时的推进,而这会带来发生激烈遭遇战的风险。可以认为,洛林的一些工业资源只能借由进军卢森堡的类似行动来保护。但是,根据可以看到的关于法国战略思维的论述,这看起来未被置于优先地位。根据法国人的观点,避免遭遇战的需要和保护北部工业资源的需要是相互矛盾的。他们可以做到这点或那点,但不能两者兼顾。还难以避免这样的印象:在法国人对法比边境防御的看法和法国人在卢森堡边境设置固定防线的意愿之间,至少有着某些不一致。

如果与比利时的同盟得以维系,而且法国人可向已准备妥当的防御阵地推进,向比利时推进就没有太多风险。一旦同盟瓦解,法国士兵就要冒着较高风险去进行一场运动战,而其学说对此未有准备。对于法国人接受该风险有何解释?

对均势的判断使前移成为了北部地区的首选。东北部边界的堡垒和开放的法比边界将诱使德国借道比利时。如果比利时人配合,德国人将在远离法国边界的地方被挡住,从而保全北部地区的工业。另外,由于比利时长期被看成入侵英国的一个跳板,德国的进攻有助于将该国拉入一场大陆战争,从而改变相对于德国的力量失衡。这也许澄清了关于卢森堡边境的某些疑团。在卢森堡的进攻行动或许有助于保护一些工业,但不会提供任何其他的明显好处。这表明,正是这些其他的好处在法国人的比利时计划中颇有分量。归根结底,为了总体能力上的潜在收益,法国要承受一些违反一战中特定技术性教训的风险。

对于法军在攻防问题上的态度,组织理论给出了矛盾的预言。一方面,节奏缓慢、多是防御的消耗战是法军在一战中的主要体验。保守主义应会将它变成一项防御性学说。另一方面,法军是带着强烈的进攻偏好参加一战的,而且是在进军德国的过程中结束了一战。人们可能辩称,该背景和第二章中所述的关于进攻的组织动机足以维持法军身上的进攻精神。就这是否属实,两次世界大战之间法国军事学说的深入研究者已有争论。主要的观点是,进攻性思维得到的认可转瞬即逝,法军对进攻的确没有兴趣。

不过,对历史的认真解读表明了为什么关于法军学说的辩论持续未息。在一战后初期,法国将军福煦依然认为,迅速的进攻或可压制德国的军事复兴。当法国人不再支持用进攻手段来维护《凡尔赛和约》并着手建造马奇诺防线时,法国的将军们强调说,边界上的堡垒应按照便于机动和反攻的方式来修筑。该防线的早先规划遵从了这些期望。1936 年的野战操典对进攻行动颇为肯定,以至于该操典的一些研究者试图证明,法国人的学说与德国人的并无二致。最后,甘末林将军的“布雷达变例”看起来类似 1914 年法军大胆的进攻性前插。进攻精神根本未在法军身上消失。

但是,必须承认这些进攻性调门是微弱的。进攻趋向的微弱部分地由组织惰性所致，也部分地出自对一年制应征者的进攻能力的体制性怀疑。但是，法国军事学说防御性凸显的主要原因是：军方意识到，法国的文职领导人对进攻没有多少好感。这不是说法国军官团对更具进攻性的学说表现出了特别强烈的期待。确切地讲，文官——在很大程度上出于均势原因——定下了学说的框架，这将军方独自倡导任何形式的进攻性学说的可能性减至为零。

在整合和革新方面，与组织理论相比，均势理论提供了关于法国军事学说的略胜一筹的解释。组织理论预言，军人和政治家在协调政策和军事学说方面存在困难。在比利时于1936年宣布中立前，这不是实情，后来便是如此了。为什么？组织理论认为，军人和文官之间在专业领域缺乏共识应会导致学说的分裂。军方对组织自治的追求会恶化这种倾向。在法国的军事态势仍然相对简单时，即在法国进军比利时的战术复杂性和微妙性没有上升前，这些趋向不会造成学说的分裂。在比利时宣布中立前，法军可指望及早并安全地进入比利时，也许是去占据已为他们备好的防御阵地。针对北部边境制定的防御性战术不会被打折扣。在1937年后，该推进带来了较高的运动战风险，这是法国军事学说缺乏准备的。但是，若未显示出对进攻的回归，从而颠覆法国大战略的总体目标，法军如何能适应运动战？若有着较密切的政军关系，这种学说或许是可能的。可是，随着威胁的上升，文官们依然专注于只能由强大盟国来修正的力量对比。文官们把时间和精力花在了试图重建一战时期的老联盟上。关心军事学说细节的时间却所剩无几。

对于打造和管理外部联盟的专注也影响到了革新的可能。在防御性学说存世近18年后，法国军官团难以自发地去争取更具进攻性的机动战意义上的学说革新。随着德国的实力和好战性的上升，战争一触即发。假如这发生在学说变革的过程中，致使军队没有任何系统的作战指南可用，情况会如何？若要进行与1936年的政局变化相合拍的革新，文官需要施加压力。假如文官没有这么多的结盟对象可以追求，这样的压力或会呼之欲出。假如力量的失衡看起来不是如此巨大，文官或会更关注国家的军事能力，并多少看轻同盟外交。可是，力量的失衡的确看来巨大，文官认为他们的最大问题在于改变这种不平衡。而且，机动战学说或许看起来是进攻性的，从而破坏了及时获得英国支援的可能。文官们对均势状况、所处环境中内在的约束和刺激作出了回应，并造就了组织惰性有可能占优的局面。

均势理论和组织理论这两个理论中，哪一个更好地解释了两次世界大战之间法国的军事学说？均势理论解释了法国大战略的总体防御趋向。法军只能在这些框架下作战。一旦他们形成了凸显防御性的学说，他们就没有多少动力加以改变。一旦 1936 年的事态带来了对这种变革的需要，文官干预将不可或缺。但是，文官把眼睛盯在了力量的失衡上。对盟国的追求占据了他们的时间和精力，法国军事学说所需要的细致变革的细节大概也超出了他们的理解能力。像戴高乐这样的法国军事改革派提议的变革从外表看有着过分的进攻性，这会破坏法国大战略更为宏观的目标。因此，来自欧洲政治体系的约束和刺激为组织因素导致军事学说的停滞和分裂创造了条件。

1939 年末和 1940 年初的法国实际战争计划的变化或许有助于支持该观点：均势角度的考虑是法国大战略的决定性因素。此时，法国已经实现了原来的主要目标，即把英国拉入法国的战争。法国将专注于保住自己的所得还是求取更多？它实际上还会重拾令其学说变得谨慎或保守的那些一战中的技术性教训么？或者，它会继续回应欧洲政治体系中内在的约束和刺激么？

埃斯考河计划本已顾及所有一战时期的特定军事教训。其谨慎或可弥补德国人在军事经验上的优势、比利时的战前合作的缺失以及法国差不多是故意的对机动战的无视。它使军队更有时间准备防御；它令战斗远离法国边界；它为不可预见的事态备好了一支可用于作战的预备队；它还将英国人拉入了先期战斗中。但是，还要赢得其他筹码，即那些对于消耗战有用的筹码。为何不试图征集一百万的比利时和荷兰军队？为何不试图为了盟国的事业而去保护比利时的一些工业？为何不让战争更加远离法国边界？为何不去增加英国人的付出？难道它不更可能对一场漫长而且代价沉重的地面战争有着越来越多的付出，如果这场战争正在保卫它历来牵挂的低地国家？看似成立的结论是，在 20 世纪 20 年代和 30 年代驱动法国军事学说的政治约束和刺激也同样促成了引人瞩目的 1940 年 5 月的战争计划。一战中那些特定的技术性教训在一战后初期起到了如此明显的重要作用，但在紧要关头到来时则看似被轻描淡写了。

在英国的合作最终得以确保的情况下，法国的文职领导人少了些谨慎和缩手缩脚。他们长期追求的外交目标业已实现。在这种形势下，法国军方可以更多地释放他们所剩无几的进攻意向。总体力量对比最终已被部分地扯平，但这只是让法国人有机会去追求新的奖品。不无讽刺的是，这需要有更具进攻性的军事行动，这是法国的指挥官至少是甘末林将军突然愿意去考虑的。但是，将计划变得更具进攻性比改变军队的学说更容易。多年来，均势考虑和组织的行为趋向共同造就了一个防御性的、分裂的和停滞的军事学说。到 1940 年，同样的因素看似矛盾地让法国转向更具进攻性的战争计划，这会让根据防御性军事学说而训练和组织的军队付出痛苦代价。

对一些读者来说，该案例只表明两个理论具有同等的因果解释力，它们共同造就了两次世界大战之间法国的特定学说。但我已强调，均势理论更好地解释了该学说的总体框架。比较性视角进一步体现了这两个理论的相对解释力。在接下来的两个案例中，力量对比意义上的约束和刺激不同于法国所面对的情况，虽然组织因素十分类似。它们所呈现的是不同的军事学说结果，即符合英国和德国面临的不同政治和地理环境的结果。从比较的角度看，相比于在两次世界大战之间法国学说这个公认的复杂和隐晦的案例中的表现，均势理论看来将更具决定性。

注释

1. Philip C. F. Bankwitz, *Maxime Weygand and Civil-Military Relations in Modern France* (Cambridge, Mass.: Harvard University Press, 1967), pp. 121—122; Gunsburg, *Divided*, pp. 9—10; Irving Gibson(化名), "Maginot and Liddell Hart: The Doctrine of Defense," in *Makers of Modern Strategy*, ed. Edward M. Earle(Princeton: Princeton University Press, 1971), pp.373—375.

2. Walter McDougall, *France's Rhineland Diplomacy, 1914—1924* (Princeton: Princeton University Press, 1978), pp.245—247.

3. Judith M. Hughes, *To the Maginot Line: The Politics of French Military Preparation in the 1920's*(Cambridge, Mass.: Harvard University Press, 1971), p.12.

4. Dupuy and Dupuy, *Encyclopedia of Military History*, p.990.

5. John Keegan, *The Face of Battle*(New York: Viking Press, 1976), p.271.

6. Richard D. Challener, *The French Theory of the Nation in Arms, 1866—1939*(New York: Russell & Russell, 1965), pp.143—146.

7. Young, *In Command*, pp.15—21.

8. Challener, *French Theory*, pp.147—148.

9. Ibid., pp.172—173.

10. Ibid., pp.222—224.

11. Gibson, "Maginot and Liddell Hart," p.373.

12. Ibid.

13. Challener, *French Theory*, pp.221—222; Young, *In Command*, pp.18—19.

14. Donald J. Harvey, "French Concepts of Military Strategy, 1919—1939"(Ph. D. diss., Columbia University Press, 1953), p.22.

15. Hughes, *To the Maginot Line*, p.193.

16. Hillmann, "Comparative Strength of the Great Powers," p.446; Milward, *War, Economy, and Society*, p.43; McDougall, *France's Rhineland Diplomacy*, p.7; Young, *In Command*, pp.16—17.

17. Bankwitz, *Maxime Weygand*, pp.53—54; Challener, *French Theory*, pp.187—188; Gunsburg, *Divided*, pp.4, 13, 266; Young, *In Command*, pp.16—17.

18. Milan Hauner, "Czechoslovakia as a Military Factor in British Considerations of 1938," *Journal of Strategic Studies* 2(September 1978):208—209.

19. Hillmann, "Comparative Strength," p.446.

20. McDougall, *France's Rhineland Diplomacy*, pp.162, 166, 185, 264, 358, 362.

21. Harvey, "French Concepts," p.32; Hughes, *To the Maginot Line*, pp.79, 228.

22. Bankwitz, *Maxime Weygand*, p.163.

23. Young, *In Command*, p.96.

24. Ibid., p.218.

25. Ibid., p.160.

26. Hughes, *To the Maginot Line*, pp.94—95.

27. Ibid., pp. 145, 186; Arnold Wolfers, *Britain and France between Two Wars: Conflicting Strategies of Peace since Versailles*(New York: Harcourt, Brace, 1940), pp.177—180.

28. Watt, *Too Serious a Business*, p.91.

29. Harvey, "French Concepts," p.124; Hughes, *To the Maginot Line*, p.223.

30. 关于这点,参见 Hughes, *To the Maginot Line*, p. 202; David Kieft, *Belgium's Return to Neutrality*(Oxford: Clarendon Press, 1972), p.8; Great Britain, Admiralty, Naval Intelligence Division, *France*, vol.3, *Economic Geography* (Great Britain, 1942), pp.174, 183, 198, 208; and Young, *In Command*, p.167。英国海军情报处所作的调查极其有用。所引著述中的地图在很大程度上证明了该北部边界非常容易遭到攻击,而且相对难以防御。但它们也表明,洛林煤田约有一半易受来自卢森堡边界地区的炮火攻击,洛林的其他重工业也是如此。这未阻止法国人通过延伸马奇诺防线而将该边界置于保护之下。法比边界沿线地形不允许建造大型工事的观点也被提及。这可能是对的,尽管 1936 年后在法比边界沿线的不同地点修建了较小工程。这些工程无法与马奇诺防线相比,但其修建的确表明,假如法国人早就决意要自己保护自己,在法比边界沿线或可修建更多工事。他们没有这样做,这看来可支持本章中提出的观点。

31. 该评估和决定早在 1927 年就由最高战争会议作出了。Harvey, "French Concepts," p.98; Hughes, *To the Maginot Line*, pp.217—218.

32. 关于该作战的所需条件,以及比利时人和法国人之间出现的问题,参见 Harvey, "French Concepts," p.216; Hughes, *To the Maginot Line*, p.223; and Kieft, *Belgium*, pp.8(n.4), 9, 73—75, 144, 148, 168—169, 171。基夫特(Kieft)细述了 1936 年比利时退出《洛迦诺公约》和宣布中立前所作规划的状况。在 1926 年、1927 年和 1928 年,比利时和法国的总参谋部通过武官渠道有过接触。基夫特指出,这些接触不是十分重要,尽管它们颇受参加者的重视。在德国于 1936 年 3 月占领莱茵兰后,法国、英国和比利时进行了联合参谋会谈。法国和比利时参谋人员在春夏的会谈显然十分详细。尽管比利时军方和政治家趋于将这类会谈的重要性降至最低,法国人则不同。直至 1937 年 4 月,当法国和英国正式同意比利时退出《洛迦诺公约》时,法国人对于定期详细会谈的促求才减弱。法国的默认是为了防止德国的一项可能导致比利时—德国关系改善的外交计谋。不管如何,比利时和法国的所有参谋会谈在 1939 年 10 月前都不复存在;而且在我看来,此后进行的那些会谈表现出了局限性。

根据基夫特的估判,有关法国—比利时军事关系状况的证据十分缺乏,因为法方有关 1920 年军事协定的所有文件都不见了,而且比利时总参谋部的文件也不是比利时官方外交文汇的一部分。

33. Maurice Chauvineau, *Une Invasion: Est-elle encore possible?* (Paris: Berger-Leurault, 1934).

34. Harvey, "French Concepts," pp.73—75.

35. Young, *In Command*, p.199.

36. Ibid., p.62; Harvey, "French Concepts," p.120.

37. Hughes, *To the Maginot Line*, pp.218—219.

38. McDougall, *France's Rhineland Diplomacy*, pp.246—247.

39. Harvey, "French Concepts," p.18.

40. Challener, *French Theory*, p.162.

41. Hughes, *To the Maginot Line*, p.192.

42. "闪击战"一词指一战后德国陆军长官汉斯·冯·塞克特将军提出的一种曾为人熟知的策略。他的理念是,小规模但训练有素的魏玛德国国防军(Reichwehr)或可迅速地被投向措手不及的法国,打乱其动员。这会为德国临时组织一支更庞大的大众型军队赢得时间。

43. Hughes, *To the Maginot Line*, p.192.

44. Harvey, "French Concepts," p. 82; Hughes, *To the Maginot Line*, pp.199—202.

45. Harvey, "French Concepts," pp. 75—79, 103; Hughes, *To the Maginot Line*, pp.80, 203.

46. Hughes, *To the Maginot Line*, p.172.

47. Bankwitz, *Maxime Weygand*, pp.45—47, 94—95.

48. 这是菲律普·班克维茨在他为马克西姆·魏刚将军——在1930—1935年间先为法国陆军的总参谋长,后为总司令——所著传记中的核心观点。尽管班克维茨的探讨主要来自对两次世界大战之间法国政军关系的政治分析,他总结出的动因和他归于这些动因的结果能够容易地用组织理论的概念来转述。法军的自治受到了威胁,而且该组织采取了必要措施去维护该自治,即便这类措施限制了该组织的其他偏好。Bankwitz, *Maxime Weygand*, pp.377—378.

49. Ibid., p.123; Challener, *French Theory*, pp.274—276.

50. Gibson, "Maginot and Liddell Hart," p.370.

51. Hughes, *To the Maginot Line*, pp.203—211.

52. Bankwitz, *Maxime Weygand*, p.158.

53. Hughes, *To the Maginot Line*, p.122.

54. Ibid., pp.101—105.

55. 对捷克斯洛伐克兵不血刃的征服带来的军事斩获促进了德国步兵和机械化部队的迅速扩张。参见 Hauner, "Czechslovakia," p.207。步兵装备、火炮和带中口径炮的坦克的保有量大概上升了50%。Ibid., p. 209; Deighton, *Blitzkrieg*, pp.196—197.

56. Watt, *Too Serious a Business*, p.90; Young, *In Command*, p.58.

57. Young, *In Command*, p.91.

58. Ibid., p.160.

59. Ibid., p.212.

60. Wolfers, *Britain amd France*, p.75.

61. Young, *In Command*, p.150.

62. Watt, *Too Serious a Business*, p.120.

63. Young, *In Command*, p.55.

64. Ibid., p.63.

65. Gibson, "Maginot and Liddell Hart," p.372.

66. Hughes, *To the Maginot Line*, p.211.

67. Challener, *French Theory*, p.264.

68. J.W.Wheeler-Bennett, *Munich: Prologue to Tragedy*(London: MacMillan, 1948), p.253.

69. Gibson, "Maginot and Liddell Hart," p.372.

70. Harvey, "French Concepts," p.198.

71. Ibid., p.212.

72. Young, *In Command*, p.166.

73. Ibid., p.7.

74. Ibid., p.233.

75. Challener, *French Theory*, p.265.

76. Brodie, "Technological Change," p.299.

77. Gibson, "Maginot and Liddell Hart," p.373.

78. Harvey, "French Concepts," p.29.

79. Hughes, *To the Maginot Line*, p.73.

80. Ibid., p.79.

81. Harvey, "French Concepts," p.137.

82. Ibid., p.144.

83. Gunsburg, *Divided*, p.43.

84. Harvey, "French Concepts," p.147.

85. Ibid., pp.155—156.

86. Watt, *Too Serious a Business*, p.94.

87. Gunsburg, *Divided*, pp.41—43.

88. Bankwitz, *Maxime Weygand*, pp.131—132.

89. Ibid., p.153.

90. Goutard, *Battle of France*, p.39.

91. Robert Young, "The Strategic Dream: French Air Doctrine in the Interwar Period," *Journal of Contemporary History* 9(October 1974):57—76.

92. Gunsburg, *Divided*, p.51.

第五章　英　　国

在进入二战时，英国的军事学说是防御性和革新性的，而且与其大战略的政治内容整合良好。直至二战爆发前的两年，该学说才以该面目出现。此前，尽管该学说是防御性的，而且在某些方面是革新性的，但它对于英国的政治目标贡献甚微。

本着在其精英看来捉襟见肘的经济和军事资源，英国试图保护其全球性帝国和在欧洲的利益。由于该弱点，英国领导人预料一场新的战争将摧毁帝国，即便英国本土得以生存。要挽救该帝国，他们必须让潜在的侵略者打消进攻念头。凭着英国所掌握的军事能力，这种抑阻是难以在世界范围内进行的。这样，英国人最终决定依靠下述威胁带来的抑阻效应：去打他们传统的依托工业动员和海上封锁的消耗战——尽管明显不过的事实是，整个大英帝国都无力与德国、意大利和日本的资源总和相匹敌。强大的防御性海空力量将保护本土工业和帝国的海上通道免遭突然袭击。帝国的资源将以此为屏障而得以动员。最后，潜在的侵略者不可能无视该可能：如同过去所做的那样，英国在未来将寻找并找到强大的盟国。指望大陆盟国在所预见的残酷地面战争中担负主要责任是英国战略的重要组成部分。

到 20 世纪 30 年代，该抑阻性战略大概是英国所能下的最佳赌注，至少就保全帝国的目标而言。但是，守护帝国的困难助长了对避免战争的强调，这反过来助长了绥靖政策。英国日益牺牲的既有威胁要发动消耗战的可信性，也有在该战争到来时对付敌人时有用的资源。到 1939 年秋，德国已经夺取了太多资源，也目睹了英国的太多让步，以至于没有被英国的威胁轻易吓倒。最终，维持英帝国的尝试使英国自己处于危险之中。

在两次世界大战之间的大多数时间中，英国军事学说与该大战略的整合甚糟。第一，英国海军力量依然不足以保护通往太平洋的海路，更不足以保护太平洋上的属地和自治领。英国对其海军规模的设定是为了与世界上的最大舰队——美国海军——平起平坐。尽管这或许可以维护英国的威望，却是一个不切实际的标准。当重整军备于1934年开始时，尼维尔·张伯伦（Neville Chamberlain）警告说，这个国家完全无力维持一支能够同时对德国和日本作战的海军，更不用说同时对付德国、日本和意大利了。[1]这样一支海军未被建立，但战时向太平洋派遣一支舰队的任务一直未变。随着来自欧洲的威胁在20世纪30年代的上升，只有在心照不宣地漠视太平洋地区利益的情况下，英国才有足够的资源应对它们。可是，一些损失已经造成了。加强新加坡的防御并在太平洋海军力量上装点门面的举措，从20年代和30年代单薄的防务预算中吞噬了稀缺的军事资源。这些资源本可加强英国在欧洲和地中海的影响。1941年，在太平洋上的幻想毁掉了战列舰“反击”号和“威尔士亲王”号，这是一项徒劳政策的最后徒劳之举。

直到20世纪30年代末，英国的军事学说有着两个本质上的不足。一个问题到1940年已大致解决，另一个则没有。第一，从20年代到30年代，英国皇家空军被听任去奉行一项进攻性学说，而它不仅不可行，也不符合该国的总体大战略。该学说或者需要英国人发动冒险的率先攻击（某个从未被大声疾呼过的事情），或者意味着这样的高风险：英国可能由于敌人压倒性的率先空袭而在战争中出局。这两种可能都不符合英国大战略中关于更多的总体防御和持久战的假设。最终，英国领导层厌烦了皇家空军的进攻性轰炸学说，并为了改变它至少是临时地进行了干预。

1934年，不同的政府官员和皇家空军内的一些“叛逆分子”开始携手改变轰炸机将一直畅行无阻的信条。该联盟克服了皇家空军首长的强烈抵制，规划、资助并建立了空防系统的主体部分，它在1940年对英国作出了杰出贡献。但是，大规模生产无比重要的飓风式和喷火式战斗机的主要动因在1938年才出现。空防的早先发展，以及对战斗机生产的最终推动，是文官干预皇家空军学说的结果。随着战争看来越来越近，英国的文职领导层对英国的军事能力变得更加关注。他们审查了军事顾问的主张，认为它们存在缺陷。1937年末，皇家空军只得承认它不知道如何去轰炸德国。战斗机司令部的建立是头等重要的作战革新。在20世纪30年代末英国战略的整合问题上，该革新也许是最具根本意义的因素。

英国的第二个错误是，对于保持对欧洲大陆的干预能力投入甚少。[2]直到1939年，陆军连保持欧洲作战所需的最基本能力都得不到批准。皇家空军和陆军针对大陆陆上战争的合作也少得可怜。英国和法国的陆军未被允许去保持或加强一战中的联合作战惯例和机制。我们已经看到了该疏忽的一些后果(第三章)。该决定大体符合英国总体的持久战战略，也符合它将战争成本转嫁给盟国的愿望。大陆干预能力的缺失带来了两个问题。首先，不能防止最可能的敌人德国向东方扩张。这样的扩张可规避英国的持久战和封锁战略(最终确实如此)。德国进行持久战所需的很多资源可从东欧夺取，而英国和(我们已看到的)法国都没有为保护这些资源而有任何举动。英国决策者对该问题只有偶尔会承认，它也许是波兰在1939年获得保证的原因之一。

地面干预能力的缺乏还会加剧英国的空防问题。英国无法保证低地国家的安全。但是，如果它们丧于德国之手，通往英国的海空路线将明显缩短。该风险曾被偶尔触及，但它不是英国人头脑中的决定性因素。甚至，它看来也不是1939年英国最终向大陆派遣远征军的决定性因素。

如何解释两次世界大战之间英国军事学说的演变？本章的余下部分将表明，英国军事学说在很大程度上受均势考虑的驱动，并且受到了一战中对军事技术的体验和英国天然的地理防御优势的影响。组织理论有助于解释英国军事学说与大战略的政治内容在早期的分裂。在一战后初期,英国是相对安全的,英国的军事组织也有条件去追求它们所要求的任何狭隘学说。英国的文官可避免就防务问题作出困难的决定,包括关于英帝国在军事上的生存能力的决定。随着国际政治体系在20世纪30年代中的日益紧张,形势促使英国的决策者对军事组织予以更密切的监管,并在晚些时候缩小了英国军事目标的范围。

防御和抑阻

技术

在两次世界大战之间的整个时期中,英国的文职决策者深受一战时的经验教训的影响。突出的有两点。第一,工业强国之间的战争带来的普遍杀戮会造成重大灾难。如同法国人一样,英国人对于一战中地面战争造成的损失也感到触目惊心。75万英国男人丧生,约占全英45岁以下男子的9%。150万人伤亡或遭受毒气之害。英国领导人极力要避免欧陆之上的任何这类屠杀再次上演。[3]首相戴维·劳合·乔治在1917年末对战争的态度反映两次世界大战之间在决策层中蔓延的态度:

> 在昨晚招待从前线返回的菲律普·吉布斯的晚宴上,关于西线战争的真实情形,我从他那听到了我所听到的最令人难忘和感触的叙述。即便某位听众是铁石心肠的政治家和记者,也会深深动容。如果大众真正地了解情况,战争明天就会结束,只是他们当然不了解也不可能了解。记者们不会写,审查制度也不会透露真相。……情况之恐怖非人性所能承受,我觉得我不能将这一血腥之举继续下去,我宁愿辞职。[4]

民众终会看到一战的本质及其代价。英国领导人也会将战争铭刻在自己的记忆中。精英和大众的恐惧感共同促成了对于和平的普遍追求。而且,如果战争再次发生,政治家和大众在情感上都会主张,英国不要将临时组建的大众军队投向陆战战场。其目标将是:去打一场更为传统的利用海权、工业和商业力量以及盟国的英国式战役。[5]尼维尔·张伯伦在1936年宣布:“我绝不认为,如果下一场战争发生,它会像上一场战争那样。我认为我们的资源将在空中和海上得到更划算的利用,而不是用于建立庞大的陆军。”[6]

影响英国战略思维的第二点是预想中的战略轰炸带来的恐怖。英国在慕尼黑的可耻行径常被归咎于该恐惧。[7]这种担心部分地源于一战末期对轰炸的直接体验,也部分地源于皇家空军出于自身利益而对这些体验的系统误读。[8]不论来自一战的这些教训正确与否,它们对英国文官的思维产生了重要影响。

在一战期间,德国人对伦敦设法投掷了300吨炸弹,造成了4 820人伤亡,其中1 413人死亡。这些袭击在伦敦引发了一系列的恐慌。政府被迫将战斗机从前线调来以加强英国的防御。作为这些袭击的一个直接结果,皇家空军在战后以一支独立军种的面目而出现。英国领导人希望避免重蹈覆辙。

1921年,皇家空军受命对一战中的空袭进行了研究。到1923年,该研究已推出了一些令人瞩目的结果。[9]结论是,1923年的法国空军可让伦敦很快变得无法存身。每吨炸弹将造成50人的伤亡,其中三分之一是死亡。到1925年,法国空军被认为拥有每天投掷100吨炸弹的“恒态”能力。这些数字的得出是不科学的。[10]但是,每吨炸弹50人的伤亡率成为了未来17年中所有规划意图背后的公认数字,还被塞进了后来对德国不断上升的实力的讨论之中。这些数字其实过于悲观。在不列颠之战的高峰期,规模更大和更现代的德国空军每天能够投掷150吨炸弹。[11]每吨炸弹造成的英国人伤亡数为将近7人而非50人。[12]

概言之,一战中对战略轰炸的体验和皇家空军从该体验中吸取的看似客观的专业教训,共同塑造了英国领导人对未来战争中轰炸的巨大恐惧。直至1939年,“击倒性打击”观念都颇受重视。

对轰炸的恐惧增加了上述对于战争的普遍担忧。这两种恐惧在逻辑上多少是相互排斥的。前者所想的是具有巨大破坏力的、迅速的决定性空袭,后者所想的是具有巨大破坏力的长期消耗战。这两种恐惧之间的矛盾从未被解决，它们不过是合起来造就了对于避免另一场战争的强烈期望。如果该战争发生，英国将试图按照可最大限度降低自身代价的方法去打仗。多年来，这两个目标助长了放纵皇家空军战略轰炸幻想的意愿。英国力图保持一种将吓阻他国发动战争的轰炸能力——一种威慑战略。同时，英国人将保持一支能力十足的力量，以迅速赢得与未来对手的任何进攻性交锋——如果倡导轰炸者是对的。如果倡导轰炸者的更为极端的预言被证明有误，如果"击倒性打击"不可实现，战略轰炸至少可给英国人提供一种攻击对手的手段，而不必诉诸一战时期令人恐惧而且伤亡重大的地面作战。轰炸将成为对英国传统的封锁战略的补充。在形势所迫之下，这些想法最终都消失了。

全球性力量分布：约束和刺激

两次世界大战之间的英国国家安全问题经历了两个不同阶段。在20世纪20年代，英国面临着不值一提的威胁。德国被解除了武装，意大利和日本也比较安静。1922年的华盛顿海军协定限制了可威胁英国的那些海军的规模。主导英国防务政策的是"十年准则"（1919年8月15日），一个出于预算目的而奉行的猜想，大意是英国在未来10年中不会遭遇战争。该猜想不断得到滚动性的认可，并维持至1932年。英国的对外政策关注的是各种裁军方案、国际联盟和《洛迦诺公约》之类的条约，所有这些都旨在实现欧洲的普遍和平。

在20世纪30年代，德国、意大利和日本的外交和军事政策开始变得具有潜在的敌意。英国的传统安全问题再次出现，同样再现的是它应对该问题的传统方式。该问题和该解决方案在本质上是体系性的，最重要的是受到了某种约束。英国的全球利益与德国、意大利和日本的利益相冲突。在可以获得的利益中，英国拥有最多，其他那些国家要求获得属于英国的利益。由于英国的利益遍布世界，其对手——其总体实力超过了它自己——也遍布世界。与威胁这些利益的对手的能力相比，英国的义务和利益超出了其能力。英国面临着力量上的某种失衡。

以前，英国通过两种途径去应对这种力量的失衡。第一，它试图与某些潜在的对手达成“适当协议”。在20世纪初，它与俄国、法国和日本都达成了适当协议，以照顾自己的帝国资产。这使它可放心地专注于最大的威胁即德国。俄国和法国也将德国看成主要对手，这极大地推动了协约国集团的形成。在20世纪30年代，英国不会如此幸运。尽管意大利在一开始是德国的对手，但它们共同的反法和反英立场推动了独裁者达成谅解。日本对德国或意大利没有可担心的。英国无法与其潜在对手达成共识，尽管它在30年代中可能一直在努力。

结盟是英国传统上用来应对力量失衡的第二种途径，这在20世纪30年代的困难环境中被赋予了更多意义。在欧洲的和国际的政治体系中，还有其他强国对德国、意大利和日本有所畏惧。法国是特别醒目的一个候选人。美国在太平洋上或会最终施以援手，尽管孤立主义政策主导着其外交方式。直至20世纪30年代末，甚至意大利也被视作一个候选的盟友。与苏联——它有着遭英国人蔑视的社会制度和军队——也在接触，尽管是懒洋洋的，没有多少热情。

随着各种威胁在世界各地尤其是欧洲的出现，英国重拾了传统战略。在1936年3月对保守党议员对外事务委员会所作的表态中，温斯顿·丘吉尔对此作了简洁概括：

> 四百年来，英国的对外政策一直是对抗大陆上最强大、最具侵略性和最具统治力的强权，尤其是防止低地国家落入这样的强权手中。……与更强者合作并分享其征服果实易如反掌，而且必定也很诱人。但是，我们一直选择了更困难的路线，与力量相对逊色的强国合作，把它们联合起来，从而击垮和挫败大陆上的军事强人，不论他是何人，不论他领导的是哪个国家。这样，我们维护了欧洲的自由，保护了其悠久的并具有多样性的社会的成长，并且在四次严酷的斗争后凭着不断提高的声望、不断扩大的帝国，以及低地国家独立地位的保障而傲然于世。[13]

可以谅解丘吉尔先生只谈到了该政策的高尚内涵——反抗不断扩

张的霸权。对于英国的制衡行为的本质,他没有多说。

尽管英国是典型的制衡者,但它直至1914年也是一个"推诿责任者"。英国经常设法将很大部分的制衡成本转嫁给其大陆盟国。在1914年前,就人力成本而言这是千真万确的,英国很少向大陆投入大量陆军,更愿意对盟国的陆军提供财政资助。同时,留在国内的英国人力可被划算地用在支援大陆盟国军队所必需的产业建设上。大陆上的大量人力不仅从民用经济中被抽离出来,它们还少则消耗了这些经济体,多则将其毁于一旦。英国的领土、贸易和工业则可得到海峡和舰队的保护。英国得以采取这种有利的防御,是由于大陆上面临威胁的国家更经常地趋于制衡而非顺从对手,也是由于天然的防御优势使它有时间去组建庞大的联盟,并凭之去进行战争。

20世纪30年代的英国政治家和军人真切地感受到了力量的失衡。[14]如影随形的两个方面,即能力的不足和麻烦在世界各地间扩散的趋势,将主导英国的政策。文官高层在1934年对英国重整军备的第一次讨论受到了这样一个问题的困扰:英国是否有足够的经济资源来防卫整个帝国?[15] 1936年,在阿比西尼亚危机后,海军首长(the First Sea Lord)恩利·查特菲尔德(Ernle Chatfield)爵士评论说,帝国正变得"七零八落、四分五裂和颇为脆弱。甚至,可以讨论它是否在战略上是可防御的"[16]。张伯伦在1937年支持对意大利采取绥靖,源于他认为英国缺乏多线作战资源。无论是他还是总参谋长都不怀疑英国有能力击败意大利。可是,集中力量对付意大利将削弱其他的关键利益地带,招致英国的其他对手的攻击。无论张伯伦还是总参谋长都不相信英国能够应对由此而来的全球战争。[17]由于帝国在地理上的辽阔,不可能用"德国式"方案来解决该问题——将力量从受到威胁的一条防线迅速转移到另一防线。陆海军内部的担忧为绥靖政策提供了持续的支持。

1938年2月,防务协调大臣托马斯·英斯基普宣布说:

> 不可能混淆的清楚事实是:在和平时期,在三个不同战区针对三大强国为英帝国的防御提供妥当安排,这超出了这个国家的能

力。……在和平时期，采取有人向我们建言的在当前形势下谨慎而又实有必要之举，对我们来说——如我所确信的——是不堪重负的。所以，对于减少我们的义务规模和我们的潜在敌人数量的重要性，我要再次着重地复述我已表达的观点。[18]

概言之，在英国的文职和军方决策者的内部，有一个大致的共识：英国缺乏进行全球战争的资源，某一地区的战争将明显削弱英国在其他地区的力量，从而招致其他对手的“预防性”攻击。所采取的解决之道是减少义务和减少敌人，但不出让帝国的任何部分。减少敌人的尝试造就了绥靖政策。对义务的削减是心照不宣的，而且在这场游戏中姗姗来迟。

威慑

我在第二章中强调，均势理论表明，处于上述地位的国家将在它们能够采用进攻性学说时偏好它，在它们做不到时则偏好威慑性学说。在两次世界大战之间时代，英国短暂地考虑过进攻性学说，希望在未来战争之初将意大利击倒。在 20 世纪 30 年代的多数时间中，英国探求的是威慑战略。它未能如愿以偿，部分地由于缺乏对学说的创造性思维，也部分地由于对作为一种战略的威慑的认识非常粗浅。真正的威慑战略试图凭借将对某个对手施加惩罚的可信承诺，来抑阻它发动战争。因此，它离不开让对手信服某国意志的政治行动，也离不开看来颇有能力消灭对手重要目标——惩罚性行动——的军事实力。英国人从未按此方式对威慑作清晰勾画，尽管他们在提到其战略时使用了该词汇。

英国对威慑战略的追求受促于这样一种恐惧：在任何地点发生的战争都意味着在每个地点的战争。如阿诺德·沃尔夫斯（Arnold Wolfers）所说，也如当时的很多英国政治家所称，英国对于和平有着压倒一切的兴趣。[19]因此，英国进行军事筹备的主要目标是保持和平，而不是赢得战争的胜利。其实，对于在未来战争中如何获得胜利，概念是相当模糊的。大体的猜想是，英国将设法实施传统的结盟意义上的消耗战，并从中胜出。英国的威慑战略旨在让潜在的敌人相信这是必然之举，从而令其不会进犯。英国力求拥有可使自己打这种战争——当该时刻到来时——的军事作战能力。

英国的“威慑”战略有三大要点。第一，英国希望运用帝国及其所传达的强权形象去保护该帝国。英国人试图保持他们的“威望”和“不可战胜的声名”。[20]不无讽刺的是，英国人的威望恰恰取决于这个他们为了保护它而去寻求威望的帝国。该帝国作为英国财富之源进而作为其持久战能力之源的名声也被纳入了威慑之举中。[21] 1938 年，英国62%的出口和 55%的进口是以英联邦和英镑区国家为对象。[22]据认为，英国拥有所有这些财富的形象可增强潜在对手对英国实力的感知。

第二，帝国意义上的富强形象密切地关系到两次世界大战之间英国威慑政策的一个远为重要和明确的主题：英国的经济健康是防务的“第四臂膀”的观念。1937 年 12 月，托马斯·英斯基普爵士将该立场强调为内阁所设想的未来防务计划的一部分。眼前的重整军备计划必须适应作为其依托的经济能力。英国总体上是依赖于进口的，而且进口物资在现代武器制造中的作用极大。因此，高昂的军备开支也许易于打破贸易平衡和破坏英国的信用状况。英国不能指望用“击倒性打击”去赢得与某个主要强国的战争，它必须“考虑一场持久战”。德国尤其可能以发起“击倒性打击”来启动未来的任何战争，因为它不具有“进行持久战的良好条件，但海上强国在这种战争中则像以前那样有可能占优”。[23]

> 所以，我们必须让潜在的敌人面对持久战的风险，这是它们无法面对的。如果我们要在这样的战争中成为胜者，至关重要的是，我们应在参战时拥有足以使我们最充分地利用海外资源和承受压力的经济力量……从切实的角度看，保持我国的经济稳定或将被更准确地描述为我国防务力量的一个必要组成，一个可被恰当地视作防务的“第四臂膀”的组成。[24]

在看起来更概括但直接涉及英国经济的健康表现的言论中，英斯基普继而强调：

> 没有什么比我国的稳定，以及这个国家不时表现出的在没有激烈变化和不损害自身内在力量的情况下克服困难的能力，更会有效地威慑潜在的侵略者。该名声有利于我们，它可让其他国家对我们的抵抗能力有某种评估，它要远比我们在战争发生时拥有的军人、飞机和部队的数量本身所预示的更可畏。但是，如果其他国家在我们身上察觉到了紧张迹象，这种威慑会立即丧失。[25]

首相尼维尔·张伯伦和财政大臣约翰·西蒙(John Simon)爵士都认同英斯基普的观点。[26]尽管难免将这些关注看成软弱的绥靖分子为防务开支不足的罪过所找的空洞理由，但他们的论点有很多需要认真看待的地方。我们经常忘记的是，英国人为了进行一战将大部分的对外投资都变卖了，他们为了向战争提供资金而大笔借贷于美国；而且，由于英国拖欠先前的贷款，1934 年的美国约翰逊法案拒绝它在将来进入美国资本市场。[27] 1939 年 5 月，英国财政部明确认为，英国从事持久战的条件比不上 1914 年。[28]假如美国不在 1940 年底出手相救，英国人或许不得不减少他们的战争措施。[29]所以，对于英国人将当前军事准备的抑阻和防御价值与经济明显保持健康的价值相平衡，不应嗤之以鼻。不过，人们可以批评说，在希特勒已长期表明他只担心并看重军事力量的情况下，英国领导人过高强调了英国经济健康的外部政治影响。[30]

英国的决策者认为，国家经济健康的表象可提升英国在军事动员潜力方面的形象，而该形象有助于“威慑”侵略者。所以，他们支持一个不会对该健康形象有不当影响的军备方案。同时，英斯基普细心地指出，英国的持久战潜力若要作为威慑力量发挥作用，必须让敌对的大国相信英国有能力安然应对所发起的“击倒性打击”。这样的军事能力是英国威慑战略的第三个组成部分。重要的是要让英国“看起来强大”，否则它“在保持和平方面的重要影响”会受损害。英斯基普强调，内阁必须在经济稳定和军事准备之间达成某种平衡。[31]

英国的决策者在“威慑”意义上谈论军事准备。必须再次强调，他们对该词汇的使用常常模糊不清。如前所述，英斯基普认为，英国保持“稳定”的形象是一个重大威慑。英国还希望塑造军事上强大的形象。1934年，当重整军备计划启动时，出现了这样一场争论：皇家空军是否应该力求拥有强大的“一线”空中力量，但不拥有维系激烈战事所需的储备；还是拥有较少的“一线”资源，但以支撑持久战事所需的储备为依托？内阁选择了前一政策，买下了所谓“门面装饰”。强大的一线力量被认为可以“在潜在敌人的内心中培养出尊重感”[32]。

“威慑”一词和该政策常常牵扯到皇家空军，尤其是——但不完全是——它的轰炸机力量。著名的鲍德温主义（Baldwinism），即“轰炸机将一直畅行”，是比较宽泛的一系列观念的一部分。其中包括这样一个观念：只有保持一支可作为对任何攻击的回应而迅速有效地摧毁对手有价值目标的轰炸机力量，英国才可在这种局面下安然无恙。[33]这里，我们看到了现代威慑战略中的一些惩罚性内容。

但是，对于“反价值”（counter-value）惩罚的强调并非信条。航空国务大臣菲律普·斯温顿（Philip Swinton）勋爵将威慑说成英国赢得未来空战的总体能力的产物：“除非我们满意地看到，我们的地面防御足以与敌人的相媲美，否则我们不可能建立有效的威慑，我们也不可能假装我们可与敌方力量平起平坐。”[34]张伯伦也多少未加区分地谈到了威慑性的军事力量，他支持拥有“一支威慑力量，它是如此强大以至于令来犯的成算太有疑问从而无甚价值”[35]。政府也曾打算要求各军种就陆空力量的威慑价值进行成本—效益分析。[36]

简言之，英国的威慑性学说不是主要依赖于惩罚性的军事行动。只是在空军方面，在文官对一战的记忆和空军参谋部的相关“教训”的刺激下，英国人确实考虑过要依靠一种真正的威慑战略。他们将抑阻作为一个目标来追求，但不认为纯粹的惩罚性军事手段也许是解决全球范围内安全问题的最佳出路。

为了威慑敌人，英国不得不依赖这样一种威胁：要利用它最终可动员的帝国资源去设法击败它们。为了让其对手相信英国会动员这些资源,还需要让这些对手相信它有能力化解击倒性打击。结果,这促使英国人奉行抵拒性或防御性军事学说。[37]简言之,英国的决策者希望,可安然承受所发起的击倒性打击的确凿能力、经济上有潜力应对帝国范围内的持久消耗战的形象,以及政治、经济和社会稳定的外表,将令英国的敌人相信,它能够而且将会在遭袭时迫使敌人面对漫长而痛苦的战争。不妨试想,封锁将成为主要的军事手段,战略轰炸则是可能的辅助——假如皇家空军的预言成真的话。

在重整军备时期的多数时间中,只有空军被允许考虑某种规模的进攻性作战。随着战争威胁的逐渐显现,即便空军的进攻能力也由于对防御能力的支持而被削弱了。而且,总参谋长在该时期的多数时间中都认为,如果三个关键地带中的任何一个发生战争,英国都应该打一场防御性战争。尽管进攻行动或可打倒某一个敌人,但它也有造成重大损失之虞。这样的损失会削弱英国通过"威慑"防止战争在其他地区发生的能力。[38]

英国只短暂地考虑过"进攻",即第二章所预言的解除武装战略。1939 年春,用最少的力量来钳制两个对手、同时"对第三者施以毁灭性打击"的想法被临时采纳。[39]这个牺牲品将是意大利,它被不无理由地看成"轴心国的软肋"。但到 1939 年 7 月,该战略的风险已变得看似超过了其优点。[40]其他地区的安全再次令英国不敢轻举妄动。对意大利的即便迅速而成功的战争都可能为日本人开启"可乘之窗"。皇家海军在这场战争中的损失可能进一步削弱英国在远东慑止日本侵略的能力,而且差不多毁掉任何尚存的大力增援该处的可能。

对英国人来说,在某个地区采取攻势应该十分诱人。当然,对于两个敌人即德国和日本,英国缺乏"击倒性"能力。另外,似可合理地认为意大利最难抵御这样的打击,至少是在北非和海洋上。它成为考虑对象的原因就在于此。如果这样的攻势获得成功(鉴于意大利在二战中的表现,多少有理由相信它将会如此),英国在大西洋和远东的地位会明显加强。但在这场战役期间，不可否认日本人有机会袭击英国的利益，或许造成决定性的影响。英国也许太晚才把意大利解决，以至于不能制止日本人在太平洋的掠夺。对于旨在实现三个目标——击倒意大利、抑阻日本，以及在抑阻无效时保卫太平洋——的攻势而言，各种困难和距离被认为过大过长。不像德国，英帝国无法迅速地把军队从一条战线转往另一条战线。

总之，英国利益的规模、这些利益遭受威胁的程度和英国能力的不足，促使英国选择了一个粗泛的威慑战略。它依靠多种因素来抑阻对手的侵略。真正的威慑战略应具备的惩罚性作战能力几乎不存在，皇家空军的轰炸能力即是体现。[41]总体而言，英国依靠的是防御—抵拒性作战能力，还有最终的帝国动员带来的发散性的长期威胁以及封锁。这在理论上会带来胜利。它是一个摇摇晃晃的学说，但在当时是能够做到的最好结果，如果英国要尽力维持帝国的话。

利用盟国

均势理论的一个假设是，结盟而战的各国偏好防御性学说，因为这类学说便利于将战争风险和战争成本转嫁给某个盟国(见第二章)。在前一章中，我们看到了“推诿责任”的目标如何有助于推动法国人选择凸显防御性的学说。英国人可以说也是如此，尽管他们对自身目标的阐述或许多少不如法国人对自身目标的阐述清晰。

在一战后时期，英国政治家认为他们的边境是在莱茵河上，这符合他们对于保持欧洲大陆均势的传统关注。同时，他们对于为保卫该边境而提供大量陆军没有兴趣。那么，问题是谁将这样做，答案显然是法国。在整个 20 世纪 30 年代，英国人都指望着在一场大战中与法国结成的同盟。[42]除去在两次世界大战之间未得到英国人多少信任或尊重的苏联，法国是欧洲唯一能够对抗德国新一轮建立大陆霸权图谋的大国。因此，英国决策者大多理解法国的安全对于英国的安全的重要性。同时，他们不愿意对法国人承担清晰的义务，因为这不可避免地会带来英国参与陆上战争的问题。[43]英国人希望安抚法国人，并依靠战时在海空力量上的投入去保卫自己的利益。要有效安排即便如此受限的合作，也需要和平时期的密切军事合作和规划。英国人回避了这点，因为他们担心这会让自己承诺去支持法国反对和压制德国的某个或所有行动。[44]

1935年，就法国将成为英国盟国的观念的广泛度，以及英国在确保这种结果方面的乏力，副外交大臣罗伯特·范西塔特(Robert Vansittart)爵士评论说：

> 我们当然应该希望，要避免过多依赖任何其他大国的防务协助。我常听人说，若没有法国的协助，我们永远不应置身于一场欧洲战争中。[45]
>
> 另一个要点是，对于我们应该一直拥有盟国这一点，我们信心十足地认为理所当然。我经常指出，这不无可能，但不是必须如此。这取决于我们自己；而且我必须说的是，陛下的政府近年来没有为落实该设想做任何事情。[46]

英国人认为，只要该原因存在，即德国若不首先对付法国，它就难以触及英国，法国就必然是未来战争中的一个盟国。对于英国需要做到哪些以使自己成为一个有吸引力的盟友，该必然性赋予了它很多行动自由。英国可明显左右它与法国结盟参战的条件。英国人还知道——倘若仅仅根据法国人不懈的求爱过程中——法国人在未来战争中迫切需要英国的协助，这进一步强化了英国人的谈判地位。简言之，法国人对于是否要在欧洲保卫英国的利益没有多少选择，因为英国的首要利益就在于一个拥有庞大军队的独立法国的生存。英国的第二大利益，一项并非英国所有的决策者都认同的利益，是比利时一直保持独立，从而防止该国成为入侵英国的基地。由于法国人在比利时与德国交战的意愿世所共知，英国的决策者常常自信地认为，法国最终也不得不在该地捍卫英国的利益。对于它将保卫法国的哪些利益，英国则有着明显更多的选择。英国特别不愿去保护法国的东欧盟国。

由于英国对于和平的总体兴趣，与法国的安全利益相比，英国在欧洲大陆的安全利益被解读得更加狭隘。为了追求自身利益，英国将置法国于风险之中。它可在不明显削弱法国作为一个防御性缓冲所具有的作用的情况下如此行事。这些是英国人在20世纪30年代作出的各种军事和外交决定的背景所在。不过，英国人的行为非常忠实地顺应了这里所述的战略。

20世纪30年代的英国重大军事决定都符合该假设：英国正向其他国家尤其是——尽管不只是——法国“推诿责任”。最显著的表现是，对于派遣一支远征军到欧洲去支援法国人、比利时人和荷兰人抗击德国的地面入侵，英国缺乏诚意。[47]这直到1939年春天都未改变。如张伯伦所称，英国将在空中和海上作出“贡献”。作为观察家、亲历者和评论人，帝国防御委员会的亨利·鲍纳尔(Henry Pownall)中校也许再好不过地领会了这种思维(后来所称的“有限责任”)的实质。在他记载内阁尤其是张伯伦的想法的日记中，他不无忧虑：

> 他们不可能也不会认识到，如果与德国的战争来临……我们要再次为自己的生命而战。我们必须在陆地、海洋和空中尽最大限度的努力。我们不能说我们的贡献是“如此而已”——没有更多。……“悠着点”的战争观念在这个世界上是最有害和危险的。[48]

布莱恩·邦德(Brian Bond)对英国政策的总结直言不讳地说：“英国从未完整和明确地否认它在西北欧的战略利益……，但在1937年和1938年，就将军事责任推卸给潜在的盟国而言，它和任何处境虚弱的大国走得一样远。”[49]

除了一些不起眼的例子，直到战争看来不可避免的1939年3月，英国人一直回避与法国人的联合军事磋商和规划。[50]英国人明白，在某些局势下他们要对大陆进行干涉；而且，这样的干涉假如发生，就关系到英国的关键利益。[51]不过，他们回避该干涉的成功所需的预先细致准备和规划。他们这样做是出于这样一种担心：联合法国人进行预先的规划和准备也许会决定该干涉是否成为事实以及是何形式。采取“等着瞧”的态度更为诱人。在英国就必须如何动作作出决断时，法国可率先担起责任。该政策的红利是1940年5月杂乱无序的盟国军事行动，以及英国对该行动不称职的贡献。

对于未能建立可在大陆作战的陆军，可找到各种解释。最有趣的解释之一在于这样一种观念：相比于在陆军身上花钱，英国人在空军身上花钱多少更“有效益”。[52]其实，空军开支是20世纪30年代英国的头号重点所在，一开始是在轰炸机上，后来是在空防上。尽管很少有人承认，这样做的一个动机是，与在陆军上的同等支出相比，在皇家空军和皇家海军上的支出会赋予英国对自身命运的更多把握。

如1940年的情形所表明的，空军即便无效，在用途上也具有较高的灵活性。可以利用它来打击英国的敌人，即便是在最糟糕的不利局势下——低地国家和法国沦陷。陆军对于保卫低地国家和法国是有用的，但在最坏情况发生时，对于保卫英国没有那么多的直接价值。其实，大陆野战部队的最后一点残余在1937年5月被完全放弃的原因之一大概在于这样一种观念：低地国家的安全不像以前那样对英国至关重要。[53]重型轰炸机和雷达都在发展中，这为不借助比利时的攻防作战提供了可行性。战略轰炸尚是未经证明的军事手段，但由于英国领土不能由陆路来征服，大量资源可被拨给轰炸方面的尝试，而不是英国不需要的陆军。[54]

最后，英国的海军政策也体现了“推诿责任”。尽管英国政府和皇家海军决定在远东出现麻烦时向那里派遣一支规模可观的战列舰队，政府在整个20世纪30年代拒绝建造一支强大得足以应付大西洋、地中海和太平洋上的不测的舰队。[55]在本土要一直保持足够的海军力量以对付德国。若让法国人对付意大利——假如他们愿意，剩下的可驶往太平洋，或者太平洋可被一笔勾销。[56]直到1939年，这些可能性都未得到确认。在没有研究该问题的情况下，海军曾设想可暂时放弃地中海，并利用好望角附近的物资和舰只去进行太平洋上的海战。[57]1937—

1938 年的远东危机即日本和中国之间战争的公然发生促动了对于该假设的重新评估,结果表明该任务几乎不可行。[58]这样,1937 年对澳大利亚和新西兰作出的派遣舰队的允诺不得不收回。该食言的种子在 20 世纪 30 年代中期就埋下了。当时,英国人拒绝打造一支真正的两洋海军。没人想看到该决定的影响。"公平地"讲,当时应告诫英国自治领,它们最好自己保护自己。该警告并未发出,大概因为出于威慑目的而希望保持帝国形象的生机勃勃。

为了保持自己针对德国的海上防御能力,英国在 1935 年签订了英德海军协定,这是推诿责任的又一案例。这保证了德国海军的力量不会超过皇家海军的 35%。该协定保障了英国的自身利益,其代价是新德国违反昔日《凡尔赛和约》中的解除武装条款被合法化了。这是颇为故意地要对法国的政策和法国的安全唱反调。[59]

像法国一样,英国多少也热衷于"推诿责任"。对于低地国家,这两个国家的军事学说都承担了所料想的风险。但是,英国人可凭借空防体系来缓冲欧洲大陆上的灾难,法国人实在拿不出什么去缓冲在比利时的失败。正是该差别使我认为英国的战略是整合性的,法国的战略则是分裂的。不过,英国战略的整合姗姗来迟,它受制于两次世界大战之间英国军事组织的所作所为。

组织的影响:分裂

根据组织理论的一个假设(第二章),由于它们的狭隘利益考虑,一个由各军种组成的群体不可能自行创建某一军事学说。在重整军备时期,英国三军的行为证明了这点。军种狭隘主义是英国军事学说与大战略脱节的一大原因。

历史学家一致认为,各军种没有向英国的文官提供一个"一致认可的战略学说"[60]。每个军种盘算的是自己心仪的、在世界上不同地区进行的战争,对兄弟军种的规划关注甚少。[61]皇家海军想的是到太平洋上与日本人作战,皇家空军想的是轰炸德国,陆军则对各种"帝国警察"任务感兴趣，并在 1933 年担心苏联对印度西北边境的袭击。[62] 尼维尔·张伯伦不时抱怨说，参谋长“愿意提交拼合起来的而非协同的计划”[63]。各军种拒绝对各种使命或威胁确定主次先后。[64] 总体上可以说，各军种强调的是可最大限度地增进其自治、规模和财富的军事学说。

组织因素决定了每个军种所偏好的学说的性质，以及 20 世纪 20 年代和 30 年代初总体大战略的分裂。文官对于军事学说的漠视为该结果创造了条件。在一战后初期，英国领导人合理地未察觉到对国家安全的任何严重威胁。这种态度反映在了规划性的“十年无战争”假设上。它在 1919 年被采用，维持至 1932 年。在该时期，英国的文官关注于旨在控制国际冲突的条约和裁军方案。

在推行“无战争”假设和海军军备控制的过程中，英国的防务开支急剧下降。英国的文官致力于这种削减，以求推动一战后的恢复。财政紧缩反过来缩小了将由三大军种分配的馅饼，从而增加了竞争。对于兜售自己的特殊作用和淡化与其他军种的军事合作，每个军种都有某种兴趣。这造就了具有组织自利性质的学说偏好，并妨碍了就某个总体性的军事学说达成任何一致。由于文官觉得天下太平，他们对军事事务关注甚少，也没有力推某个军事学说。[65] 这样，花出去的金钱或许不得其所。

只能去推测该情形特定的长期影响，原因是该时期的多数历史记载未细述文官们对于军事学说和能力的认识。第一，各军种的学说偏好造就了某种势头。当防务需求委员会(承担的是军政双方对两次世界大战之间英国的军事地位和能力的首个严肃考察)在 1933—1934 年间建立时，各军种自行其是已有十余年。即便文官能够迅速推出某个系统性的战略，并确定它所需的力量，他们依然不易将自己的意志强加给各军种。

第二，文官对军事变革的接触是如此之少，以至于不清楚他们对英国的能力有多少了解。重整军备时期的历史令人不由有此印象：文官让自己重新习惯于作出战略决定尚需时日。因此，只有在不无难度的情况下，文官才可决定他们要什么，他们需求什么，以及什么在作战上是可行的。他们最终是受迫于国际环境的压力而力推某个军事学说，干预军队的作战问题，并将多得多的资金拨给了防务。随着德国、意大利和日本变得更加好战，英国人着手应对这样一项艰巨任务：改变10多年来在战略领域的无所事事。

在两次世界大战之间的大部分时期中，皇家空军难辞其咎。根据组织理论，我在第二章中强调，军事组织通常偏好进攻性学说，因为这类学说对组织的自治和财富助益最多。就此类行径而言，奉行激进的战略轰炸理论的皇家空军是一个典型例证。皇家空军对空权作出了最为虚妄的乐观论断，包括它能够令海军的作用黯然失色，令陆军不再为人所需。它许诺了迅捷的而且与一战相比是廉价的胜利——假如只有它被赋予了相对于竞争对手的优先地位。它将凭借迅速、及早和猛烈的进攻去提供这些裨益。皇家空军从不清楚它究竟要花多少时间才可赢得胜利，但言下之意是胜利的到来为期不远。

在20世纪20年代和30年代，皇家空军将轰炸机攻击变成了一种信条。如前所述，围绕着针对英国的空袭的可能后果，以及不言而喻的对于英国对敌空袭的巨大期望，空军参谋部变戏法般地拿出了惊人的统计数据。显而易见的是，直到1937年，该战略和为支持它而提供的所有数字未得到任何形式的检验。[66]当空军参谋部静下心来盘算如何攻击德国时，他们发现自己毫无头绪。他们不知道要去打击哪个目标。对于发现或打击某目标，或对付不同目标的武器的效能，他们一无所知。[67]但在很大程度上，皇家空军的教条是对于空战的很多恐惧的源泉，该恐惧对两次世界大战之间的英国对外政策有着很大的瘫痪作用。

皇家空军的进攻性作战偏好排挤了对飞机的其他使用方式的思考，这解释了皇家空军在法兰西之战中近地支援轰炸的稀缺。[68]而且，假如没有一些文官的干预(下面要论及)，皇家空军永远不会将足够的资源投向战斗机司令部，以奠定在不列颠之战中所呈现的战绩表现。

皇家空军的领导层将空防看成对金钱的浪费。[69] 1940 年 5 月，空军参谋部看似还试图中止喷火式和飓风式飞机的生产。[70]

对进攻性轰炸的价值和破坏力的日复一日的强调，以及对空防的诋毁，造成了英国总体大战略的一大分裂。如果进攻性轰炸如此有效，英国会有时间去动员持久战所需的资源么？如果皇家空军是对的，那么对手的进攻性轰炸很可能会在英国能够“击倒”该敌人之前将英国“击倒”。对于文官的支持对象从轰炸机转为战斗机，该考虑举足轻重。文官早先支持皇家空军的进攻性轰炸学说是出于这一普遍期望：它将慑止德国的侵略。1937 年，文官变得更关注该学说对于英国在实战中的切实安全的影响。根据这些标准，他们觉得它难堪大用。

尽管皇家空军在两次世界大战之间是显而易见的坏事者，皇家海军也好不了多少。对海军或许应少些责难，因为它寻求的是与文职上司的帝国幻想至少合拍的军事行动，虽然他们没有为驱散这种幻想付出多少努力。[71]在三个军种中，一战后防务开支的剧减对海军的损伤最小。[72]但是，它依然不免受损。在战后的大部分时间中，实际上直到 1939 年春天，海军一心关注于它所能选择的无疑是最困难的使命——太平洋作战。在奉行“十年无战争”原则的时代，新加坡海军基地的建设是海军开支方面的主要提案。[73]人们不会把对太平洋的迷恋完全归咎于海军部。如前所述，文官对帝国有自己的兴趣，但海军的态度强化了文官身上的这点。而且，只要文官拒绝为打造真正的两洋海军（能够保卫大西洋、地中海和太平洋上的英国利益的海军）拨款，海军部就不愿放弃远东使命，并会继续为它作筹备。

海军对太平洋感兴趣——尤其在一战后——的原因不难想象。在本土海域和地中海，英国面对的或是友邦（法国、美国和意大利），或是被解除武装的前对手（德国）。只有在日本身上，海军才可找到一种真正的“威胁”去应对，并为它所珍视的战列舰的存在找到辩护理由。而且，太平洋使命是一个真正的挑战——离本土有一万海里。就设定对资源的需求而言，它必胜无疑。这是海军主张“两强”标准的根源。

为了支持该幻想,海军无视意大利捉摸不定的举止,乐于假定在对日战争发生时可从地中海安全抽身。[74]英国将能够把大致一半的舰队派到远东,并经好望角为它提供给养。文官看来认可了该假设。在1937—1938年远东危机的压力之下,该特定假设才受到检验。这场危机"令各军种直面从地中海真正撤出海军力量的各种影响,并令它们确信'远东紧张愈甚,地中海安全的必要性就变得愈加重要'"。[75]

无论是在防务需求委员会(the Defense Requirements Committee——DRC)于1934年运作期间,还是在华盛顿和伦敦海军条约的各种限制条款于1936年到期后,海军看似都未对太平洋战争期间放弃地中海的假设有过兵棋推演,所谓"DRC标准的海军"则被提了出来。尽管该提议赞成扩大皇家海军的规模,但它只允许用一支小型力量对付新生的德国舰队,一支大型力量则前往太平洋。地中海依然被置于保护之外。法国人被指望设法去保护地中海,但没有联合的海军参谋规划去保障这点。到1935年底,该委员会自己也承认,德国的重新武装正以这样的一个速度在推进,它使一支真正的两洋海军成为了亟需所在。这要求将现有的舰队翻番[76]——但依然没有对地中海的专门预案。政府认可了"DRC标准",但(由于财政紧缩)未认可两强标准。

为什么海军没有拿地中海问题作文章,使自己更有机会获得一支两洋舰队?或许海军担心对太平洋作战能力作过于悲观的评估的后果。假如情况表明,在不能确保地中海的情况下,远征太平洋是危险的冒险,而且没有一支两强半到三强标准的海军就不能实现前者,政府或会干脆地将太平洋永远排除在外。假如文官决定只准备对德国和意大利的战争,英国海军的规模可能被固定下来,或者甚至被削减——要释放出军事资源用于其他任务。

总之,就像皇家空军一样,皇家海军没有验证那些可最大限度地促进其组织利益的战略假设。该趋向在两个案例中都助长了英国大战略的分裂。1939年3月,分裂的这一特定根源在大笔一挥间得到了很大扭转(尽管由于当时的军力态势而不彻底)。皇家海军不会去倾力应对远东危机了。

防御和分裂：总结

英国军事学说总体上是防御性的，有着明显的抑阻成分。英国的文官探寻着但未收获我所称的威慑战略。该学说在两次世界大战之间的大部分时期中都是分裂性的。

技术、地理和权力政治的原因共同决定了该战略的防御和抑阻特点。对现代军事技术的苦涩体验让英国领教了大陆战争的高昂代价。对航空技术的体验表明，未来任何战争中的进攻性轰炸可能意味着空前规模的灾难。这些技术性教训促使英国的决策者去寻求通过“威慑”来防止未来的战争，并在战争发生时规避其代价。若要“威慑”，英国必须让他国相信，它能够动员起强大的军事力量。它赖以动员的基础必须看来是坚实的。该抑阻性目标造就了防御性和抵拒性的军事学说。类似的是，为了控制进行战争的成本，英国不得不将军事资源拨用于英国本土的防御。

但是，体系性约束同时也在发挥作用。未来的战争不仅将带来巨大的作战成本，也可能意味着帝国某些部分的丧失。英国根本没有足够的力量来保卫其全球利益，即便它能够成功地自保。这是要避免一场未来战争的另一个强有力的理由，也是英国战略中抑阻性内容的另一根源。如前所述，抑阻性目标需要防御性的军事学说。

法国作为大陆盾牌的用途是一个关键的体系性机会。它可使英国人将未来陆战的成本转嫁给法国人。除了打一场未来的陆上战争，法国人被认为别无选择。法国军人不得不在大陆上保卫英国的利益。为了保证法国人不会将英国拖进陆上战争，英国需要确保自身领土可顶住德国的“击倒性打击”，这又意味着要强调防御/抵拒性作战。

两次世界大战之间英国大战略的“分裂”体现于此。皇家空军和皇家海军都没有为避免“击倒性打击”而进行合理规划。它们未因此而遭到惩罚，这在很大程度上是由于文官在漫长的一战后时期中对大战略的相对漠视。国际体系中威胁的冒头推动了文官对战略问题的关注，但重新确立对战略问题的控制权需要时间。皇家空军得以维持进攻性轰炸的观念，海军则维持了太平洋战争计划，两者都令英国的总体战略处于危险中。对于抑阻德国，皇家空军的轰炸战略的确有所裨益。若这样做，它会使英方力量的经济源泉身陷危局。对于抑阻英国的其他对手，并在威慑失效时实施防卫，这些资源必不可少。英国的文官们逐渐意识到了该问题。

对于第二章中提出的理论，20 世纪 20 年代和 30 年代初出现的学说没有提供良好的比较性验证。每一个都解释了战略的某些方面。从 30 年代中期到二战爆发时，英国的外来压力有增无减。英国的决策者以量和质意义上的、内部和外部意义上的制衡行为作为回应（他们也以绥靖作为回应）。这些年中英国大战略和军事学说的演变反映了某种趋于整合和革新的总体趋向。而且，它还表明了均势理论的巨大解释力——因为英国的战略向防御/抵拒性军事学说靠拢，这更适合于抑阻和推诿责任的目标。

整合和革新

在 20 世纪 30 年代末，英国军事学说的革新和该学说与英国大战略的整合主要是皇家空军内部的变革所致。到二战发生时，最具实质性、最重要和最成功的变化就发生在该军种身上。这些变化令英国在不列颠之战中的胜利成为可能。

其他军种的角色和能力的变化不是那么明显和成功，而且晚得多才出现。在 1939 年春季前，政府和皇家海军已承认大规模的太平洋作战不可行。对于皇家海军的结构或它对德国和意大利的备战，该思维变化的影响甚微。类似的是，直至 1939 年初，导致陆军规模小并对大陆地面战争相对缺乏准备的观念也未被抛弃。只是从此时起，英国政府意识到法军或许确保不了低地国家的安全，而低地国家对英国的安全可能仍具有重大意义——即便以远程飞行和现代空防为背景。[77] 英国人在政治上逐渐相信，法国战争举措的力度和热情或许取决于英国对于该战争举措的贡献能在多大程度上让人感受到。[78]

类似的是，英国在 1939 年春逐渐相信，德国对东方的侵略可能最终具有打破欧洲总体均势的作用。从象征性的政治意义来看，这确实看似当然。[79]德国在东方无拘无束的不断扩张可能引致接二连三的投降，小国也许趋炎附势。这对法国政治立场的最终影响可能是灾难性的。受到影响的不仅是心态。捷克斯洛伐克的灭亡使法国的战时联盟减少了 34—38 个师。[80]法国要求英国将其弥补。如果其他东欧国家也将陷落，德国的地位将上升，法国的地位则会衰落。德国将能够集中越来越多的部队对付法国。[81]最终，英国大概要开始担心，德国在东方的成功（尤其在罗马尼亚）将明显加强纳粹的资源基础，从而规避英国的封锁战略。[82]

如同英国对空防的投入，这些变化的发生是对帝国安全的威胁日益增加所致。对于对手能力的上升和叵测用心的更多表现，英国的决策者们以“制衡”行为作出回应。对于空中力量对比和空防的关注早在 1934 年就出现了。其他的变化在晚些时候才出现，因为尽管它们顾及了重大的不测，但英国的当前生存不取决于其中的任何一个。

在某些领域，英国可经得起尝试“推诿责任”战略；它有条件静观其变。美国或许终会承担起英国在太平洋上的负担。即便不是，而且英国在帝国范围内遭遇挫折，这些挫折也并不意味着英国的失败。类似的是，在东欧有很多国家，英国经得起在不得不选择干涉前目睹其中的某些垮台。最后，法国将承担欧洲大陆上任何必需的陆上战役。[83]这样做符合其自身利益。对于本方的支援是否必不可少，英国可经得起拭目以待。另一方面，如同参谋长们不时担心的，若英国仓促对法国承担义务，这或可导致后者进行这种冒险，它可能引发英国正试图避免的那种战争。在所有这些不测面前，英国都拥有“安全”宽松度。

对于自己面对德国空袭时的弱点，英国领导人则感受不到宽松。

一战中对于空袭的体验以及空军参谋部对于空袭的恐怖预言共同造就了英国领导人和英国公众对于现代空中力量的极端忧虑。德国是位于飞机航程内的一个对手。而且，在他们面对的三个潜在对手中，英国领导人从不怀疑德国是主要的威胁。[84]若空中力量与德国在技能、工业和军事上的全面能力相结合，这会使英国遭到直接来袭的危险达到几百年来都不曾想到的程度。

令英国领导人吃惊的不仅是新出现的空中威胁，他们也不满于皇家空军的应对之道。正如同皇家空军预言德国将发动以“击倒性打击”为目标的大规模空袭，它希望用类似的攻击对付德国人。这与其他军种分担的使命和英国大战略的更高目标都不一致。皇家空军提出的空战观念强调进攻性的能力和作战行动。如果皇家空军的空战理论被证明有误，英国传统的动员战略将面临危险。第一，德国人或许不受威慑，他们已表现出明显的冒险倾向。第二，皇家空军的反击或许无力对德国人进行迅速或严厉的打击，而此种打击足以在德国的空袭削弱英国的工业能力或国民士气前去阻止它。[85]第三，进攻性轰炸学说对于“推诿责任”助益不大。如果皇家空军的轰炸能力看起来足够可畏，或许可阻止德国对英国发动任何攻击，不论它在他处如何攻伐。另一方面，如果德国真的发动进攻，英国将身处严重的困境之中。即便反击可多少阻止德国的空袭，英国也不得不拼命去打一场这样的战争。而且，它或许不得不向法国这样的盟国提供大规模援助，它们或可通过其他途径去终结德国的空袭。如果皇家空军的反击失败，那么英国会更依赖于法国的地面协助以终结德国的袭击。这样，它或许不得不亲自承担大规模的地面任务。另一方面，有效的空防多少可加强“抑阻”和抑阻失败时的防御—抵拒性保障，让英国对它参与未来战争的模式有发言权。

不管原因如何，是明晰的还是模糊的，英国的文官不满于皇家空军对进攻的偏好，着手将该组织推到给予空防更多重视的方向上。没有这样的文官干预，英国在1940年夏天不可能表现得如此之好。文官对皇家空军学说的干预同样受制于决定英国大战略的总体防御特征的那些体系因素，即自身力量的不足和潜在盟国的可觅。

技术变革、组织偏见和空防的演变

对于20世纪30年代中后期与空战相关的主要“技术动力”和组织利益，本书已经作了探讨。进攻性轰炸机被认为具有可怕的威力，它们可渗入对手空域并造成恐怖破坏。该观念得到了广泛而深入的接受。晚至慕尼黑协定于1938年秋出台时，英国军方和政治家还认为，德国有能力以本土为基地发动进攻性轰炸，但它在后来才获得以比利时和法国为基地的这种能力。到1938年秋，英国人对自己的进攻性轰炸能力已变得更加怀疑，但该怀疑才出现不久。对于在远东、阿比西尼亚和西班牙的轰炸的拙劣分析报告有助于使对轰炸效能的信奉存活下来。英国空军参谋部未向西班牙内战派遣一名观察员，以对轰炸的效果进行第一手的研究。[86]直到1937年，皇家空军都未对它关于战略轰炸的假设作任何系统验证。[87]甚至，最终进行的验证只是让皇家空军相信是自己的轰炸机不行。未以任何认真分析为依据的对德国轰炸能力的夸大，以及对英方能力的相应贬低，难以不被视作由组织因素决定的短视。皇家空军竭力夸大战略轰炸的效力去为它偏好的学说辩护，并渲染德国轰炸机的威胁以强化需要更多轰炸机的理由。

尽管在20世纪30年代没有多少事件可能动摇进攻性轰炸理论，但同时也没有什么事件体现了空防的效力。雷达的出现可溯至空防科学研究委员会于1934年成立之时。在初期的运行性试验得以进行前，不能说一项新技术已经“真正”出现。即便是这些试验也难说意义重大。政府当初的打算是，在最终决定拨款建立有20个基站的完整系统之前，要进行更广泛的运行性试验。虽然所进行的试验有其局限，但政府在1937年决定批准生产整个系统的设备。这看起来颇像政府决定把赌注押在防御上，因为它要的就是防御。而且，此前的雷达研发并非偶然，而是一些英国文官施压的结果。下文将更详细地论述该过程。

权衡而言，20 世纪 30 年代的“技术”现实助长了对进攻性轰炸而非空防的效力的广泛信奉。同时，皇家空军虔诚地恪守着进攻性轰炸学说。我们已看到，进攻性学说在 20 年代是如何生成，以配合皇家空军在作战领域将自己独立于其他两个军种的斗争。我们已看到，进攻性学说如何提高了皇家空军的威望，并帮助它在 1918—1934 年的清贫年代中为争夺英国的稀缺防务资源而战。除了战略轰炸，飞机的每一个可能的使命都遭到了皇家空军的打压。[88]空军参谋部未对战略轰炸理论进行认真的验证。难以回避的一个结论是：轰炸学说的起源和长久不衰源自它在组织意义上的政治功能。

考虑到关于进攻性轰炸效力的明显的“技术性”事实，以及皇家空军将进攻性轰炸作为一种学说而倍加推崇，在不列颠之战中表现如此出色的整体空防系统如何得以出现？这是一个头等重要的防御性军事革新，是在面临不利的组织和技术压力时实现的。假如存在着技术决定论之类的情形，或者假如组织理论具有它的一些支持者所称的解释力，该革新就不会发生。有两种力量在进攻的方向上发挥作用，在防御方向上发挥作用的是这个国家总体的防御性大战略。该学说部分地源于这样一个简单事实：英国是一个维持现状国家。但在同时，英国偏好防御是因为这有利于粗泛的威慑战略——这是它应对它所面临的力量失衡的唯一答案，也是因为在威慑无效时这便于它“推诿责任”。

只要防御性革新源自由国际体系的约束和刺激所激发的文官压力，均势理论就获得了更多的可信度。在下文中我将表明，英国的文职决策者确实推动了名为“无线电寻踪”（雷达）的技术革新的“发端”，对于它被纳入一个有效的空防系统也起了很大作用。在该努力中，他们与皇家空军的叛逆者休·道丁空军元帅结为了伙伴。需求会造就供给，而且它的确做到了这点——作为对正在出现的威胁的回应，也是出于对利用政治机会的期望。

制衡行为

关于绥靖的流行神话认为，英国人在20世纪30年代没有进行“制衡”。尽管英国政治家几乎是过分勤勉地为和平奔忙的场景在很大程度上是真实的，但同样的这些政治家也采取了内外意义上的制衡行为。对外，英国人在欧洲对法国人有很多指望。难以把该时期的英国对法关系称为“制衡”，因为英国人对于强化他们之间已露雏形的同盟是如此踌躇和缩手缩脚。英国人确实担心，对法国的过分支持有可能引发战争。所以，英国在极少情况下才彰显与法国的同盟以威慑德国。1936年的军事参谋联合会谈是为了安慰法国人才同意举行的，1938年的会谈多少也一样。只是在1939年初，对于强化他们与法国的同盟，对于开展旨在为实战作切实准备的联合参谋会谈，英国人才认真起来。[89]甚至这些会谈也有着少言寡语的味道，它在形势所迫时才消失。总之，不得不说的是，英国人指望着与法国人的同盟，以及该同盟的抑阻作用，但没有大力地为它添砖加瓦。

类似的是，英国对意大利的“绥靖”必须从战略角度去考察。英国对意大利政策的最低目标是使意大利在未来对德战争中保持中立，最高目标是赢得其合作。[90]1935年4月的斯特雷沙会议旨在向德国传达这样一条讯息：对欧洲现状的步步改变将由于英国、法国和意大利的团结而不可行。[91]意大利是《洛迦诺公约》的初始保证国之一，因此按规定是要反对对西欧现状的任何变动的。如果可说服它继续支持该政策，其分量是德国在盘算未来的任何侵略时将不得不掂量的。斯特雷沙会议当然不是特别成功，意大利后来对阿比西尼亚的入侵则打碎了三国间的“团结”。

尽管20世纪30年代的英国对外制衡行为软弱无力，而且大多从属和受制于绥靖之举，但它确有其事。同时，英国采取措施进行了量和质意义上的内部制衡。除了改善英国的防御能力，这些措施还着眼于改善英国抑阻潜在对手和支撑英国外交的能力。[92]依此而论，英国重整军备是为了履行某些必要的、在第二章中提到的权力度量功能。英国的确参与了军备竞赛。所采取的措施也许不足以应对英国战略所料想的所有不测。在某些方面，尤其就建立大陆远征军而言，措施来得太迟。但是，在对于英国本土的基本国家安全最关键的那些领域，措施大体上是到位的，即便也只是勉强够用。

世界环境的变化刺激了英国防务开支的上升。日本于1931年在远东的侵略导致了“十年无战争”准则的废止。1934年则迎来了防务需求委员会的建立，及其关于修正英国军事能力弱点的报告和建议。该年2月，它在经过了若干辩论后正确地将德国认作英国最危险的长期对手。

意大利在1935年对阿比西尼亚的侵略，以及随后英国在地中海上的军事示威，强化了英国人对不断上升的威胁的察觉，并凸显了英国军事能力的不足。这进一步刺激了防务开支的上升。[93]

1937年的防务白皮书对莱茵兰的重新军事化、西班牙内战和德国防务开支的上升作出了回应，提出了五年内拨款15亿英镑的防务计划——每年的防务开支均值是先前四年均值的2.2倍。[94]总体而言，英国防务开支在1933—1938年间增加了250%。[95]不能不承认，其支出比德国少——12亿英镑对德国的28.68亿英镑，但其努力并非不值一提。[96]而且，1939年被批准的支出额度将使五年期的总额接近30亿英镑。[97]英国防务开支的走向与它的总体大战略和将德国认作主要对手是一致的。尽管陆军和海军的支出在1933—1938年间大致翻番，但空军的支出则大致五倍于前。[98]如我们业已看到的，在皇家空军身上的花费据认为增强了英国自主慑止德国对英袭击并在威慑失败时应对该袭击的能力。

空防的演变

在英国重整军备时期，皇家空军不仅是财政松绑的受益者。它也是文官很多政治关注的焦点——其中的某些受到了该军种的抵制。历史学家一致认为，不列颠之战中英国空防的效能是文官干预皇家空军学说的结果。尽管进攻性的战略轰炸作为皇家空军所偏好的作战行动从未被抛弃，但它由于对空防的支持而受到了一时的压制。

历史学家没有达成一致的是，战斗机司令部的发展应该归功于哪些文官。显然，可予论功行赏者绰绰有余。出于本章中前述的原因，有很多文官身处要职，而又重视减少英国面对空袭时的弱点。

雷达是该系统中的关键构成，其源起和发展归功于它得到的高度政治支持。1934 年末（防务需求委员会发布首项报告的年份），在航空国务大臣伦敦德里（Londonderry）勋爵的促动下，亨利·提扎德（Henry Tizard）先生领导的空防科学研究委员会建立了。[99]此前，对于侦测飞临的轰炸机，几乎束手无策。国家无线电实验室的沃森-瓦特（Watson-Watt）先生说服该委员会相信或可利用无线电波来侦测飞机，并进行了一项作为原理性证明的简单试验。[100]到 1935 年 5 月，一个全面的研究项目得以建立。资金看起来也唾手可得。

在该时期，三位文官起到了突出作用。首相斯坦利·鲍德温（Stanley Baldwin）是雷达的一位早期支持者，也采取了政治和组织措施去保护那些负责研发的人不受外来干扰。第一笔研发款项大概是鲍德温的功劳。[101]在帝国防御委员会下还建立了一个由珀西瓦尔·坎克利夫-利斯特尔（Percival Cuncliffe-Lister）爵士领导的专门的分委员会，以监管雷达的研发。1935 年 6 月 1 日，坎克利夫-利斯特尔被任命为航空国务大臣。[102]最后，吝啬得出名的财政部从一开始就被轻易说服，向雷达研发提供了资金。这方面的功劳常常归于财政部的常务副大臣沃伦·费希尔（Warren Fisher）爵士。[103]

尽管雷达的研发过程本身有其困难，而且首批五个“试验性”基站的建设有所耽搁，但政府和航空部决定继续推进由 20 个基站组成的完整雷达网的建设。该决定是在该系统的效能有着不尽一致的证明的背景下作出的，并得到了通常“反对防御的”空军参谋部的支持——它迟至 1937 年还断言防御是不可能的。[104]它突然支持的原因尚不清楚，但也许是空军鉴于自身轰炸机的不足——一项或已变得昭然若揭的不足——而要给自己找份保险。不管如何，到1939年秋，整个系统差不多已经建成。[105]

与研制雷达同样重要的是，要获得足够的战斗机力量以支撑长期的防御性作战。尽管不能证明的是皇家空军反对研发雷达，但能够证明的是它反对置办大量战斗机。可以预测，它的偏好是轰炸机。在这方面，文官的压力使天平发生了倾斜，也许甚至比雷达研发上的作用更大。

直到1937年，文官都支持皇家空军的扩张，他们这样做是遵循空军参谋部的路数——换言之，他们支持由轰炸机组成的威慑力量。[106]但是，从1937年底到二战发生时，政府将越来越多的资源投向了战斗机的生产。[107]1937年11月，政府在陆军的重整军备中也将空防装备列为优先。[108]这些决定无疑主要是英国文官领导人——张伯伦政府和首相张伯伦本人——的努力。[109]

从形式上看，转向战斗机生产的动力来自防务协调大臣托马斯·英斯基普。他得到了常务副财政大臣沃伦·费希尔的协助，并可能受到了他的敦促。[110]空军参谋部极力反对政府的看法，支持继续把重心放在轰炸机上。[111]"对防御的强调从外部强加给了空军参谋部。"[112]1938年11月7日，在慕尼黑协定签订后，英国政府作出了或许确保了足够的战斗机力量可用于不列颠之战的决定。内阁最终同意生产3 700架战斗机，当前订货1 850架，并在整个1940年3月尽可能按最高额度进行战斗机生产。[113]在拒绝1937年7月提出的以轰炸机为重的空军扩军"J方案"时，英斯基普解释了强调空防的战略性原因。在给予航空国务大臣斯温顿勋爵的备忘录中，他言道：

> 所以，我要告诉你的要点是，你是否能够制定一个经过修订的计划，它以以下观念为基础：在战争开始时我们的首要任务是，在最初几个星期内挫败击倒性打击，然后在后续阶段中放心地凭借我们的制海权带来的消耗战进程去击败敌人。[114]

组织因素和空防的演变

在结束对战斗机司令部的论述时，若不提及其首任也是最著名的指挥官空军元帅休·道丁爵士发挥的作用，这会令人误解。在英国空防的发展中，他扮演了类似海因茨·古德里安在德国闪电战的发展中所扮演的角色。

道丁在陆军开始了自己的军事生涯，但作为皇家飞行队（Royal Flying Corps）的一名军官参加了整个一战。他的早期经历与轰炸没有多少联系，但他在1930年被任命为内陆地区——皇家空军联合性的轰炸机-战斗机作战司令部即“大不列颠空防”（Air Defense of Great Britain）中的战斗机集群——的指挥官，与空防的密切关系随之起步。一年后他被任命为航空委员会（the Air Council）中主管供应和研究的空军委员。本着这个角色，他深入参与了雷达以及飓风式和喷火式战斗机的研发。[115]

在皇家空军被划分为专业性司令部——尤其是废除“大不列颠空防”并以战斗机和轰炸机司令部取代之——的过程中，道丁也是一个关键人物。对于该决定——道丁倡导的一个决定，不同的作者给出了不同的原因。多数人认为，一个因素是1934年后皇家空军规模的明显扩大。[116]对于一位作战指挥官来说，“大不列颠空防”太过庞大以至于无法掌控。还有迹象表明，轰炸机和战斗机的倡导者都觉得，两支力量从属于一位指挥官意味着其中之一难免要穿小鞋。支持对轰炸机作进攻性使用的那些人尤其在乎。[117]

鉴于道丁不属于“轰炸机”派，有人怀疑他试图阻止对防御领域研发工作的任何阻碍。他在未对轰炸机有很多关注时就设法在皇家空军中谋得了高位。而且，由于某些原因，他不很讨人喜欢。用A.J.P.泰勒（A.J.P.Taylor）的话来说：“他是被贬为战斗机司令部的首长，当时其他的空军元帅认为这是一个二流职位。”[118]但在皇家空军的高级指挥官中，道丁广阔的职业背景令他特别适合将他的“二流”组织变得让人不敢小觑。实际上，在他作为负责研发的空军委员目睹了雷达的早期进步后，他立即着手为战斗机司令部筹建精细的地面控制系统，雷达预警最终将被应用于其中。他在技术得以完善前就开始了此项工作。[119]

这样，在道丁这里，支持在空防领域有更大作为的文职领导人找到了一件适手的工具。应英斯基普的要求，道丁设计了首个关于空防的“理想方案”——具体规定了对于战斗机、重型和轻型防空火炮、探照灯和气球的全部需求。[120]在为其司令部获得更多的战斗机储备而进行游说时，道丁几乎不需要大肆鼓动。坦普尔伍德（Templewood）子爵，即先前的萨缪尔·霍尔（Samuel Hoare）爵士，在慕尼黑协定订立时曾执掌内政部。对于后来战斗机生产的扩大，他将很多功劳归于道丁。[121]

显然，道丁和文官是在按照某种伙伴关系行事。该模式近似于第二章中所提及的。对于直接变更军事学说，从而使它符合整体的大战略构想，文官不是必然拥有专业知识。对于学说的细节和作战方式的变革，他们必须依赖军事组织内部的异见分子。这看来是战斗机司令部演变过程中的模式。

总结：空防的发展

在原子弹出现前的机器时代中，1940 年的英国空防系统是最突出和成功的军事革新之一。它为文官与军方、科学界与产业界之间的合作确立了一种新模式——在整个二战过程中将对盟国大有裨益的一种模式。空防系统的发展对英国军事学说与其大战略的整合具有根本意义，并奠定了二战中该战略在保卫英国方面的成功。但对于抑阻敌人攻击英国，它显然不是那么成功。

来自德国、意大利和日本的威胁的上升加强了文官对军事问题的关注度。在体系性压力、约束和刺激的推动下，文官重塑了皇家空军的学说，将空防暂时提到首要地位。

对空中进攻的主宰地位的坚信是一个有待克服的因素。皇家空军认为进攻性轰炸有效而空防无用的观点被弃置一边。文官知道自己需要什么，并为获得它而行动起来。该过程的进展是走走停停，但一个全新的军事系统在四年中的发展并非偶然。与空防的发展更吻合的是均势理论的预言,而非组织理论或技术决定论意义上的任何粗泛观念的预言。

文官从空军元帅道丁那里得到了很多帮助。对于将他们的愿望、资源和原始的雷达技术转化为行之有效的军事系统,他是他们所需的专业人士。假如没有道丁,人们要问革新是否会像现实中那样开展得那么快或那么成功。这样说不是要用"伟人"理论去贬损认为体系力量具有决定意义的论断。各个组织时常有道丁这样的人,问题是:这类人是否会找到后盾?假如英国文官的态度不存在,皇家空军会把道丁和空防压制下去。这不是说在这种局面下 1940 年将无空防可言,而不过是说它将软弱无力。人们要怀疑它是否会从德国空军的攻击中存活下来。这样,不列颠之战的结局将取决于德国空军是否可除掉皇家海军的战列舰。二战初期对水面舰艇——停泊或航行中的——的成功空袭(在塔兰托和珍珠港,以及挪威和新加坡的外海)表明,皇家海军将身处逆境。

结论

哪个理论更好地解释了两次世界大战之间英国军事学说的特征?两者都扮演了重要角色,但在法国案例中均势理论看来具有更强的解释力。组织理论扮演的是辅助角色。

在两次世界大战之间的大部分时期中,英国的军事学说是防御和停滞的,而且与英国大战略的政治内容相对脱节。但从 1934 年起,它变得更具整合性和革新性。在该时期,自始至终,该学说具有很明显的抑阻性成分,这一点要比法国军事学说更明显。

在很大程度上,英国大战略的防御性当然可用一个简单事实来解释:英国拥有世界上最多的不动产,本就难以吞下多得多的东西。但是,该战略的重要细节,尤其是对于抑阻和防御-抵拒性军事行动的强调可得到体系因素的最佳解释。英国的军事和经济力量与其政治目标并不对等。这促使它选择了抑阻政策,其基础是以动员帝国资源进行一场消耗战作为威胁。若要使该威胁可信,就必须保护这些资源尤其是本土岛屿的工业资源免遭“击倒性打击”。同时,英国人看到了潜在的盟国,或可引诱它们去多少承担意料之中的未来战争的高成本。这只能在英国基本的国家生存不依赖于这些盟国的条件下实现。这样,抑阻和“推诿责任”两者加强了对于依靠防御性军事学说来保障本土安全的强调。

地理因素为英国军事学说的演变提供了另一动力。鉴于英国资源的局限,帝国庞大的地理幅员使它在军事上难以防卫。英国也不能依靠军事力量从一地向另一地的迅速转移来进行攻防。这样,地理加重了帝国的虚弱实力地位的影响,并促使英国寻求抑阻性的军事方案。

不无矛盾的是,尽管地理因素削弱了英帝国,它却强化了不列颠岛屿。由于海峡的堑壕作用,英国不易遭到敌方陆军的袭击,而且可集中资源去消除对它有更直接影响的海空威胁。德国必须将自己的多数资源用在陆军上——出于进攻和防御的双重原因。这限制了它对于海军的投入,以及在次要程度上对于空军的投入,从而减少了对英国的威胁(见第六章)。法国不得不建立一支陆军,如果它想在德国的强权面前安然无事。鉴于德国海空力量的限度,德国若不首先对付法国,就难以触碰英国。法国将保卫自己,这样也就保卫了英国。英国的决策者意识到,他们有能力将陆上战争的高昂成本部分地转嫁给法国,只要英国让自己可从容应对法国的失败。欧洲的地理激励并方便了英国大战略中的责任推诿因素,以及英国军事学说中的防御性表现。

组织利益与这些目标相冲突。皇家空军和皇家海军都对更广阔的战略感兴趣——前者关注的是德国的上空,后者则关注太平洋。假如各个军种最终都自行其是,英国在 1940 年夏的处境或许不是一件幸事。

对于英国战略的防御性,技术起到了不尽一致的作用。对现代火力的体验促使英国人将其陆军从大陆撤回。这强化了“推诿责任”的益处,使得在没有大陆盟国协助时设法确保该岛国的安全变得十分重要。

另一方面,空军技术表明第二个任务将难以执行。英国也许难以抵抗“击倒性打击”。皇家空军偏好的答案是更多的轰炸机和更多的攻势。没有证据表明它是错的,但有各种各样的证据表明它有其道理。如果它是对的,英国将难以实现它的其他目标——世界范围内的抑阻和战时的“推诿责任”。第二个“技术动力”会起到逆反作用。最终,体系性约束和刺激胜过了组织性和技术性动力,并造就了一个整合性的防御学说。

均势理论最好地解释了英国大战略早期的分裂和后来的重新整合。和平的世界令文官对英国的军事组织关注甚少,并使组织因素得以决定军事学说。若无文官的掌控,各军种不可能推出协调一致的军事学说——与该国的大战略相整合的学说,不会在各项使命间确立主次先后,也不会相互合作。

德国、日本和意大利军事实力的上升导致了英国制衡行为的涌现。该举动包括对大战略和各军种在大战略中角色的重新关注。国际体系中紧张的加剧促使文官插手皇家空军的备战,并迫使它不情愿地在空防上有更多努力。历史学家一致认为,对于空防的革新,文官起到了很大尽管不是全部的作用。来自外部环境压力的作用不局限于促成了文官的干预,它们还决定了其防御-抵拒性特征,并且是在面临明显的对立性组织偏好时做到了这点。而且,文官扭转了皇家空军将近20年的对轰炸的痴迷,他们自己也曾对它深信不疑。

对于相互验证第二章中提出的理论,空防系统在区区四年中的建立提供了一个至关重要的试验。组织理论和关于技术的一组假设强烈表明,革新不会发生。两者都指向了进攻,组织理论指向了学说的停滞。与均势理论的预言相符的是,英国的文官另有想法。他们的世界性抑阻战略需要安全的英国工业基地。他们的“推诿责任”战略需要英国的安全,以便战争压力不会迫使它承担无限的大陆义务。空防是他们的需要所在。

将责任推给法国的愿望及其可能性也可解释:在这么多年中,对于皇家空军或英国陆军应对大陆上战争的备战,为什么所花的心思寥寥无几?这种糟糕的备战导致了在低地国家的失败——一个将英国推向巨大危险的失败。但是,与既没有让陆军习就装甲运动战、也没有加强法比边境工事的法国人不同,对于在低地国家可能发生的灾难,英国人有保护自己的缓冲余地。我们会想起,法国人不相信他们可在不妨碍英国参战的背景下拥有能够进攻的陆军,或巩固法比边境。这就是英国人比法国人更精明的地方。每方都力图把未来战争的成本转嫁给对方。每方都为做到这点而冒险。但是,英国人让自己对最坏情形有准备,法国人则没有。

注释

1. Gibbs, *Grand Strategy*, vol.1, *Rearmament Policy*, p.796.

2. Brian Bond, *British Military Policy between the Two World Wars*(Oxford: Clarendon Press, 1980), pp.8, 338.

3. Ibid., p.10; David Dilks, "'The Unnecessary War?' Military Advice and Foreign Policy in Great Britain, 1931—1939," in *General Staffs and Diplomacy before the Second World War*, ed. Adrian Preston(London: Croom Helm, 1978), p.103; Michael Howard, *The Continental Commitment*(London: Temple Smith, 1972), p.99; Stephen Pelz, *Race to Pearl Harbor*(Cambridge, Mass.: Harvard University Press, 1974), p.97.英国陆军大臣基钦纳(Kitchener)勋爵在1914年临时组织了一支由一百万志愿者组成的大众型军队。这些有热情但训练差的部队在一开始遭遇到了高伤亡。B. H. Liddell-Hart, *History of the First World War*(London: Pan, 1972), pp.64, 231;另参见Keegan, *The Face of Battle*, pp.215—225。

4. Philip Knightly, *The First Casualty*(London: Quartet, 1978), p.109.

5. Gibbs, *Grand Strategy*, vol.1, *Rearmament Policy*, p.795.该战略的最伟大实践者也许是与拿破仑法国对抗的小威廉·皮特(William Pitt, the Younger)。

6. Telford Taylor, *Munich: The Price of Peace*(Garden City, N.Y.: Doubleday, 1979), pp.592—593.

7. Ibid., p.xv. 另参见Keith Middlemas, *Diplomacy of Illusion*(London: Weidenfeld and Nicolson, 1972), p.294; Webster and Frankland, *Strategic Air Offensive*, pp.78—80; Barry D. Powers, *Strategy without Slide Rule*(London: Croom Helm, 1976), p.207。

8. Powers, *Strategy*, pp.126, 166, 174—175.

9. Paul Bracken, "Unintended Consequences of Strategic Gaming," *Simulation and Games* 8:3(September 1977): 302—304; George Quester, *Deterrence before Hiroshima*(New York: John Wiley and Sons, 1966), pp.60—61.

10. Bracken, "Unintended Consequences," pp.304—305; Powers, *Strategy*, pp.122—123.

11. Bracken, "Unintended Consequences," p.310.

12. 该估测来自 Parkinson, *Dawn*, p.212 中的伤亡数字。鲍尔斯(Powers)提出,每吨炸弹战时平均造成 15—20 人伤亡(p.123)。

13. Winston S.Churchill, *The Gathering Storm*, vol.1 of *the Second World War* (New York: Bantam, 1977), pp.186—187.

14. Dilks, "The Unnecessary War?" pp.101—102; Lawrence R.Pratt, *East of Malta, West of Suez: Britain's Mediterranean Crisis, 1936—1939* (Cambridge: Cambridge University Press, 1975), p. 3; Howard, *Continental Commitment*, p.138.

15. Pelz, *Race*, pp.104—110.

16. Pratt, *East of Malta*, p.3.

17. Dilks, "The Unnecessary War?" p.119; Pratt, *East of Malta*, pp.95—96.

18. Gibbs, *Grand Strategy*, vol.1, *Rearmament Policy*, p.293.

19. Wolfers, *Britain and France*, pp.205—206.

20. Dilks, "The Unnecessary War?" p.102.

21. 参见防务协调大臣托马斯·英斯基普爵士的评论,Gibbs, *Grand Strategy*, vol.1, *Rearmament Policy*, pp.283—285。另参见 Pratt, *East of Malta*, p.102。

22. Charles Kindleberger, *The World in Depression, 1929—1939* (Berkeley: University of California Press, 1973), p.282.

23. Gibbs, *Grand Strategy*, vol.1, *Rearmament Policy*, pp.283—284.

24. Ibid., p.284.

25. Ibid.

26. Dilks, "The Unnecessary War?" p.125; Gibbs, *Grand Strategy*, vol.1, *Rearmament Policy*, p.277.

27. Pelz, *Race*, p.117.

28. Howard, *Continental Commitment*, pp.135—136.

29. Dilks, "The Unnecessary War?" p.126.

30. Bond, *Military Policy*, p.239.

31. Gibbs, *Grand Strategy*, vol.1, *Rearmament Policy*, pp.284—285.

32. Ibid., p.106.

33. Keith Middlemas and John Barnes, *Baldwin: A Biography*(London: Weidenfeld and Nicolson, 1972), p.735.另参见 Pelz, *Race*, p.183 中所引的张伯伦言论;and Powers, *Strategy*, chs.5, 6。

34. Gibbs, *Grand Strategy*, vol.1, *Rearmament Policy*, p.547.

35. Howard, *Continental Commitment*, pp.109—110.

36. Gibbs, *Grand Strategy*, vol.1, *Rearmament Policy*, p.538.

37. Ibid., p.555.

38. Pratt, *East of Malta*, p.181.

39. Ibid., p.173.

40. Ibid., p.194.

41. 假如英国人更好地认识到军事手段与其政治目标的关系,他们对于军事力量的规划或可做得更好。也许可按合理成本在远东集结起某种可信的"惩罚"能力。在两次世界大战之间时期,英国建造了很多潜艇。相当数量的长程潜艇或许可将新加坡作为基地,成为对日本海上通道的威胁。假如与之相伴的还有该岛的筑垒工事,及其进攻性和防御性空中能力的某些提高,或许可让日本人对于攻击英国的利益三思而行。诚然,英国在两次世界大战之间时期正试图将潜艇战定为非法。他们在 1922 年试图这么做,并在 1934 年再作努力。参见 Roger Dingman, *Power in the Pacific*(Chicago: University of Chicago Press, 1976), p.212; Pelz, *Race*, p.116。这里提出的这样一个学说不会有助于这种军控提议。但到 1936 年,与日本达成海军军备控制的所有希望都湮灭了。迅速建造潜艇不应是一件难事。

42. Gibbs, *Grand Strategy*, vol.1, *Rearmament Policy*, p.798.

43. Wolfers, *Britain and France*, pp.229—241.

44. Gibbs, *Grand Strategy*, vol.1, *Rearmament Policy*, p.799.

45. Great Britain, Foreign Office, *Documents on British Foreign Policy, 1919—1939*, 2nd ser., vol.13(London: HMSO, 1973), p.197.

46. Ibid., p.506.

47. Gibbs, *Grand Strategy*, vol.1, *Rearmament Policy*, pp.465—483.

48. Taylor, *Munich*, p.589.

49. Bond, *Military Policy*, p.284.

50. Gibbs, *Grand Strategy*, vol.1, *Rearmament Policy*, pp.622, 667.

51. Bond, *Military Policy*, pp.1, 7, 339.

52. Gibbs, *Grand Strategy*, vol.1, *Rearmament Policy*, pp.534—535.

53. Howard, *Continental Commitment*, p.117.

54. Williamson Murray, "British and German Air Doctrine between the Wars," *Air University Review* 31:3(March/April 1980): 41.

55. Pelz, *Race*, p.195.保罗·肯尼迪(Paul Kennedy)指出,到 1930 年,英国人不过是"就日本不会发动侵略的希望在打赌"。参见他的 *The Rise and Fall of British Naval Mastery*(London: Allen Lane, 1976), pp.280, 283—285, 292。

56. 佩尔茨(Pelz)说,英国人认为法国海军或会慑止意大利的行动(*Race*, p.56)。但是,由于未与法国正式结盟,英国人不能确信法国人在该时刻到来时会去战斗。在二战发生时,该同盟业已稳固。但是,法国和英国的海军力量加起来也不足以对付轴心国海军的合力，尽管对付德国和意大利的联合是绰绰有余。关于1939年的海军力量对比，参见 Gibbs, *Grand Strategy*, vol.1, *Rearmament Policy*, p.432。

57. Pratt, *East of Malta*, p.53.

58. Ibid., pp.130—131.

59. Gibbs, *Grand Strategy*, vol.1, *Rearmament Policy*, pp.155—170.

60. Dilks, "The Unnecessary War?" p.107.

61. Gibbs, *Grand Strategy*, vol.1, *Rearmament Policy*, p.775; Watt, *Too Serious a Business*, p.55.

62. Bond, *Military Policy*, p.82; Taylor, *Munich*, p.212.

63. Dilks, "The Unnecessary War?" p.117.

64. Ibid., p.113.

65. Bond, *Military Policy*, pp.41, 71.

66. Bracken, "Unintended Consequences," pp.308—309; Howard, *Continental Commitment*, p.112; Murray, "British and German Air Doctrine," p. 44; Watt, *Too Serious a Business*, p.76.

67. Watt, *Too Serious a Business*, p.77; Webster and Frankland, *Strategic Air Offensive*, p.91.

68. Bond, *Military Policy*, pp.321—322; Murray, "British and German Air Doctrine," p.48; Webster and Frankland, *Strategic Air Offensive*, p.96.

69. Murray, "British and German Air Doctrine," p.46.

70. Ibid., p.48.

71. Taylor, *Munich*, p.205.

72. Kennedy, *Rise and Fall*, p.273.

73. Ibid.

74. Pratt, *East of Malta*, p.53.

75. Ibid., pp.130—131.

76. Gibbs, *Grand Strategy*, vol.1, *Rearmament Policy*, pp.336—337, 340.

77. Bond, *Military Policy*, pp.294—295.

78. Ibid., pp.292—293.

79. 那我们如何去解读尼维尔·张伯伦的名言，大意是英国不会去保卫任何某个国家，但会"摧垮仗势欺人者"？参见 Gibbs, *Grand Strategy*, vol.1, *Rearmament Policy*, p.695。

80. Bond, *Military Policy*, p.308.

81. Gibbs, *Grand Strategy*, vol.1, *Rearmament Policy*, pp.700—701.

82. Ibid., p.694.

83. Bond, *Military Policy*, pp.241—294.

84. Ibid., p.191.

85. 这种反击学说是皇家空军的传统观点。文官在慕尼黑协定出台时放弃了该战略。随后不久，皇家空军同意去规划一项颇有限度的对德轰炸行动。他们害怕一场相互轰炸，因为他们自己的夸张估算赋予了德国空军对英国投弹 500—600 吨的能力，而皇家空军只能以投弹 100 吨作为报复。如果在 1938 年和 1939 年确有差距存在，它不可能几乎有这么明显。参见 Gibbs, *Grand Strategy*, vol.1, *Rearmament Policy*, pp.590, 592。

86. Bracken, "Unintended Consequences," p.312.

87. Ibid., pp.301—312.

88. Murray, "British and German Air Doctrine," p. 49; Powers, *Strategy*, p.166; Webster and Frankland, *Strategic Air Offensive*, pp.63, 67, 74, 75.

89. Gibbs, *Grand Strategy*, vol.1, *Rearmament Policy*, pp.656—657.

90. 比如，关于英国在 1937 年对意大利的态度，参见 Taylor, *Munich*, p.586。

91. Gibbs, *Grand Strategy*, vol.1, *Rearmament Policy*, p.100.

92. Ibid., pp.106, 284, 305.

93. Bond, *Military Policy*, p.220.

94. 源于 Gibbs, *Grand Strategy*, vol.1, *Rearmament Policy*, p.532 中的数据。

95. Milward, *War*, p.47.

96. Ibid., p.25.

97. Dilks, "The Unnecessary War?" p.107.

98. Gibbs, *Grand Strategy*, vol.1, *Rearmament Policy*, p.532.

99. M. Postan, D. Hay, and J. D. Scott, *Design and Development of Weapons: Studies in Government and Industrial Organization* (London: HMSO and Longman's, Green, 1964), p.373.

100. Ibid., p.375.

101. Middlemas and Barnes, *Baldwin*, pp.782—783.

102. Ibid.参见 Basil Collier, The Defense of the United Kingdom, in *History of the Second World War*, United Kingdom Military Series (London: HMSO, 1957), p.40。

103. A.P.Rowe, *One Story of Radar* (Cambridge: Cambridge University Press, 1948), p.18; and Watt, *Too Serious a Business*, p.73.

104. Murray, "British and German Air Doctrine," pp.46—47.

105. Postan et al., *Design*, p.379.

106. Bond, *Military Policy*, p.250.

107. Gibbs, *Grand Strategy*, vol.1, *Rearmament Policy*, pp.574—589.

108. Ibid., p.466.

109. Murray, "British and German Air Doctrine," p.47.

110. 参见 A.J.P.泰勒(A.J.P.Taylor)所写的"前言"，Deighton, *Fighter*, pp.12—13; Gibbs, *Grand Strategy*, vol.1, *Rearmament Policy*, pp.277, 288; Watt, *Too Serious a*

Business, p.73; Webster and Frankland, *Strategic Air Offensive*, pp.76—78。

111. Webster and Frankland, *Strategic Air Offensive*, pp.77—78.

112. Ibid., p.78.

113. 难以准确估量该决定对战斗机和轰炸机的实际相对产量的影响,尽管它看来是明显的。扩张空军的L方案(Scheme L)在1938年4月被通过,它计划在1940年3月前建立73个轰炸机中队(1 352架飞机)和38个战斗机中队(608架飞机)。1938年11月通过的M方案(Scheme M)对于扩充轰炸机大致维持了同样的最终目标,是82个中队(1 360架飞机),但将战斗机的最终实力提升到50个中队和800架飞机。这两个目标要在1941年春季前实现,而70个轰炸机中队和40个战斗机中队是要在1940年春实现的临时目标。这在执行中显然有改动。到1939年后期,轰炸机司令部只能部署33个中队(约500架飞机,其中只有一半是中型或重型飞机),而战斗机司令部依然只能部署51个中队(600余架飞机)。其实,到1941年底,轰炸机司令部依然只能部署500架轰炸机。空防得到重视的另一证据是,若干战斗机中队装备了双引擎的布伦海姆中型轰炸机。它们被改到了它们极不适合的战斗机角色上。该改装包括在机身下原为弹舱的位置安装四挺向前开火的0.303英寸口径机枪。这些数字是从以下方面凑集而成:Collier, *Defense*, p.78; Ellis, *War in France and Flanders*, p.310; Gibbs, *Grand Strategy*, vol.1, *Rearmament Policy*, pp. 588—589; Webster and Frankland, *Strategic Air Offensive*, p. 80 and Appendices 7 and 39。

114. Webster and Frankland, *Strategic Air Offensive*, p.76.强调处乃我所示。

115. Deighton, *Fighter*, p.122; Collier, *Defense*, p.37; Wright, *Dowding*, p.56.

116. Webster and Frankland, *Strategic Air Offensive*, p.82; Wood and Dempster, *Narrow Margin*, p.75.

117. Webster and Frankland, *Strategic Air Offensive*, p.82.

118. Deighton, *Fighter*, p.13.

119. Collier, *Defense*, p.39.

120. Wood and Dempster, *Narrow Margin*, p.77.

121. Wright, *Dowding*, p.71.

第六章　德　　国

在两次世界大战之间，德国的大战略和军事学说在很大程度上——尽管不是完全地——是希特勒的创造。不过，由于希特勒不喜欢使用正式文件，须用对待法国和英国战略的同样方式来重现德国的战略。不幸的是，与法国和英国战略的研究者相比，希特勒时代德国战略的研究者不得不依靠不那么直接的文献证据。

在 20 世纪 30 年代后期，德国的军事学说是进攻性和革新性的，并与德国大战略的政治内容相整合。几乎无人对前两个特点提出异议，但有些人会质疑第三点。德国最终失败了，或许因为没有什么军事学说能够支撑一项显然在觊觎全面霸权的大战略。T.W.梅森（T.W.Mason）把握住了希特勒战略的政治内容："第三帝国的对外政策就性质而言是动态的，就实现主宰地位的目标而言是无限的，并完全缺乏关于某种'最终现状'的观念。"[1] 在质或量的意义上，德国人的手段是否曾与这样的宏大目标相协调？对于这样的问题，人们不得不给予否定的回答。然而，希特勒在征服之路上渐行渐远。通过近距离的考察，希特勒时代的德国军事学说是为一场无限的——假如说是机会主义的——侵略行动量身定做的。鉴于希特勒的目标，也鉴于他追求这些目标时的政治环境，德国战略的其他部分有着突出的整体性。战争以德国在它先前的受害者面前倒下和希特勒自杀而终结，这证明了德国大战略的失败和希特勒对国际政治的错误理解。同时，对于德国作为一个欧洲霸主的非凡即便短暂的成功，我们有必要设法予以解释。

法兰西之战和不列颠之战的不同结局反映了德国军事学说的优缺点。在 1940 年春夏，德国"国防军"（该用语指德国的所有武装力量——陆军、海军和空军)对于欧洲大陆的陆战准备充分,对于其他任何方面则缺乏应对。该局面不仅是由于掉以轻心。德国军事力量对于击败英国的乏力是德国先前的成功所付出的代价,即便非其所愿。

希特勒的战略是什么?希特勒首先追求的是重建德国的军事力量。他图谋利用这一重建起来的力量去收复德国的失地,并入新的说德语的人口,并为意料之中的新近统一的德意志国家的成长攫取在东方(尤其在苏联)的"生存空间"。在希特勒之前的德国政治家和军人身上,这四个目标也有某种程度的体现。[2]将希特勒与两次世界大战之间的其他德国领导人和更早时候的德国政治家区分开来的是希特勒的执着,尤其是对于第四个目标。对前三个目标的鲁莽追求可能令任何德国政治家陷入困境。希特勒并不鲁莽,但他的确陷入了困境。对第四个目标的追求则招致了灾难。

当希特勒启动其计划时,德国在军事上是弱小的,并被强邻所包围。他不得不避免促成一个占据压倒性优势的敌对联盟,即便在他采取的行动通常恰会有这般后果时。希特勒的办法是按照某些方式去处理其军事力量、经济和外交,这些方式使他可利用突然出现的政治机会,向对手施压,在敌对联盟的潜在成员之间制造和平时期的裂痕,并最终在战争真正发生时一步步地摧毁这样的联盟。

如何做到这点?首先,希特勒尽其所能向国外传递一个气势汹汹而且尚武的德国的形象。但是,他小心翼翼地使其目标看起来有其限度。尽管他竭力谋求德国的重整军备,但他小心翼翼地以不会让法国和英国携手的方式来安排重整军备。他尽可能久地推迟海军的重整军备,并公开赞美大英帝国的优点。

德国在陆军和空军上的重整军备的目标是,获得让德国的侵略对象尽可能并尽快地感到恐惧的军事工具。而且,在其他欧洲大国突然决意要将德国击倒时,该军事工具必须做好保护德国的准备。这为针对陆上战役而重整军备提供了新的动力。归根结底,希特勒所寻求的所有奖品都是在欧洲的广袤大地之上。

在以陆战为导向之余，希特勒寻求速战能力。他支持军方内部可为战时的速胜带来希望的因素。新出现的对装甲战和空权的倡导者找到了倾听对象，即便旧有的对步兵和施利芬式包抄战的倡导者依然存在。在最终称为闪电战的学说的形成背后，希特勒旨在实现其战略目标的个人压力是动力所在。

当希特勒的外交和进击最终导致法兰西之战时，德国陆军已是一台擅长在欧陆之上快速侵略、经过磨炼和考验的机器。希特勒面对着一个依然因不信任——他本人曾为播种它而助力——而有裂痕的联盟。而且，部分地由于希特勒先前的作为，反对方的一个重要成员英国对欧陆上的陆战准备糟糕。德国陆军为它所准备的战争而战，法国人和英国人则在打一场他们直到最后一刻都希望避免的战争。

但是，在英吉利海峡边上，希特勒最终遭遇了一场德国国防军未有准备的战斗。假如德国努力建立一支强大的海军和一支真正的战略空军以应对对英作战，人们会猜想英国人在20世纪30年代又将何去何从。假如希特勒的行为更像一战前的德国皇帝，法国人和英国人会花费多长时间去构建他们的联盟？而且，德国从何处获得资源以准备在陆地和海洋上的现代冲突？在某种程度上，在法国的成功是以海峡边的失败作为代价的。

我将指出，与组织力量或希特勒征服意志的强度本身相比，体系力量对德国军事学说的模式更有解释力。当然，希特勒野心的强度明显影响了20世纪30年代德国的军事变革。但在认可这点之余，我要指出，均势理论可解释二战前涌现的学说的多数细节。组织力量扮演了重要的然而是辅助性的角色，技术因素对德国学说的直接影响看来是微弱的。与皇家空军战斗机司令部的情况一样，技术被征用来服务于出自其他缘由的学说。

两次世界大战之间的德国战略：希特勒时代之前

在凡尔赛强加于德国的特殊的政治和军事局面，以及德国因其失败和霍亨佐伦(Hohenzollern)君主制瓦解而产生的国内政治特点,强烈地影响了一战后的德国大战略。《凡尔赛和约》从德国夺走土地和人口,并将其给予欧洲的新旧国家。在西方,德国的防御能力因此而遭到削弱。在东方,波兰重新崛起——一个几乎不可避免的对手。德国在军事上受到了严格约束。它在其边境上的关键地区布防的权利也被否决。其军队被减至10万人,而且只能拥有最轻型的武器。德国的军备工业在规模上被大大削减,而且在它可生产的武器类型上受到了严格限制。简言之,德国被置于了最弱不禁风的境地。

同时,魏玛式民主面临着来自激进的右翼和左翼团体的有力对抗。中右和中左的德国政治家觉得,避免与保守而传统的陆军发生冲突合乎时宜。而且,一个协议出台了,它允许陆军保持相当大的工具性自治,以换取其政治中立和不时的支持。于是,对于考察几乎完全脱离文官控制的军事组织,两次世界大战之间的德国是一个出色的实验室。另外,长期脱离控制的军事组织为希特勒的政策提供了原料。根据组织理论的逻辑,这样的一个长期自治应使德国陆军很难被希特勒掌控。因此,20年代的变革增加了30年代作为组织理论的验证对象的价值。

德国陆军与进攻

我们业已看到,法国和英国如何受制于一战的技术性教训及其战后的国际政治地位。法国的文官对其军人有着如此的约束,以至于将他们驱向了防御性军事学说。军方自身看似从大战中得到了这样一条教训:现代军事技术有利于防御方。在英国,文官的回应在陆军身上表现得甚至更简单:陆军被置于欧陆之外,被鼓励去考虑其他事项。其规模或预算都不允许对欧陆角色存有奢望。进攻或防御问题变得没有意义。由于资金、政治支持和使命的缺失,机械化战争方面不乏前途的早期进展举步维艰。[3]

对于比较技术性、体系性和组织性动因的强弱,德国案例为我们提供了更清晰的透视,因为文官对军方的控制在一战后的初期岁月中十分薄弱。魏玛时期特殊的国内政治令我们可将文官对军事技术和国际政治的解释过滤出去。在一战前,德国陆军对进攻有着高度认同。它在一战中对现代技术的体验类似于协约国的陆军,尽管不尽相同。当然,一战后德国与英法的军事力量对比不利于进攻性军事行动。德国陆军在这种状况下的举动最具有启示性。它几乎毫不犹豫地重拾了一战前的进攻性学说。该学说仅作了起码的修改,以反映大战中的体验,或德国在一战后的军事弱势。如同组织理论所预测的,可以自行其是的德国军方回到了它的进攻性源头上。

战后德国陆军的首长汉斯·冯·塞克特将军在20世纪20年代要如此断然回归的该战略有何根源?其性质是什么?自腓特烈大帝在位以来,普鲁士及后来德国的军官团致力于一种特定的战争方式。著名的德国总参谋部对机动的强调高于任何其他因素。它追求的是侧翼攻击、包抄和合围性的歼灭战。总参谋部试图利用交通上的内线优势,尤其是铁路新技术带来的该优势的提升。最后,要利用动员和集中的速度,以求将作战的时间和地点强加给对手。该战略从每个方面来看都是进攻性的。[4]

体系动因,无论是政治性还是地理性的,对于该学说的演变都发挥了重要作用。德国在几条战线上与敌人对峙,它们的军事力量加起来超过了它自身的。通过强大的依次进攻——先对付一个敌人,再对付另一个——去削弱对手的总体力量的想法颇具吸引力。历史学家一致认为,决定德国学说的该特点的主要因素是两线作战问题。[5]老毛奇和施利芬都害怕同时遭到俄国和法国的攻击。在"统一战争"期间,毛奇不得不担心其他欧洲强国介入普鲁士的战事,假如这些战事持续过长。德国的战略家们最终相信,可通过对德国敌人的"决定性的"依次攻击来削弱占优的敌对联盟。[6]

组织因素也增进了德国军事学说的进攻性。如施利芬计划所体现的,进攻性学说有利于增进规模、财富和自治,并减少作战中的不确定性。第一,施利芬计划实际需要的兵力超出了施利芬任总参谋长时德国所拥有的兵力。[7]这样，增加陆军规模和（或）能力的一个长期理由就产生了。第二，对比于毛奇的先前计划——主张对俄法采取有限攻势并设想战争的结束离不开外交行动，施利芬打算获得对法俄的决定性胜利。[8]陆军将在没有外交官帮助或干预的情况下包办一切。最后，选择决定性的进攻作战可减少战场上的不确定性。如施利芬本人所说："要获得胜利，我们必须努力成为两者相撞时的最强者。我们在这方面的唯一希望在于对作战作出我们自己的选择，而不是消极地等待敌人为我们选择。"[9]德国陆军可通过设定它的作战条件而决定战斗的结局，这是信条所在。人们必然还会想到，对铁路的依赖可提升进攻性战略对于减少不确定性的益处。就组织和时间安排而言，通过铁路去集中数百万兵员是一项复杂的任务。人们猜想，选择某个特定的进攻性计划和集结部队会让主持动员者如释重负。

在40多年中，德国陆军一直奉行该进攻性军事学说。在一战中，东线战场的状况令陆军得以根据该传统进行战争。在西线，陆军与法国人和英国人一样面临着同样的火力教训。不过，这只是通过多种途径强化了德国总参谋部的这样一种信念：必须将机动性重新引入战场以规避火力的影响。这曾是他们在一战前的学说，而且他们在一战中始终致力于重归机动战略。就此而言，埃里希·鲁登道夫（Erich Ludendorff）在1918年的攻势取得了一定的成功。但是，它最终失败了；而且必须指出，从"技术性教训"的角度讲，这是战后进攻性学说所立足的一根弱草。但德国人在一战后重拾进攻，人们猜想组织压力是主要的决定因素。

驱动一战后德国陆军的主要组织因素是为了重建该组织而对于稳定和确定性的需要。它在战场上被击败，被右翼和左翼的革命性意识形态所侵蚀，并在量和质上被《凡尔赛和约》的条款极大削弱。在拯救自身的努力过程中，该组织回归了曾赋予它最大成功的学说——即便是在战争刚刚结束后，这是否如此地令人惊讶？看法根本不是铁板一块。一些人确实认为一战显示了防御的突出地位，[10]其他人觉得应该采取类似于法国人在一战后期所采取的缓慢而呆板的进攻模式。[11]在1920—1926年间执掌陆军的冯·塞克特对此不认同,大多数德国军官看来也与他一致。[12]在面临着组织重建任务,而且不受制于我们在法国和英国看到的那种文官干预的情况下,德国的军官回归了他们的进攻和机动传统。这在一个不稳定和不确定的世界上提供了稳定和确定性。

也有理由认为,与对手的军队相比,被强加给德国的这种陆军可能为进攻性学说提供了某种推动。德国陆军在法律上仅能拥有总共10万的长期服役的职业军人,辅以大约15万非法存在的预备役人员。[13]德国的敌人拥有由应征者组成的大规模军队,能够随时动员几十万人,即便不是几百万人。[14]为了避免在不利局面下进行战争,冯·塞克特详细阐述了他的闪击战理论。在他发表的著述中,他主张在敌人可完成动员前就把他的规模虽小但训练有素并随时待命的国防军猛地投向它们。虽然这不会给德国带来胜利,但这可能让它赢得时间以动员自己的至少部分人力去进行成功的防御。[15]对于发动这样的一场预防性进攻,进攻性学说必不可少。难以判断冯·塞克特是确实相信该理论,还是仅在粉饰不得已之举。对小小的德国国防军而言,闪击战观念可能是唯一看似可行的进攻战略。鉴于冯·塞克特对于恢复进攻精神的期望,他对闪击战的提倡完全有可能更多是出于辩争而非忠实的信仰。毫无疑问,冯·塞克特在法国占领鲁尔期间的谨小慎微之举看来证明了这点。

体系性力量,尤其是两线作战问题,对于德国陆军重拾进攻性学说可能有着某些影响。在一战后,德国发现自己处于与法国或英国非常不同的国际政治地位。同时,它类似于德国在一战前的地位但更糟糕。[16]德国不仅被敌对国家所包围,它在军事上更弱于自统一以来它曾有过的状况。显然,德国在战前的地理和实力地位曾被德国的将领们认为令进攻性军事学说成为必然选择。一些人觉得,由于凡尔赛方案恶化了这些状况,对于进攻性学说的需求——如果还有的话——甚至更加迫切。

冯·塞克特确信德国和法国之间有着“根深蒂固的敌对”,并在1923年着手应对两国间战争的重启。[17]法国与比利时、波兰、捷克斯洛伐克、罗马尼亚和南斯拉夫的条约——都是在一战结束后签订的——可能强化了该立场。[18]法国用同盟关系将德国包围了起来。而且,其中的一个盟国波兰是大量德国领土的获得者,因而对于德国的复兴是一个不可避免的敌人。[19]在波兰国内,有些派别还要求获得更多的德国领土。最后,波兰必定看起来不仅有敌意而且危险,因为它刚刚得到法国的重新武装,而且其统治者是约瑟夫·毕苏斯基(Józef Pilsudski)元帅,一位军事独裁者和一位有所成就的军人。[20]尽管冯·塞克特和德国军官团期待某一天他们可以消灭波兰,但他们此时害怕法国和波兰军事力量的联手,因为《凡尔赛和约》的解除武装条款令德国弱不禁风。鉴于这些安全顾虑,冯·塞克特的进攻性学说有可能在一定程度上是为了应对德国的传统安全问题——德国和法方联盟之间在军力上的极端失衡。

如果事实如此,德国一战后学说的依据只在最肤浅的意义上站得住脚。就对敌对联盟依次发动预防性攻击而言,进攻性学说只有在这些攻击能有所收获时才成立。对德国而言,只有在这些攻击可发出能够阻滞某个敌人从而避免与整个联盟即刻开战的一击时,它才得以成立。10万人的德国国防军有可能对法国-波兰联盟做到这点吗?人们猜想做不到。

德国陆军或许过于弱小,以至于不可能对法国人或波兰人取得即便有限的胜利。法国陆军在1921—1922年间拥有46万左右的现役人员,他们编为不尽满员的45个师。[21]法国还可动员多得多的部队。1920年,在对俄斗争的高峰期,波兰陆军有60万人之强,有21个师和7个骑兵旅。[22]尽管这支军队的供给糟糕,其实力在波兰获胜后也下降了,但该数字确会让人想到,波兰对于军事上受到限制的德国可能有多大威胁。而且,与法国的军事关系让波兰人得以获得大量即便过时的法国一战时代的装备。鉴于这种不利状况，进攻性学说对德国无甚意义。

反之，一种随机应变、必定不合法而且是游击抵抗风格的防御——通过威胁要进行惩罚去追求威慑——看似更妥当。如第二章所述，该对策常常受到弱国的青睐。其实，当战争在法国于 1923 年占领鲁尔期间看似一触即发时，冯·塞克特觉得自己不得不临时拿出一个防御/迟滞性的作战计划和姿态，这与他在这场危机前后所主张的进攻性学说大相径庭。

法国对鲁尔的占领迫使冯·塞克特对国防军的军事能力作出现实的评估。1923 年 1 月，当法国开始向鲁尔开进时，这位将军显然在把玩这样一个想法：假如冲突升级，通过直接军事行动去驱逐法国人。[23]但三思过后，冯·塞克特对于陆军在东方抵抗波兰人——假如他们企图利用德国在西线的麻烦——的能力变得远不那么乐观，甚至表示了怀疑。

冯·塞克特立即着手于这样一项任务：组织防御以防法国人为了分裂德国而向鲁尔区外推进。尽管德国人不会冒险在鲁尔区进行堂吉诃德式的防御，但他们愿意在国家的生存本身受到威胁时去战斗。非法存在的预备役人员和部队被训练和组织起来以补充 10 万国防军的战斗力。游击队也在训练之中。[24]在这些举措中都派得上用场的右翼民兵、退伍军人组织和“自由军团”(freikorps，由极端民族主义的退伍军人组成的独立武装团体)也成了接触对象。在国外的采购进一步补充了德国已拥有的大量非法武器储备。[25]最后，未雨绸缪的防御阵地在威悉河(Weser)沿线也建立起来。

这些行动都不表明，在冯·塞克特身上，有着对德国国防军在数量上的堪用程度或闪击战的可行性的任何幻想。相反，冯·塞克特在准备一场顽强的防御性和迟滞性行动，它由一支被非法扩充的军队与右翼狂热民族主义者的武装团体联合实施——人们可从身处德方困境的一个国家身上预见到这样一种威慑姿态。1923 年 1 月，冯·塞克特对美国大使清晰表达了其看法：“从多特蒙德到柏林的距离其实不长，但它是沿着血河前行。”[26]

不管德国的地理位置如何，均势理论似乎预言了某种防御性/威慑性学说，这不同于德国陆军所奉行的。但是，在不受制于文官监管的背景下，德国陆军选择了进攻性学说，这符合组织理论的预言。这表明，在解释国际政治体系并得出合理的学说方面，军人不比文官拥有更好的禀赋。但是，冯·塞克特在鲁尔危机中的谨慎举动表明了某种限度，组织性偏好不可能逾越它去克服一国在国际政治中的实力地位所处的严酷现实。

魏玛时期的整合

就魏玛时期的德国而言，整合问题难以探讨。一方面，可以说德国的战略是分裂的。德国总理（1923 年）和外交部长（1923—1929 年）古斯塔夫·斯特莱斯曼（Gustav Stresemann）追求通过与法国和英国的谈判来修正《凡尔赛和约》。冯·塞克特寻求通过对该和约的各种微细的和不那么微细的违反来直接予以修正。这些更露骨的违约行为妨碍了斯特莱斯曼的谈判。[27] 另一方面，一些历史学家比如戈登·克雷格（Gordon Craig）认为，即便在冯·塞克特于 1926 年退休前，德国的战略也是整合甚佳的。[28]

如何调和这两种立场？目标的一致看来最好不过地解释了政军当局之间合作的程度。冯·塞克特和斯特莱斯曼都一致认为，需要修改条约，恢复德国的军事实力，并最终与奥地利建立密切得多的关系。这种一致是德国虚弱的实力地位和《凡尔赛和约》所致。该和约的苛刻在一定程度上注定了政军双方在德国的首要政治目标即修约上的一致。由于该条约的条款给德国带来了如此高度的不安全，军方和政治家对于寻求修约同样是动力倍增。[29] 另外，可以说整合的程度不仅限于目标上的一致。德国政府不仅知晓国防军的违约之举，而且在盟国面前对其有所包庇和开脱。[30]

如果冯·塞克特的伎俩给斯特莱斯曼的对外政策添乱，斯特莱斯曼不仅容忍了它们，还替其辩护，这是为何？他的容忍可由国防军在国内的强势地位来解释。冯·塞克特有意识地培育了这种自治地位，部分地出于第二章所述的常规的组织动机，部分地由于他认同德国军方中极端保守的民族主义。但是，斯特莱斯曼看来除了容忍，还给予了某种勉强的支持。或许，对斯特莱斯曼来说，国防军看得着的军事实力是他与西方强国谈判时的一笔资产。

斯特莱斯曼对于军事力量在国际政治中的角色有着合理的尊重，而且希望看到德国军事力量的恢复。[31]他可能总是扭头指着某个德国军事强人说："情况可能更糟糕，你或许必须处置它。"这样一来，军队可能履行了某些第二章中所述的外交上的"权力度量"功能。确有证据表明，冯·塞克特本人早在1920年就意识到了该角色。[32]因此，共同的目标和某种相互依赖为战略上的整合提供了某个支点。但同时，冯·塞克特不愿让国防军受制于外来控制，并且仍在推行给斯特莱斯曼添乱的政策。文官对于德国陆军的工具性领域——它的学说、它的征兵事项、它的军备，以及它与国外武装力量的合作——的实际控制程度依然低下。情况在冯·塞克特于1926年退休后改善很多，但德国军事学说与该国的总体大战略依然仅有部分的整合。[33]

革新

一战后的国防军在多大程度上是革新性的？D.C.瓦特(D.C.Watt)指出，由于其战败，德国武装力量容易接受"任何给回归运动战和终结堑壕战尤其是避免多线作战带来希望的军事发展"[34]。这不是十分正确。

无论是对于闪电战的所用武器还是原则，一战后的国防军都没有起到引领作用。[35]而且，就坦克和战术轰炸机这样的新型武器受到的关注(由于《凡尔赛和约》对它们的禁令，它们诚然不可能颇受关注)而言，德国的规划者将其视为传统军备和战略的附属物。但是，对于修正前次战争的一些错误，有着相当多的有意之举。因此，我们可多少认可组织理论的两个假设。第一，失败可成为革新的起因，即便仅在有限的程度上。第二,存在着让新技术适应老学说而非推出全新学说去适应新技术的趋向,后者只是在后来才在希特勒或多或少的直接压力下实现。

业已指出的是,德国国防军在一战后重拾了它开战时秉承的进攻性学说。不过,也作出了一些变化。一类变化看来是对新技术的回应。另一类变化旨在规避现代火力对进攻造成的问题。

冯·塞克特迅速地认识到,摩托化运输(不是装甲作战车辆)为先前战争中面临的某些问题提供了一个解决之道。1914 年,德国陆军未能干预法国的动员,未能阻止法国预备役部队的重新部署,也未能预见步兵和马匹缺乏耐力以进行总参谋部设想的大规模合围作战。[36]冯·塞克特增加了对汽车运输的应用以改正这些问题。[37] 1921 年,德国陆军已使用摩托化步兵在荒野上进行演习。[38]陆军在民间运输公司的幌子下保有对汽车的非法储备。[39]汽车运输将被用来为机动性服务,这是旨在合围和歼灭敌人的大型机动的核心条件。后来,坦克也被赋予了在这类理念中的某个使命。但是,应将该构想与"闪电战"相区分。

冯·塞克特的第二个贡献是将一战中形成的攻击已备阵地的战术体系制度化。这些战术首先在东线使用,后来用在了卡波雷托(Caporetto),并在鲁登道夫的 1918 年春季西线攻势中达到了其顶峰。它们有时被称为"胡梯尔"(Hutier)战术,以据说是其发明者的人的名字(Oskar von Hutier)来命名,但更经常地被简称为"渗透"战术。

这些战术摒弃了西线攻击中司空见惯的长时间预备性炮击。取而代之的是短促而猛烈的集中炮击,紧随的是经过专门训练的步兵"突击部队"(storm troopers)的攻击。为了保证突然性,这些部队在尽可能晚的时候才部署到位。毒气弹和烟雾弹向对手的强点集中投放,装备有轻型突击炮、迫击炮、轻机枪和火焰喷射器的渗透性突击部队则绕开它们。炮兵的协同也得到很大的改善,该兵种的"灵活性"也是如此。在这种攻击中,所有兵种之间的合作至关重要。该战术体系造就了深度和宽度多达 40 英里的突破。[40]由于机动性的不足,该体系在 1918 年失败了。在缺乏机械化运输的情况下,渗透进去的突击部队无法得到加强或补充。冯·塞克特看来是希望,摩托化会通过某种方式应对该问题。

这些战术的发展是体现革新的一个案例。作为一个组织,德国陆军致力于进攻。在大概四年中,现代火力技术令它不能将进攻持续下去。它执着地(甚至是愚蠢地)试图绕开新技术。它最终获得了成功——尽管只是部分地,而且它是依靠新的战术体系而非新技术做到了这点。(协约国使用坦克而非新战术更成功地实现了同样的目的。)

这些战术在战后得到了改进和拓展。德国国防军部队受到了最严格的专业训练,大型野战演习和对小型作战单位的细致指导是合乎标准的,使用武器的效率和精准度也得到了强调。"就不同兵种之间的协同而言,这尤属实情。在1914年前,这在旧军队中没有得到应有的充分关注。"[41]团队协作是重视所在。在新战术体系中不可或缺的协同和合作所需的通讯手段得到了特别关注。简言之,冯·塞克特运用了一战中的教训来帮助改正德国陆军的战前弱点。[42]

这些变化是革新么?在我看来它们不是,尽管德国陆军愿意修补其基本军事手段中已察知的缺陷。该组织在一战中的失败,及其避免该失败重演的希望,可最好地解释该努力。但同时,变化受制于第二章中所述的组织性压力。德国学说的根本目标仍是歼灭敌军,所偏好的机动仍是单向或双向包抄。相比于20世纪30年代末作为一个竞争者在德国陆军内现身的闪电战学说,冯·塞克特的学说只是先于它的一个渐进性变化。

对于冯·塞克特的陆军所持的学说,技术有着复杂的影响。一方面,摩托化运输被认为减少了困扰广阔战线上的包抄性机动的一些后勤问题。另一方面,人们希望通过对一战中渗透战术的认真改进,包括对步兵、炮兵和攻击性工兵严格的兵种合成训练,能够规避现代武器的防御性作用。但是,这些战术在一战中只体现了部分的成功。

冯·塞克特将摩托化车辆用来为包抄战和战术革新服务,以促进对火力的克服。总体军事学说和基本军事目标及手段有变动,但少之又少。组织因素决定了战后德国革新的幅度和限度。

总结

德国的军事学说是进攻性的，与该国对外政策的整合薄弱，而且在一战后初期只具有一般意义上的革新性。组织因素最好地解释了这支陆军的学说。它们还解释了学说革新的幅度和限度。最后，从两者都追求同样目标——重整军备、收复失地和获得新领土——的角度讲，德国的军事学说与大战略是整合的。在部分程度上，该一致只是《凡尔赛和约》触犯德国民族主义的结果。但是，它也是对于一战的失败和该失败在凡尔赛的体现方式给德国带来的切身安全问题的回应。因此，体系因素尤其是德国与其对手之间的严重力量失衡，的确有助于解释德国大战略的整合程度。

但同时，对于实现对《凡尔赛和约》的颠覆，德国陆军对文官们的策略极不认可。德国的文职领导人，以古斯塔夫·斯特莱斯曼最为典型，更愿意通过渐进的外交方式进行修约。他要“教导”英法认识到，《凡尔赛和约》在本质上缺乏政治现实主义。军人们则没那么多耐心，而且不停地谋划着逃避该条约的解除武装条款，并保持军事力量以积极利用或应对欧洲政治体系中的任何突变。他们谈论着一场对抗性的而且激烈的游戏。在某种不易度量的程度上，军人们阻碍了文官们的政策，而它们在实现军人和文官的共同目标上最终证明了其效力。

希特勒时期的德国战略

希特勒的军事学说是进攻性的，与其对外政策相整合，而且是革新性的。希特勒的大战略与魏玛时期斯特莱斯曼和冯·塞克特所奉行的有很多相同之处。但就其时空维度而言，它是不同的。希特勒所要求的比他先前的那些人多得多。由希特勒决定的政治和军事事态的步调令人几乎不怀疑他也要求更快地得手。解释魏玛时期战略的很多因素同样可解释他对于一个总体上是进攻性的政治和军事战略的奉行。他致力于更广泛的征服并急欲实现之，这只能由他个人的心理特质来解释。一旦他业已置身于这种行动过程，他需要一种在细节上与其前任大为不同的军事学说。希特勒野心勃勃的设想，以及他在追逐它们时所处的国际政治环境，可最好地解释这些不同。对于将德国的军事学说与针对眼前任务的德国大战略相整合，政治、经济和军事上的革新必不可少。欧洲政治体系中的约束和刺激影响了这些变革的模式。就处于首要地位的德国陆军而言，这些变革是在面临着相左的组织偏好的背景下发生的。

体系性约束与希特勒的外交

在怎样的政治状况下，希特勒苦心地去恢复德国的军事力量，收回失地，吸纳说德语的新人口，并在苏联获取“生存空间”？第一，也是最明显的是，希特勒是在没有盟友的情况下启动了其计划。第二，由于凡尔赛的解决方案和德国的地理位置，德国面临着很多潜在的对手；针对它的潜在联盟可能是压倒性的。这些是约束，但也不无机会。

20 世纪 30 年代的欧洲是一个有着五个主要玩家的多极国际政治体系：英国、法国、德国、意大利和苏联。像西班牙、捷克斯洛伐克、波兰和罗马尼亚这样的较小国家都有着重要资源，这令它们成为比其幅员、人口或国民生产总值所体现的涵义更重要的玩家。大国和中等强国之间的差异不像今天那么巨大。这两类间的区别不是如此之大，以至于会防止中等强国给大国制造麻烦。这种局面或许给希特勒提供了机会，因为其主要对手或许暂时不得不将注意力转向别处。

根据均势意义上的论断（第二章），希特勒的外交和军事组织应受其外交孤立的影响。可以预见，他的政策会令他与其他强国相冲突。在这种冲突中，政治家需要有对权力和意志作竞争性展示的手段。对于同盟的运用和对于自身军事力量的运用通常可发挥该功能。希特勒没有强大的盟友，特别是在其行动的早期阶段。直到这场游戏的后期，他才成功地获得意大利对德奥合并（1938 年 3 月 11 日对奥地利的占领）的默许，这是墨索里尼曾长期反对的。这样，在推行其外交时，希特勒不得不对军事力量有着或许超出常规的依赖。这可能不是希特勒诉诸胁迫性外交的唯一原因。他的国内政治经验令他相信，可以胁迫对手向己屈服。德国历史学家和国防军总部战争日志的作者佩西·施拉姆(Percy Shramm)将此称为希特勒的“雪崩”理论，并指出希特勒认为在一开始就耀武扬威会令任何反对分崩离析。先前受害者的屈服会树立一个将被后来的受害者遵从的样板。小胜可带来大胜，对手们将随波逐流。[43]尽管该解释有其道理，人们也必须注意到，缺乏强大盟友的国家时常体现出这一强烈趋向：出于外交目的而倚仗耀武扬威。这种展示已成为战后美国外交的一个重要的附属品，并在以色列的行为中如此常见以至于成为了一种生存方式。

对军事力量的政治和外交性使用是希特勒战略的一个重要组成部分。德国重整军备的性质、对德国军事力量的实际运用，以及德国军事力量在组织上的变化都证明了以下假设：希特勒正在策划武装外交。

20世纪30年代德国重整军备计划的特点体现了对于强权形象的迷恋。[44]尽管德国经济在当时被广泛认为已为战争作了充分动员，到1938年，该国在防务上只花费了国内生产总值的18%，涨自前一年的9.6%。[45]在一定程度上，对德国已做好战争准备的误判出自德国对防务开支模式的蓄意决断。当时的德国最高统帅部经济和军备处(the Economics and Armaments Office of the German High Command)处长、德国军备扩张的重要参与者格奥尔格·托马斯(Georg Thomas)将军认为，德国的军事准备一直以“广度”而非“深度”意义上的重整军备为特点。[46]这意味着，希特勒所重视的是拥有对现成军备的大量储备，而非打造新的军备制造能力。[47]1936年制定的“四年计划”于1937年启动前，没有任何应对关键原料的短缺或为战争而增加总体工业能力的措施出台。[48]

“四年计划”是德国为某些进口原材料寻求替代品的第一个著名计划——生产合成油品和橡胶，并利用先前没有商业用途的低等级煤铁矿藏。这些项目不会在几年中表现出很好的收益。直至此时，针对德国或许无力在战争来临时赢得速胜的风险，储备稀缺的原材料是谨慎的应对之举。但迟至1939年8月，储备只够用三至六个月。希特勒对保持大量储备不感兴趣，他宁愿将进口的原材料尽可能快地转化为制成的军备。[49]

类似的是，对于让民用工厂可用于军工生产，人们未看到30年代的德国防务开支中有很大一块专用于此。比如，像英国的“影子工厂”——迅速地将某些汽车厂转至飞机生产的计划和方法——这样的东西看来压根未出现过。[50]所以，就分配于军事用途的资金而言，看来德国是重在建立有形的军事力量。该侧重造就了令人印象深刻的耀武扬威，这是长期性的恐吓行动的后盾。

希特勒自己尽可能地夸大已作好战争准备的表象。就德国的备战程度，他不断发出好战的论调。[51]重整军备的模式体现了对数量的迷恋，其他的军事考虑则被排除在外。面对着陆军的抵制，希特勒强行决定了德国陆军扩张的步伐。随着希特勒要求越来越多的师，陆军被迫急剧减少每支部队中专业骨干的数量，受损的则是质量。[52]希特勒的思维一直关注形象和外表。尽管将军们在重整军备中寻求“马掌钉”(horse-shoe nail)——重型炮兵、工兵、铁道兵和通讯部队，但希特勒要的是坦克和飞机。[53]

德国在空军上的重整军备反映了对于表象的关注。1935年时德国国防部长维尔纳·冯·勃洛姆堡(Werner von Blomberg)告诫下属：“为了在西方强国前尽可能地显得强有力，我们必须尽我们所能摆出武力强大的样子。”[54]这成了空军的政策。迟至1939年，当被告知弹药储量非常低时，希特勒反驳说：“没有人调查我是否有炸弹或弹药，重要的是飞机和火炮的数量。”[55]

对数量的迷恋是德国人在二战中没有可用的四引擎轰炸机的原因之一。当将资源转用于生产四引擎轰炸机——一个比生产两引擎飞机更困难和更需要资源的任务——被问及时，赫尔曼·戈林(Hermann Göring)回答道：“元首未问过我有什么类型的轰炸机，他只想知道有多少。”[56]对于表象的这种痴迷也体现在德国人的这一做法上：主要的飞机生产能力用在了成品飞机上，用于配件的则极少。这削弱了德国空军在较长时期内保持充分的战斗效能的能力。[57]简言之，希特勒似乎相信武力强大的形象与武力自身有着同样价值，并且为了最大限度地强化咄咄逼人的外表而忽视了重要的军事细节。

希特勒在德奥合并前和苏台德事件（见下文）期间的外交模式支持了这样一个假设：他依靠把玩军事力量来服务于胁迫性目的——要显示德国的能力和意志。

到1938年2月初，国外潜在对手相互间的困惑、国内权力的巩固、奥地利纳粹党不断上升的规模和影响，以及奥地利警察对于要公开发动纳粹叛乱的阴谋的察觉，令希特勒相信侵犯奥地利独立的时机已经到来。[58]2月11日，在与奥地利总理库尔特·冯·许士尼格（Kurt von Schuschnigg）的一次私人谈话中，希特勒提出了将奥地利置于德国的完全控制之下的条款。恐吓行动已经开启，希特勒有意识地让他的“两位面相最冷酷的将领”在场。[59]许士尼格用这种协定须由奥地利总统签署的法律观点去尽力搪塞希特勒。希特勒也放缓了态度，给了奥地利人四天时间。[60]

2月13日，威尔海姆·凯特尔（Wilhelm Keitel）将军告诉约德尔（Jodl）将军和卡纳里斯（Canaris）海军上将：“元首命令的大意是，通过假装要采取军事行动而将军事压力保持至15号。”[61]关于这种策略的建议已在前日被提交给希特勒并得到批准。其中并无很多真正的备战之举，尽管在边境附近有部队调动和飞行训练。[62]还安排有虚假的无线通讯，蓄意捏造的关于军事准备的假消息也通过奥地利境内的代理人和边境上的报关代理人而传播开来。约德尔的日记表明，这些策略的效力足以令奥地利人相信德国“正在进行认真的军事准备”[63]。

奥地利总统威尔海姆·米克拉斯（Wilheim Miklas）在2月15日屈服了，希特勒提出的奥地利纳粹党在政治活动上不受限制的要求也于2月18日被接受。随着该协议的全部涵义变得一览无遗，许士尼格开始反击，下令于3月13日就奥地利的独立进行全民公投。希特勒随之选择了军事行动。

3 月 11 日，希特勒下达了命令。在刚被告之需要采取军事行动时，陆军总司令海因里希·冯·勃劳希奇(Heinrich von Brauchitsch)提出陆军尚未准备好立即入侵奥地利。[64]但到 3 月 10 日晚 6 点 30 分，参照过时的“奥托计划”(Case Otto)(这是总参谋部旧有的一个应急计划，要在哈布斯堡王朝的复辟之举出现时对奥地利采取行动)，方案已临时拟就。随着德国入侵部署的展开，许士尼格屈服于德国的压力，放弃了全民公投，并辞去了职务——这有利于奥地利纳粹党人阿图尔·冯·赛斯-英夸特(Artur von Seyss-Inquart)。接着，德国人占领了这个国家。

奥地利事件反映了三个重要情况。第一，希特勒显然的确是出于外交目的而利用了军事力量。第二，直至这场游戏的后期，他看来不认为有必要发动真正的入侵，因为不存在对于这种入侵的规划。第三，陆军自身没有考虑过这种行动，对于为满足希特勒的政治需要而突然临时应对是措手不及的。

希特勒吞并苏台德地区的举动是他利用军事力量支持外交的又一例证。与奥地利事件不同，另有证据表明，如果威吓无效，希特勒要入侵捷克斯洛伐克。1938 年 5 月，面对着德国人在进行动员的传言，捷克人也动员起来，并得到了法国和英国的有力外交支持。[65]实则未作动员的德国减少了它对捷克斯洛伐克的外交压力。但是，希特勒下令修改陆军现有的对捷克人的作战计划。原有的计划主张，在捷克斯洛伐克国内出现冲突，或欧洲其他地方出现纷争并牵制了捷克斯洛伐克的保证国的军队时，去发动一场机会主义的进攻。新计划是基于希特勒所宣布的“在不久的将来以军事行动粉碎捷克斯洛伐克的不可动摇的决定”[66]。根据凯特尔签署的一份秘密信件，这个不久的将来指的是 1938 年 10 月 1 日。[67]

我们无法判断希特勒是否的确将于 10 月为了捷克斯洛伐克而走向战争。我们确实知道他在为所欲为；而且，对军事能力的胁迫性使用便于他如此行事。两份文件证据支持了希特勒有意于此的论点。“绿色计划”(Fall Green)即入侵计划中有一段谈到了入侵的事先准备:“b.宣传战一方面必须借助威胁去恐吓捷克人,并消磨其抵抗力。”[68]该文件意味着,希特勒希望通过某种方式去欺凌捷克人。曼施泰因将军在捷克危机中写给路德维希·贝克(Ludwig Beck)将军的一封信表明,将领们知晓希特勒的胁迫战略:“如我所见,在我们的处境中,我们只有要么靠政治压力,要么靠军事突袭才可成功。如果有人将两者混用,军事突袭将屈从于政治压力。”[69]简言之,如果过于磨刀霍霍,捷克人及其盟友或许会拔出自己的刀剑,这就断绝了德国发动突然袭击的希望。“绿色计划”的成功取决于该袭击。因此,必须认真协调部队的调动和其他的军事准备,以表明德国的意志,但同时又不会促动对手的动员。大体而言,德国人如愿以偿了。

有哪些举动呢?5月底,先前已下令实施的军事扩充开始了全面加速。要求立即完成西部边境上的筑垒的命令被下发了,定于秋天实施的部队调动被提前到了夏天。[70]英国观察家早在7月初就获得了关于这一非常举动的证据,但未有警觉。7月30日发布的禁止所有武官进入边境地区的禁令被看成更具昭示意义。[71]尽管该举措对于掩饰德国备战的细节无疑是必要的,但它的确也向德国的对手们发出了信号。

8月3日,驻柏林的英国武官梅森·迈克法兰(Mason MacFarlane)上校报告说,德国已计划在9月8日进行试验性动员。而且,很多在10月1日将要退役的军人也被宣布将在军中另留一月。该武官认为这些决定是“最具危险和挑衅性的”[72]。在英国大使尼维尔·亨德森(Nevile Henderson)看来,假如德国人一直专注于军事突袭,他们可以更卖力地予以掩饰。相反,他将该行动看成“旨在不通过战争而实现德国目标的虚张声势……是一个促使陛下的政府向贝奈斯(Benes,捷克斯洛伐克总统)施压,并促使后者小心自身举动的警告”[73]。但到了次日,亨德森大使也开始对希特勒的行动更加关切了。[74]

到8月17日,迈克法兰告诉英国外交部,德国人的“试验性”动员包括了比已经报告的大规模调动更多的部队调动。而且,他指出:"西部防御工事的建设正以几乎火一般的速度在推进"[75]。8月15日,希特勒描绘了所希望的这些行动对捷克人的影响:"想一想,看到你的邻居磨刀霍霍了三个月,必有怎样的感受?"[76]到8月底,这些各种各样的伎俩对法国和英国产生了类似影响。在所署日期为8月30日的发自驻巴黎大使馆的一份急件中,哈利法克斯(Halifax,外交大臣)被告知,法国陆军的情报首脑完全相信,德国正处于总动员状态。[77]

这种模式又持续了一个月。到9月27日,英国驻德大使确信,如果捷克人不立即屈服,德国人将会入侵。[78]英国人有十足理由得出该结论,因为希特勒已于9月27日下午1点命令21个团(7个师)的攻击部队从其训练地向出发位置进发。他们将被如此部署"以备行动,以至于针对'绿方'的作战可能从9月1日开始,该决定在昨天正午12点已经作出"[79]。"可能"这个词值得注意。有理由猜想,希特勒仍然希望其目标能够不通过战争而实现。

这种军事动员和威胁背景对9月15日在慕尼黑开始的谈判投下了阴影。它们先前已被载入史册。重要之处在于,它们是在这样的一个环境下进行的:有明显和可信的证据表明德国人决心实施对捷克斯洛伐克的入侵,并在必要时猛然引发另一场在欧洲的全面战火。

最后,德国军事组织的两个结构性变化——一个是希特勒行为的直接结果,第二个是其行为的间接结果——支持了这样一个假设:希特勒正以与准备赤裸裸的军事侵略同样的力度在进行"武装外交"。

第一个发生于1938年2月4日——也许稍先于前述的事件,而非同时发生。当天,希特勒用"国防军最高统帅部"(the Oberkommando der Wehrmacht, OKW)替代了德国陆军部。OKW是一个真正的军事总部,拥有一个能够筹划军事作战的真正的参谋部。理论上,它是一个将协调陆、海、空三军行动的首要的规划和指挥组织。从那天开始,希特勒将对三个军种行使直接指挥,不是作为一位文官而是作为一位军事长官。[80]对于他所采取的那种类型的政治—军事行动,直接指挥和从属个人的作战参谋部将造就最大限度的个人控制。[81]

后一个结构性变化出现在陆军的动员制度上。这是对希特勒的奥地利和捷克行动的一个回应。在两个事件中,陆军都被迫采取困难的临时应对措施,以提供希特勒为其胁迫性行动所要求的力量。对这些行动不得不严肃对待,因为它们可能导致战争。德国陆军的指挥官永远不能断定武装外交可能持续多久,或是战争何时可能开始。陆军参谋长弗兰茨·哈尔德(Franz Halder)将军将整个1938年花在了筹划更适应希特勒政策的新的组织架构上。1938年12月,新的方案被采用了。[82]

该制度将德国陆军设为四波。第一波和第二波的51个师全由现役或刚退役的军人组成,能够在四天内投入使用。另两波在四周到八周内则不会就位。[83]该制度赋予了德国相对于其他欧洲强国的某种优势。尽管德国的总动员需要与其他国家的总动员一样长的时间,但对于50个左右精锐师的部分动员则几乎可以迅速完成。[84]陆军如今可更好地应对希特勒的古怪外交,不必为了胁迫性的耀武扬威或突然袭击而应急。而且,“陆军成为了特别适用于迅速的领土侵略的一个工具”[85]。简言之,在预防性战争方面,德国现在多少拥有了内在优势。

总之,德国战争经济的安排、希特勒外交行动的性质及其武装力量的结构,都体现了多少是蓄意的根据外交用途去调整军事力量的尝试。这不是说实际动武被排除在外了。不过,他显然十分乐于不通过战争而实现其目标。尽管希特勒的扩张主义政策及其自产的“雪崩”理论可以部分地解释该“武装外交”,我的判断是其孤立的外交处境也有助于解释其行为。[86]

希特勒军事学说的特殊性质为组织理论提供了一个验证。他的军事顾问没有很好地接受希特勒重整军备、外交和“重组”国防军的路数。陆军的动员问题专家托马斯将军更希望深度动员,陆军的长官们更希望强调军事力量的传统“马掌钉”。各军事组织力求通过集聚它们偏好的各种物力的大量储备,去减少不确定性。

陆军的领导人对胁迫性外交感到不适，而且大多反对建立国防军最高统帅部。组织理论预言了这种抵制。胁迫性外交要冒丧失突然性的风险，并给予了敌人准备防御的时间。它提高了军事组织面临的不确定性的程度。国防军最高统帅部严重践踏了陆军在军事行动上的自治性，使希特勒得以强力干涉陆军事务——不确定性的另一源泉。尽管存在着组织性偏好，希特勒在所有这些问题上都获胜了。

在解释这些变化时，难以将希特勒的专制与体系性约束和刺激分离开来。两者都是比组织动力更强劲的影响因素。只有从比较的角度，人们才可望滤出希特勒的专制的某些影响。比如，尽管遭到了职业军人的抵制，其他民主国家既实施了胁迫性外交，也干预了军方的作战事务。美国国防部长詹姆斯·施莱辛格对于核打击目标所采用的"灵活选择"不受美国空军的欢迎。这些小股武器将在对抗中象征性地向苏联挥舞，甚至可能被使用。军人们抵制这样的选择，而是更偏好很大规模的"反力量"攻击。类似的是，美国空军坚决反对林登·约翰逊(Lyndon Johnson)总统在对北越的"滚雷行动"(Rolling Thunder)中的胁迫性轰炸战略，以及对军事行动严密的政治控制。在两个案例中，文官们都得到了他们所要的很多东西，尽管不是全部。[87]

体系性约束与进攻

希特勒受制于与其对立的联盟的潜在规模。德国边界上的各国都各有所虑，它们对此心知肚明。希特勒没有多少潜在的盟友。如果他不小心谨慎，他可能最终将寡不敌众。他对于该制约的认知可解释德国军事能力的两个方面。第一，如我们已指出的，他最终被迫以一支明显乏力的海军去对付英国。第二，其陆军的学说逐渐聚焦于带来速胜希望的某种战争方式。第一个特征出自希特勒的这样一个目标：要削弱与其对立的潜在联盟在和平时期的团结。第二个出自该期望：在战争来临时，要逐个地击败该联盟的成员。

希特勒对外政策的研究者一致认为，直至对波兰的保证出台前，他希望不借助战争就让英国顺应他的东欧政策。[88]希特勒也许实际上是希望,可设法让英国放弃其传统的大陆均势政策。不过,他在希望之余有着更多动作。根据德方文献和战犯法庭上的证言,F. H. 辛斯利(F. H. Hinsley)颇有说服力地指出,希特勒向英国献上1935年的海军条约是希望赢得英国的友谊。埃里希·雷德尔(Erich Raeder)海军上将不认可该政策,但希特勒将其观点强行贯彻下去。希特勒一直遵守了该条约,直至英国在慕尼黑协定后对他的计划发起了大规模抵制。[89]

辛斯利未能指出的是,尽管希特勒没有实现其所有目标,但英国人对于巩固他们与法国的同盟并准备大陆战争十分迟缓。通过避免与英国的全面海军军备竞赛,希特勒为其东方计划更好地巩固了"后方"。如前章所述,英德海军协定具有在法英间插入楔子的直接后果。英国或许比法国多出些许的安全感,从而不那么愿意奉行反德政策。希特勒给自己挣得了一个"机会之窗",即便他尚未赢得英国的长期友谊。希特勒可能不是在追求这种较低的目标,但追求更大目标在一定程度上离不开它的实现。

对军事行动的速度的强调是希特勒对于欧洲政治体系的约束的第二个回应,这将造就被称为闪电战的那种军事行动。在该时期的文献证据中,我们看到了对速度的强调。而且,理由是显而易见的。作战必须迅速结束,以防止其他强国的干预,或在其发生时应对该干预。德国不得不避免一战中多线消耗战经历的重演。[90]

对于这种对速度的需要和其中的原因,1937年11月5日在希特勒召开的一次会议上发布的霍斯巴赫备忘录(Hossbach Memorandum)有着很多论及:

> 德国的问题只能通过武力来解决,而这从来不会没有相应的风险。腓特烈大帝围绕西里西亚的战役和俾斯麦对奥地利和法国的战争曾有着不为人知的风险,**普鲁士的1870年行动的迅捷使奥地利没有参战**。[91](强调之处为我所示)

希特勒继而指出,对奥地利和捷克斯洛伐克的军事行动的速度将决定其他强国的态度：

> 我方行动的突然和迅捷程度是影响波兰态度的决定性因素。波兰——它背后有苏联——将没有多少意愿去与胜利者德国开战。必须以我方作战的迅捷去应对苏联的军事干预……[92]

希特勒的外交部长约阿希姆·冯·里宾特洛甫(Joachim von Ribbentrop)认同希特勒的看法，并将其引申到了西方强国身上：

> 在这种情形下，假如没有英国，法国将几乎没有胆量去独自猛攻德国的西部工事。就此来讲，在我看来，使这类冲突……将以胜利告终的速度将是决定性的。在迅速告捷的情况下，我坚信西方不会干预。但是，延续时间更长可能使敌国认为德国军队确实被高估了，从而令西方强国的干预更加可能。[93]

大致三个月后，在 1938 年 3 月 10 日，这位外长在一份备忘录中重申了这些观点。[94]

希特勒就入侵捷克斯洛伐克的“绿色计划”所发布的指令强调了速度对于显示捷克人的“无望”处境的重要性。[95]希特勒显然希望，迅速的胜利将打消西方盟国的参战念头。冯·曼施泰因的信件体现了他对希特勒意图的理解。他担心希特勒的胁迫性外交可能妨害德方的突袭，并提醒贝克：“鉴于政治风险，迅速的成功看来是必要的。”[96]他接着细述了德国在所有战线上的军事弱点。我们会看到，希特勒对速度的迷恋如何最终被转换到国防军的学说中。

机会与进攻

尽管国际政治体系对希特勒的行为施加了约束，但它也提供了机会。希特勒认识到，除了德国所带来的问题，他原来的敌人面临着更多的安全问题。他相信这些问题可为德国的侵略提供机会。已描述的德国大战略的很多特点助长了机会主义的侵略政策。

强调广度的军备措施，即为了战争而对德国经济进行长期而局部的动员，符合机会主义的政策。一方面，它为希特勒提供了大量随时可用的军事力量。另一方面，相对于全面的经济动员，局部动员可以无限地维持下去。如果希特勒确切地知晓他将何时动手，那么他为了战争而动员整个经济将是明智的。如果他认为其侵略要视其他地方的不测事态而定，那么他需要可保持至良机出现之际的军事能力。

军事指挥关系的变化（尤其是国防军最高统帅部的建立）和波浪式动员制度的出现也符合机会主义的侵略政策。对于利用突发并可能转瞬即逝的政治机会，这些结构性变化赋予了希特勒必要的灵活性。最后，对于军事行动速度的强调符合希特勒谋求利用政治机会的假设。如果英国、法国或苏联被牵制在其他地方的一场冲突中，该冲突的持续时间不可预测。希特勒必将迅速地利用这种局势，以防止对手将注意力重新转到德国身上。

霍斯巴赫备忘录体现了希特勒认为机会将会出现的信念。希特勒断言，如果法国“卷入了与另一个国家的战争”，德国可有条件对奥地利和捷克斯洛伐克采取行动。他指出，波兰可能不会干预，因为它“背后有苏联”。由于“日本的态度”，他看轻苏联干预的可能。希特勒认为有法国参加的在其他地方的战争“肯定正越来越近；它或许发端于地中海地区的当前紧张局势，而且他（希特勒）决心利用它，无论它何时发生，即便早在 1938 年”[97]。希特勒强调了漫长的西班牙内战的价值，指出它可能将法国和英国拖入与意大利的战争。要记住的是，希特勒尽其所能要把这场战争拖延下去。他宣称，德国可支持意大利的战争行动，如果它将遭到英、法的攻击；这会牵制它们的力量。希特勒要求“利用这种不会再次出现的有利局势，展开并完成对捷克人的行动。对捷克人的突袭必须以‘闪电般的速度’去实现”[98]。

这不仅仅是说说而已，它是希特勒的行事方式。诺尔曼·里奇(Norman Rich)指出，意大利在埃塞俄比亚的行动，以及由此促发的盟国的反应，为希特勒对莱茵兰的重新军事化提供了刺激。[99]其实，里奇对希特勒侵略的历史记述点出了德国战略中对于战略机遇的某种总体性的敏感。迄今所述的这种机会主义是更为抽象的“预防性行为”类型——在军事力量的一个显然是暂时性的优势消失前对它加以利用——的一个例证。我们发现,希特勒不断谈到对德国军事力量的暂时优势的利用,其产生原因是其他不测对对手力量的分散,某个特定对手的暂时中立,或德国在军备生产上确实存在但不断缩小的领先地位。我们还发现,希特勒不停地进行着对各国的"先发制人"入侵,理由是:由此获得的资源——假如英、法方面先得手——将明显增强英、法方面的军事力量,但假如他先得手,也会明显增强他的力量。[100] 人们或许补充说,这种估算在核武器出现前的时代屡见不鲜,而且在很多情况下是准确无误的。

军事学说的革新:闪电战及其起源

迄今,我已围绕着德国探讨了体系性约束和刺激,以及它们对于希特勒的军事学说的总体影响。这些体系因素在多大程度上实际体现在国防军学说的细节中,并且是借助怎样的影响机制?

希特勒在军事行动中优先追求的是速度。他还寻求夸大他国观感中的德国军事力量。通过"闪电战",他成功地做到了这两点。在波兰、低地国家和法国,希特勒凭着惊人的速度获得了胜利。不了解其手段者趋于将这些胜利归因于他其实不具备的数量优势。

什么是闪电战?它与德国陆军在魏玛时期形成的战略有何不同?它由何而来?对前两个问题我将予以简述,对第三个问题则要详述之。

第三章对闪电战学说作了总结。[101] 闪电战攻击的焦点是它与众不同的特征。这种作战直接瞄准敌人的指挥、控制、通讯和情报机能(command, control, communication and intelligence, C^3I)。今天,当战略家们谈论 C^3I 时,他们通常谈论的是通讯和监控硬件。但在 20 世纪 30 年代,攻击 C^3I 指的是攻击敌方军事组织中的特定部分——说得形象些,即它的大脑和循环系统。

就作战而言,闪电战旨在尽可能迅速突破敌方防线并渗入其后方地带。机械化部队的速度将造成多处进攻的幻象,让敌方的情报系统被淹没在各种报告中。进攻方力量将凭借它们的真实存在，扰乱敌人后方的信息、人员和装备的传输。空中力量将重在摧毁敌人后方较深处的关键的指挥和交通节点。该协同旨在造成敌方作战组织的混乱和崩溃，使得不必一点点地去击败它。同时，闪电战的攻击力量以在混乱环境中有效地发挥作用为目的。决策权将被分散给推进中的先头部队的指挥官。这些先头部队将拥有密集而且富余的通讯能力。这些先头部队被大量赋予了与其一体的侦察要素。这样，随着敌方的 C^3I 被压制，一方自身的高效 C^3I 将在多变而混乱的环境中提供越来越多的军事优势。我相信，对于现代以色列的装甲学说以及 1939 年和 1940 年的德国学说，这种描述同样地恰如其分。

理论家或许觉得，上述攻击模式其实取代了对围歼战的需求，这是德国军事战略长期所青睐的。实际上，这不是实情。对于敌方 C^3I 的攻击即闪电战，为实现围歼战提供了一种高级、低成本和快速的方式。值得指出的是，这种对敌方指挥机构的纯粹攻击原是英国人的主意，最有可能是 J.F.C.富勒（J.F.C.Fuller）将军的发明。[102] 不清楚的是，德国闪电战之父海因茨・古德里安——尽管是所有的英国早期装甲理论家的学生——是否确实认为装甲攻击主要是针对 C^3I。作为一名信号兵军官，他肯定认识到了扰乱敌人对其组织的控制能力的价值。但人们怀疑，古德里安是否相信他可完全回避对围歼战的需求。比如，在低地国家的战役——或许是最成功的闪电战行动——的结局是，盟军被部分地合围，他们背临英吉利海峡，遭受着可怕的空袭和炮击。不过，人们必会有此结论：强调攻击敌方大脑即 C^3I 是使闪电战根本不同于早先德国军事战略的特征。

尽管上述描述最好不过地描述了专家对闪电战的印象，但这个词给普通人的印象是坦克和飞机的洪流。普通人的这种印象部分正确。对于渗透并扰乱敌人的后方，飞机和装甲车辆的确提供了至关重要的机动和受防护的火力。对于步兵——使用的是一战中渗透战术的明显改进版——以及部署于战场最前线的快速和平射的反坦克炮和高射炮的关键角色,认识上则没那么到位。在对于敌人后方地带的初期渗透中,渗透性的步兵扮演了关键角色。提供直接火力的快速反坦克炮和高射炮为这些攻击提供了关键支持——压制敌方强点的火力。防空火炮还为地面部队提供了些许空防,使战斗机可以更自如地去集中对付关键目标。相互协同的步兵、反坦克炮和高射炮还会跟在坦克后面去保护其交通线,并对付坦克绕过的或正在阻遏坦克前进的强点。如同一战中形成的渗透战术,以及冯·塞克特随后对这些战术的完善,地面和空中的所有兵种的合作和相互支持在闪电战中扮演了关键角色。

闪电战的研究者已指出,整个这样的攻击方式看来就是被提升至战役层次(作战层次)、并由坦克、飞机和机械化步兵执行的胡提尔式渗透(Hutier-infiltration)战术。后勤的摩托化会解决在一战中困扰“胡提尔战术”的供应问题。鉴于该相似性,以及闪电战对于决定性的进攻作战的强调,人们不由要把该战略描绘成德国传统军事战略合乎逻辑的渐进发展。如果“应该”有某支军队已掌握这种革新性学说,德国陆军应该已经做到了这点。这在某种程度上是事实。甚至,在一战期间和战后初期率先推出装甲战术的英国人都未获得最终由德国人得出的那种“感受”。但是,若猜想闪电战是在两次世界大战之间的德国军队身上自然生成的,这是一个错误。这些变化没有得到职业军人的热情欢迎。尽管人们不能说希特勒“发明了”闪电战,也不能说整个德国陆军曾经无保留地采用它,但希特勒的干预的确看来推动了所达成的明显进展。

闪电战的早期发展和阻力

对于坦克和机械化战争的首次全面思考始于 20 世纪 20 年代,体现在时为上尉、后为将军的海因茨·古德里安身上。1922 年,古德里安成为了摩托化运输部队总监的参谋长。三个情况不无意义:古德里安来自一个“耶格”(Jaeger,指轻步兵)团;他曾是一个通讯专家;他对于当时仅被看成后勤手段的摩托化交通一无所知。[103]第一个情况的意义在于，早在18世纪，“轻步兵”专长于快速机动。利德尔·哈特提醒我们：“高机动性装甲战在英国的三个最早的先知出自轻步兵或来复枪团。”[104]第二个情况的重要性在于，通讯在闪电战中扮演着既是手段又是目的的关键角色。第三个情况的重要性在于，古德里安是在头脑尚是一张白纸时来到这支“服务性”兵种的。而且，摩托化运输部队是一个新生兵种，并且像多数羽翼未丰的兵种一样，急于强化其角色。古德里安的独特背景令他得以看到这支新兵种的军事潜力。他是在合适时间处于合适位置的合适人选。

对于20世纪20年代英国的装甲战试验，古德里安予以了认真观察。英国人曾在战后建立了一支“皇家坦克团”以进行坦克试验。古德里安研读了英国装甲战理论家先驱B.H.利德尔·哈特(B.H.Liddell-Hart)和J.F.C.富勒的概念性著作。他还研读了他们关于英国人的早期试验的报告。[105]到1924年，他已在对机动战发表演讲了。

1929年，古德里安成为了一个摩托化营(700或800人)的指挥官。它由一个侦察连、一个摩托车连、一个“假”坦克连和一个“假”反坦克连组成。[106]同时，对于坦克的悄悄和有限的研发也在进行。克虏伯(Krupp)军火公司受邀提供了一些试验性的模型。(要记住，它们依然是被《凡尔赛和约》禁止的。)苏联红军提供了一些秘密的试验设施，这是冯·塞克特培育的特殊关系的一部分。由于该条约的解除武装规定禁止拥有坦克，德国国内的很多工作是在装甲汽车和其他的轮式越野车辆上进行的。[107]

人们或许本会认为这是一个有好兆头的开端。在一个对革新有兴趣的次级组织的保护下，古德里安成功地建立了摩托化作战部队。[108]他根据在整个德国陆军中获得广泛接受的战术学说，建起了这些部队。[109]随着古德里安开始与德国陆军的其他部门发生冲突，接下来的步骤将更加困难。

麻烦甚至存在于摩托化运输部队的内部，古德里安谈到了他在1929年的试验：

其实，运输部队总监对于该新部队的信心是如此之少，以至于他禁止我们与驻扎该地的其他营进行联合演习。当我们所属的第三师进行演习时，我们不被允许在排级以上的部队中使用。[110]

古德里安抱怨说，无人相信“只是服务性部队的摩托化部队最终能够在战术甚至战役领域提供富有成效的新设想”[111]。如人所料，骑兵成为了主要的反对者。他们一开始将轻型的侦察角色让给了摩托化部队，后来又把它夺了回去。[112]

对于古德里安的思想在二战前遭到抵制的程度，在很多二战时期的德国装甲专家身上有据可查。1936 年在西班牙指挥德国坦克的威尔海姆·冯·托马(Wilheim von Thoma)将军在战后向利德尔·哈特诉说了“德国陆军的较高级将领的抵制”。“老一辈人担心这种力量的快速发展——因为他们自己不懂装甲战的技巧，而且对这种新手段感到不适。”[113]“沙漠之狐”埃尔文·隆美尔(Erwin Rommel)将军在 1944 年自杀前曾写道：“有一个特殊的派别仍在激烈地对抗任何对战法的激进现代化，并死抱着步兵须被看成任何陆军的最重要组成的信条。”[114]（要记住，隆美尔是作为一位步兵理论家而缔造其战前声誉的。）战争后期德国最出色的装甲战术家之一哈佐·冯·曼托菲尔(Hasso von Manteuffel)称，对于推进坦克事业和后来成为闪电战的特殊战术，古德里安在 30 年代几乎是孤家寡人。[115]

在《德国陆军：1933—1945》中，马修·库珀(Matthew Cooper)记录了装甲战支持者的计划被最高统帅部颠覆的不同方式。步兵、炮兵和骑兵这些较老兵种的军官趋于形成互相保护的群体——将他们的同仁提拔到更高级别上。陆军的正式操典将装甲理论家拒之门外。稀缺的坦克、半履带车辆和卡车从古德里安所心仪的、奉行兵种协同的装甲师中被转给了骑兵和步兵。最后，最高统帅部采取了拜占庭式手法，旨在将古德里安和其他的装甲支持者调换到无关痛痒和没有实权的岗位上。古德里安曾在 1939 年被选定为一支预备役步兵部队的指挥官。[116]库珀的结论是——我觉得不正确——“古德里安及其支持者失败了，军事当局获胜了”[117]。

对于革新的上述抵抗正是组织理论预言（见第二章）的那种情形。但我们知道，一些非同寻常的情形发生在1939年至1940年的欧洲战场上。1940年，德国倚仗着10个古德里安式的奉行兵种协同的装甲师——当时无论在何处都是所能见到的最大和组建得最好的集中了机械化作战力量的部队，侵入了低地国家。与欧洲的其他陆军相比，德国陆军颇具革新性。闪电战的发展为何走得如现实中那么远？

希特勒在闪电战发展中的角色

历史学家一致认为，对于帮助闪电战的倡导者克服组织性抵制，希特勒扮演了重要角色。（值得指出的是，闪电战这个词迟至1939年才被使用，而且似乎不是德国人发明的。德国人出于宣传目的使用了该词汇。）[118]没有多少直接证据支持以下论点：希特勒对于古德里安的思想有细致的了解，或者说他全心全意地拥护它们，并将其强加给了德国陆军。但是，可以找到的一丁点证据的确表明，希特勒对于遭到传统派抵制的装甲战提供了关键的政治支持。

古德里安的回忆录记载了他让希特勒见识装甲战的首个机会。尽管古德里安称其发生在1933年，但他人猜想希特勒在1935年2月才首次见到坦克的作战行动。[119]古德里安评论说：“希特勒对于我们部队行进的速度和精确度印象颇深，并不断说道：‘这是我要的东西，这是我要拥有的东西！’”[120]尽管我们对于希特勒在此次展示后予以了古德里安哪些支持没有多少具体证据，但普遍的看法是他成为了一个装甲战皈依者。[121]

希特勒的兴趣和支持如何变成了军事决定？第一，我们知道希特勒喜欢闪电战的装备——坦克、飞机和其他履带式车辆。如前所述，这部分地出自他指望在国外树立一个生猛形象。但这可能也是事实：希特勒实际上最终相信了这些武器的军事效力。尽管有来自陆军最高统帅部的抵制，但希特勒强令采用这些武器。[122]国防军的战时生产专家格奥尔格·托马斯将军说道："希特勒对于拥有大量的重型火炮、众多的机械化武器和反坦克武器颇为重视。直至波兰战役获胜，坦克的重大意义才被承认。"[123]这支持了这位独裁者青睐现代武器的假设，但不表明他给予了装甲战某些特别的支持。（托马斯在希特勒与重型火炮关系的问题上认识有误。德国陆军没有多少重型火炮，即便其长官们需要它。）因此，难以得出以下结论：希特勒是皈依于古德里安思想本身。但是，我们可得出此结论：对于让闪电战的机械部件得以到位，他发挥了影响。他或许在现代武器中发觉了速胜的工具，即便他不十分了解其使用"方式"。权衡来看，对于二战最初三年中德国作战行动的成功，希特勒对军事生产事务的干预极其重要。

希特勒对装甲作战的了解如何？证据还是贫乏的。在1938年末，希特勒据称曾对古德里安说："我们将共同看到必要的现代化得以实现。"历史学家马修·库珀指出，希特勒实际上没有提供所允诺的帮助。[124]另外，表明希特勒受到装甲理论家影响的间接证据很多。希特勒看似对古德里安的事业有一种个人兴趣。[125]其实，希特勒和古德里安时常在社交场合谋面。古德里安不可能不利用这些机会提出其思想。而且，在希特勒的早期冒险中——在奥地利、捷克斯洛伐克甚至波兰，古德里安一直通过某种方式扮演着突出角色。[126]简言之，难以相信古德里安的思想不为希特勒所知，或它未得到积极回应。尽管对波兰的进攻确实不是一场纯粹的闪电战，但同时非同寻常的是，如它们所做的那样，装甲和空军部队发挥了重大作用。在希特勒的支持下，这些兵种在德国军队中拼得了一个令人尊敬的尽管不是统治性的地位。尽管波兰战役是一场传统的德国双向包抄战，参战的空军和装甲力量在很多情况下成功地将其注意力对准了敌人的C^3I——波兰军队的大脑和循环系统。

在波兰被征服后，关于希特勒对闪电战的认识的一个清晰证据出现了。1939年10月10日，希特勒指令军方领导人着手筹划在西方的进攻。在"第六号指令"中，他谈到了在波兰的经验带来的使用坦克和飞机的新战术。希特勒谈到了绕开城镇和军事强点、集中力量于决定性地点、保持进攻势头并随机应变的必要性。[127] 人们会怀疑,希特勒不经古德里安的先前开导就可如此快地得出这些"教益"。

我们要从该证据中得出什么?我们知道,希特勒将速度置于了军事行动中的优先地位。我们知道,古德里安为速度带来了希望。我们知道,装甲理论家的思想在德国陆军内部遭到了反对。我们知道,德国陆军比当时世界上的任何其他陆军都更多地采用了这些思想。希特勒在闪电战必需的地面和空中装备上的干预是显而易见的,他对古德里安的事业的个人支持是显而易见的。他阐述了与古德里安的思想类似——即便更简单——的观点,这有案可查。最后,如第三章所述,希特勒是最终于 1940 年 5 月实施的"战役计划"(the Campaign Plan)——通常被一致视为闪电战的完美体现——的最早推动者之一,即便不是原创者之一。在我看来,对于德国国防军实现可称为闪电战的学说革新,希特勒的干预是决定性的。若无他的干预,正常的组织动力看来有可能会是决定性的,在 1939 年去指挥步兵部队很可能是古德里安的结局。他的思想将被压制,而德国陆军将本着一项传统得多的学说进入二战。尽管人们几乎不会怀疑德国国防军无论如何都会击败波兰人,但假如古德里安和德国陆军中其他的机械化战争开拓者没有得到希特勒的支持,在低地国家的情形或许的确将显得大为不同。

德国空军与闪电战

我只是简要论及了德国空军在闪电战中的角色。该角色非常重要,但不是按照通常所认为的那种方式。常见的看法是,德国空军为推进中的装甲纵队提供了"近距空中支持",在正在推进的坦克的前方设置了一幅空中火力屏障。确实常有这样的认识,即地面力量能够真正地"呼唤来"空袭。尽管这在德国人的战役中不时地发生,但它不是对空中力量在闪电战中角色的准确描画。

如前所述,空中力量的主要作用是扰袭敌人后方。首要的优先任务是通过袭击敌方机场而使其空中力量瘫痪。[128]此后，德国的中型轰炸机——双引擎的装备——将沿着敌人的交通线游动，以图摧毁关键的节点并阻截敌方后备力量的运动。[129]被夸耀的“施图卡”——俯冲轰炸机——通常由某个指挥中枢掌管。它们被集中用于关键目标，以协助特定阶段的地面作战。它们将被当作高机动性的预备队用于支援前线的关键地带。[130]施图卡是当时的“精确制导弹药”。战斗机将得到类似的运用，在特别关键的地带——比如桥头堡和部队集结地带——的上空清理空域。因此，德国空军是扰乱敌军后方纵深处的 C^3I 的一个关键要素，也是主要的装甲前锋所得到的迅捷支持的来源。

基于组织理论的论断（第二章）以及英国和法国空军的例证（第四章和第五章），德国空军应该抵制该角色。德国空军在闪电战中的角色虽是进攻性的，却把该组织与地面力量紧绑到一起。对于扩充组织的规模、财富或自治，它所做甚微。为什么德国空军会如此合作？

第一，《凡尔赛和约》的条款禁止德国拥有一支独立的空军。这没有难住总是足智多谋的冯·塞克特，他尽其所能去保证国防军拥有对空中力量方面专业能力的储备。[131]从 1924 年至 1933 年，德国陆军在苏联利佩兹克（Lipezk）的一个非法存在的航空站维系了德国人的存在。直至 1935 年 2 月 26 日，德国空军都未实现脱离于陆军的正式自治。[132]因此，德国的空中武装是在陆军的管辖下度过了两次世界大战之间的很多时日。它不是独立、大规模或合法的，需要从陆军获得它可得到的所有帮助。

尽管德国空军很晚才实现独立，但它迅速巩固了该独立性。这是因为赫尔曼·戈林，希特勒的副手和一战中著名的里希特霍芬飞行团（Richthofen Flying Circus）的退役战斗机飞行员，[133]迅速掌管了德国空军。他根据极具民族社会主义色彩的意识形态塑造了该组织的角色和气质。戈林的政治权力，以及他将德国空军与纳粹运动的整合，稳固了这个刚刚获得自治的组织，并在用于重整军备的财政资源中为它确保了一笔大大的份额。[134]这样，该组织不需要为了保护其地位或保障其成长而在学说上绞尽脑汁。

德国空军不仅是在德国陆军的监护下度过了一个漫长的青春期。它不可避免地是通过大量吸收陆军精英而成形的。其中的一些代表，比如阿尔伯特·凯塞林(Albert Kesselring)，是德国陆军总参谋部培养起来的。[135]在这些转入者中，很多人先前从未驾驶过飞机。像凯塞林一样，这些军官依然关心仍在陆军中服役的弟兄们的所思所想。因此，出现了某种将新生的空中力量与传统的地面力量相结合的普遍趋向。[136]

最后，一些十分幸运的学习过程发生在了西班牙内战中。在德国战略的演变中，这可能是技术体验清晰地转化为学说信条的很少场景之一。德国人发现，与广泛的认识相比，针对平民的恐怖轰炸对平民士气的影响要小得多。[137]而且，他们认识到，水平轰炸的精确度极差，所以对工业目标的攻击将非易事。[138]他们还发现，对于地面行动的支持完全在他们的技术限度内，而且带来了可观成效。[139]这些教益未被视而不见，因为它们未经任何业已存在的学说偏好的过滤。假如德国空军归根结底有某种偏向的话，它也许对与地面力量的协同有某种偏向。因此，对于作出——在我看来——对来自西班牙的经验教训的正确解释，德国空军在青春期和成年之初的环境是理想的。

鉴于上述全部原因，德国空军愿意扮演将它与地面作战相结合的角色。这一点，连同希特勒对于数字而非飞机类型的痴迷，促使戈林将四引擎战略轰炸机的研发置于次要位置。[140]一些历史学家称，缺乏足够强劲的飞机引擎也限制了战略轰炸机的研发。[141]

总之，《凡尔赛和约》的条款、戈林被任命为德国空军的首长、陆军军官在其诞生时的大规模加入、在西班牙的技术性体验和希特勒自身的偏好，都驱动德国空军与陆军紧密合作。我们通常可预见的组织动力短路了。德国空军拥有所有它需要的政治支持，它可专心去为自己寻找合理并可行的军事任务。该组织专注于从陆军观点看有价值但不能由地面武器实现的使命。这样，德国空军顺理成章地直接瞄准了敌军的后方，并为装甲师提供了它们正需要的助力。

总结和结论

对于组织理论，德国陆军在一战后的行为提供了一个良好验证。德国陆军在战后逃避了文官控制，并保持了在工具性问题上的自治，直至希特勒上台。它在西线曾体验现代火力技术的破坏性后果；的确，人们或许指出，德国的指挥官业已成为对现代火力进行防御性使用的行家里手。不过，德国陆军忠实于其传统和利益，回归了战前的进攻性学说。基于组织理论，我在第二章中指出军事组织偏好进攻性学说，而且它们不喜欢革新。德国陆军的行为符合这些预言。

在某种程度上，一战后的德国军事学说为均势理论和组织理论提供了比较性验证。在表面上，德国的战略处境类似于一战前：棘手的两线作战问题。但同时，德国在军事上是如此虚弱，以至于针对该问题的传统进攻性对策无甚意义。但是，德国陆军鼓吹这样的对策。在不存在文官干预的背景下，组织动力占了上风。但是，尽管进攻性学说被正式采用了，当鲁尔区被占造成对德国安全的切实威胁时，冯·塞克特迅速地临时拿出了一个更合适并可行的防御性军事对策。简言之，在威胁变得迫在眉睫时，对于国家在国际政治中权力地位的现实，即便不受政治管束的军事组织都可能作出合理回应。

人们必然从该插曲中得出理论性结论。固然，在面对来自国际体系的相反信号时，组织理论所预言的对于进攻性学说的奉行依然如故。不过，随着各种事态加剧了对于德国的威胁，德国陆军——显然是自发的——临时设计了与其学说的涵义非常不同的防御性计划。对于军事组织的行为趋向，组织理论是一个十分有力的预言者。不过，即便没有文官的干预，当威胁足够大时，均势意义上的考虑会压倒组织意义上的偏向。

德国战后战略中政治—军事整合的程度看似由《凡尔赛和约》所致。对于德国的战略地位和目标，外交部和陆军有着明显一致。大家都一致认为必须颠覆该条约。但是,《凡尔赛和约》不过是协约国的胜利所导致的德国安全地位走衰的纸面象征。在该时期,文官对于军方的合法权威较弱,尤其在作战事务上。我们会预见大量的"分裂"。也存在着一些分裂,尤其在陆军违反《凡尔赛和约》的解除武装条款方面。不过,外交和防务政策有着不同寻常的契合。德国极其困难的安全态势可解释这点。直接的权威所辖是如此有限,但政治上的重合度是如此之高,这提供了对于均势理论的某种验证。欧洲政治体系中约束和刺激的明显存在足以将军人和政治家驱使到类似方向上。

一战后德国学说的革新是有限的。对现代火力的体验曾促使德国陆军寻求以某种战术方式克服其影响,也取得了些许的成功。一战后,该战术体系与摩托化交通和无线通讯之类的新技术结合了起来。但是,没有多少证据表明了技术对于德国战略的决定性影响。就陆军确有革新而言,我们不能归功于文官的压力,因为文官对军事学说的影响是如此微弱。情况恰恰是,我们碰到了一个在遭遇巨大失败——战争的失败——之后寻求修正其传统学说的组织。我已探讨了为什么德国陆军依然信奉进攻。它的问题是让进攻成为可能。该目标,连同陆军新近的失败,解释了德国陆军战后革新的程度和限度。

与其前任相比,希特勒的总体战略甚至更具进攻性。他要求获得更多的东西,而且他要求更快地获得。从掌权之时起,希特勒就继承了德国陆军的进攻性学说,所以他拥有了可予利用的好原料。不过,他需要比他所继承的更具进攻性的学说。其目标更加野心勃勃,故其政治和军事手段也将需要调整。所实现的调整程度将决定其军事学说与其大战略的整合或分裂。

希特勒带来的变化与他面临的国际性约束和刺激相符。德国在政治上是孤立的,而且被敌人所包围,但它也被多极体系中固有的外交机会所引诱。这些体系因素是希特勒历历在目的,因为他对于自身目标有着执着的追求。(我不打算解释后者,但一旦选择了这样的目标,体系性约束和刺激的影响就会上升。)德国战略的变迁与这些约束和刺激明显一致。而且,由于这些变迁在很大程度上遭到了德国军方的反对,它们可作为支持均势理论的十分有力的证据。

在第二章中,我从均势理论推导出,外交孤立的国家会试图把军事力量当作外交的直接辅助手段来使用。我指出,为了逐一击败敌人,面临多线作战的国家会强调进攻性学说。最后我提出,寻求利用稍纵即逝机会的国家会偏好进攻性军事学说。希特勒军事学说的所有基本成分符合这些预言。

希特勒的确推行了胁迫性外交。他的局部性战争经济以“广度”意义上的战备措施为特征,旨在打造最为咄咄逼人的军事形象。他对于数字、机械化武器以及个人对军队的直接控制的迷恋都符合这种做法。如前所述,希特勒是面对着军事组织的反对和拖沓而追求这些内容的。

希特勒在德国重整军备期间对英国小心翼翼,这体现了他理解离间对手的价值。他对军事行动速度的迷恋与德国弱于反对它的潜在联盟直接相关。希特勒要求以一时只对付一个的方式击败敌人,他的整个军事体系依此作了调整。

德国重整军备的特点和对军事行动速度的追求都符合机会主义政策。如果希特勒正在等待动手的“恰当时机”,他几乎不可能将全面动员的战争经济维持至那一时刻。他需要强大的随时可用的军事能力,更希望它强于可能反对他的联盟随时可用的军事力量。倘若他要利用敌人被牵制在其他地方的任何时机,他就需要其军事力量的速度。希特勒对速度的关注最终体现在其军事力量上。

尽管德国陆军自身一直追求军事行动的速度,但该组织在希特勒的强求下超越了它认为可行的限度。就被称为“闪电战”的革新在两次世界大战之间的德国发生而言,它是希特勒的干预所致。这是对均势理论和组织理论的一个良好的比较性验证。前面指出,德国最高统帅部力求压制古德里安的思想,并反对希特勒赞成的大规模机械化。这符合组织理论。两次世界大战之间德国的指挥官们是根据某个不同的学说而受训、社会化和提拔的。对他们而言,支持古德里安的观点不可思议。但是,希特勒不能经受这样的拖沓。他面临着问题,而且他需要对策。尽管他不可能亲身臆想所有的对策,而且也许没有充分理解古德里安及其同侪提出的对策,但他确实支持了这些人,以及看来为他提供了其政策所需的生猛外表和作战速度的方案。在我看来,体系性影响对于组织性影响的主导作用可解释德国的闪电战革新的幅度和特点。

希特勒当然是一个醉心于征服的专制者。这会解释他对于进攻性学说的信奉及其向军方施压的能力。但是,希特勒超越了进攻或防御问题本身。他改变了德国学说的细节,所循方式明显改变了德国应对欧洲政治体系中的约束和刺激的能力。

技术对闪电战发展的直接影响只能从比较性角度去观察。闪电战利用了新技术,它不是由该技术所造就。闪电战的实质是,它将新旧的辅助性武器和技术相结合,去直接攻击新的军事目标——敌军的指挥、控制、通讯和情报功能。尽管该目标在实践中只部分地实现,但它却是该学说的独特特征。若从比较性角度去观察闪电战的技术,技术看起来没有特别的决定性。1940 年春天的英法武装力量中有着大量的坦克和飞机,陆战军事学说的革新则不存在。

总之,体系因素最好地解释了 20 世纪 30 年代末德国军事学说的进攻性特征、整合和革新。无论组织理论还是技术决定论的理念都不能解释希特勒时期德国军事学说的基本要素。其实,总体来看,它们会预言一个非常不同的学说。因此,30 年代末德国军事学说体现了均势理论的解释力。

由于希特勒是一个专制者,而且显然醉心于无穷无尽的侵略,该“验证”谈不上是我们所欣赏的。人们有可能辩称,德国战略的每一项内容都出自希特勒的疯狂动机及其不受挑战的专制地位。但值得注意的是,其前任寻求很多同样的对外政策目标,还寻求以类似方式实现它们,并且用均势意义上的思维为两者辩护。归根结底,希特勒没有改变德国军事学说的总体面貌;他改变了重要的细节。本章探讨的德国大战略和军事学说的所有特点与人们可从均势理论中推导出的明显一致。该一致令我相信,体系性约束和刺激——尤其是两次世界大战之间欧洲的力量分布、德国在政治上的相对孤立和德国的地理位置——对希特勒的战略施加了强大影响。

注释

1. T.W.Mason, "Some Origins of the Second World War," *Past and Present* 29 (December 1964): 69.

2. Gordon Craig, *Germany, 1866—1945* (New York: Oxford University Press, 1978), p.697.

3. Bond, *Military Policy*, pp.187—188.

4. Addington, *Blitzkrieg Era*, p.6; Matthew Cooper, *The German Army, 1933—1945: Its Political and Military Failure* (New York: Stein & Day, 1978), pp.130—138; Herbert Rosinski, *The German Army*, ed. Gordon Craig (New York: Praeger, 1966), p.119.

5. Gordon Craig, *The Politics of the Prussian Army, 1640—1945* (London: Oxford University Press, 1964), pp.274—280; Cooper, *German Army*, p.133; Walter Goerlitz, *History of the German General Staff, 1657—1945* (New York: Praeger, 1953), pp.82, 100; Gerhard Ritter, *The Schlieffen Plan: Critique of a Myth*, foreword by B.H.Liddell-Hart, trans. Andrew Wilson and Eva Wilson (Westport, Conn.: Greenwood, 1979), p.19.

6. Ritter, *Schlieffen Plan*, pp.18—20.毛奇在他于1888年退休前,主张在西方持防御姿态,在东方发动有限攻势,寻求消灭威胁德国东部边界的俄国军队。一旦东部安定下来,他将把军事资源移往西部,给对法冲突画上圆满句号。施利芬以我们如今都熟知的方式修改了该计划,将德国陆军的主力集中用于借道比利时的对法国陆军的大规模单向包抄。尽管从政治和军事上讲,在1914年运用的该战略比毛奇的战略要明显地更加鲁莽,但人们在两者中都可看到两线作战问题的影响。

7. Ibid., p.66.

8. Craig, *Politics*, pp.276—276; Ritter, *Schlieffen Plan*, p.19.

9. Ritter, *Schlieffen Plan*, p.38.强调之处乃我所示。

10. Cooper, *German Army*, p.135.

11. Addington, *Blitzkrieg Era*, p.30; Cooper, *German Army*, p.135; Rosinski, *German Army*, p.219.

12. Rosinski, *German Army*, p.219.

13. Craig, *Politics*, pp.401—405; Gaines Post, Jr., *The Civil-Military Fabric of Weimar Foreign Policy* (Princeton: Princeton University Press, 1973), p.107(n.

44).

14. Gibson, "Maginot and Liddell Hart," p.370.

15. Addington, *Blitzkrieg Era*, pp. 29—30; Gibson, "Maginot and Liddell Hart," pp.369—370.

16. Post, *Civil-Military Fabric*, p.96.

17. Martin Kitchen, *A Military History of Germany: From the Eighteenth Century to the Present Day*(Secaucus, N.J.: Citadel Press, 1976), p.259.

18. E.H.Carr, *International Relations between the Two World Wars, 1919—1939*(London: Macmillan, 1947), p.30.

19. Norman Rich, *Hitler's War Aims: Ideology, the Nazi State, and the Course of Expansion*(New York: W.W.Norton, 1973), p.121.

20. Carr, *International Relations*, pp.37—38; Goerlitz, *History*, p.224.

21. Fred Greene, "French Military Leadership and Security against Germany, 1919—1940"(Ph.D.diss., Yale University, 1950), p.135.

22. J.F.C.Fuller, *The Decisive Battles of the Western World, 1792—1944*, ed. John Terraine(St.Albans, England: Granana, 1970), p.407.

23. Harold J.Gordon, Jr., *The Reichswehr and the German Republic, 1919—1926*(Princeton: Princeton Univeristy Press, 1957), p.255.

24. F.L.Carsten, *The Reichswehr and Politics, 1918—1933*(Oxford: Clarendon, 1966), p.155.

25. Ibid.

26. Gordon, *Reichswehr*, p.255.

27. Hans W.Gatzke, *Stresemann and the Rearmament of Germany*(Baltimore: John Hopkins University Press, 1954), pp.12—13, 22, 111, 112; Gordon, *The Reichswehr*, p.351; Kitchen, *Military History*, p.269.

28. 克雷格指出:"外交部和国防部之间在规划上的高度一致甚至合作"是存在的。参见 Craig, Germany, p.523;另参见 Gordon, *Reichswehr*, p.361; Post, *Civil-Military Fabric*, pt.2。

29. 斯特莱斯曼的长期目标几乎与多数民族主义军人的目标一样广泛。他甚至期待德国与奥地利的合并。参见 Craig, *Germany*, p.512; Martin Wight, "Germany," in *Survey of International Affairs, 1939—1946*, vol.1, *The World in March 1939*(London: Royal Institute of International Affairs and Oxford University Press, 1952), p.326。

30. Carsten, *Reichswehr and Politics*, p.265; Craig, Germany, p.513; Gatzke, *Stresemann*, pp.16—17, 53; Gordon, *Reichswehr*, p.347; Post, *Civil-Military Fabric*, pp.161, 182.

31. 斯特莱斯曼自己有可能发起过与奥地利的某些非法的军事合作。参见 Gatzke, *Stresemann*, pp.31, 53, 111—112.另参见 Gordon, *Reichswehr*, p.347;

Post, *Civil-Military Fabric*, pp.72—84。

32. Rosinski, *German Army*, p.163.其实,德国人有一个针对国际政治"参与者"的特殊词汇——*bundesfahig*(指有能力成为盟友)。若无德国军事力量的恢复,不可能重获该地位。参见 Telford Taylor, *The March of Conquest*: *The German Victories in Western Europe*, *1940*(New York: Simon & Schuster, 1958), p.359。

33. 关于某个略为相反的观点,参见 Post, *Civil-Military Fabric*, pp.234—238。

34. Watt, *Too Serious a Business*, p.62.

35. Cooper, *German Army*, pp.117—121; B.H.Liddell-Hart, *The Other Side of the Hill*: *Germany's Generals*, *Their Rises and Fall*, *with Their Own Account of Military Events*, *1939—1945*. enlarged and rev. Ed.(London: Cassell, 1951), pp.29—30.

36. Addington, *Blitzkrieg Era*, p.29.

37. Cooper, *German Army*, p.135.

38. Craig, *Politics*, p.396.

39. Goerlitz, *History*, p.223.

40. Cooper, *German Army*, pp.24—26; Cooper, *German Army*, pp.139—140; Dupuy and Dupuy, *Encyclopedia of Military History*, pp.972, 977—979.

41. Rosinski, *German Army*, p.217.

42. 关于冯·塞克特其实阻碍军事改革的不寻常观点,参见 Gordon, *The Reichswehr*, pp.259, 303。

43. Percy Ernst Schramm, *Hitler*: *The Man and the Military Leader*, trans. and ed. Donald Detwiler(Chicago: Quandrangle, 1971), p.157.

44. Milward, *War*, *Economy*, *and Society*, pp.29—30.

45. Alan S.Milward, *The German Economy at War*(London: Athlone Press, University of London, 1965), p.16.

46. Milward, *War*, *Economy*, *and Society*, pp.29—30.

47. Hillmann, "Comparative Strength," p.447.

48. Berenice A.Carroll, *Design For Total War*: *Arms and Economics in the third Reich* (The Hague and Paris: Mouton, 1968), p. 138; Hillmann, "Comparative Strength," pp.445—446.

49. Burton H.Klein, *Germany's Economic Preparations for War*(Cambridge, Mass.: Harvard University Press, 1959), p.57.

50. W.K.Hancock and M.M.Gowing, *British War Economy*, in *History of the Second World War*, United Kingdom Civil Series(1949; London and Nendeln: HMSO and Kraus Reprint, 1975), pp.71—72.

51. Milward, *German Economy*, pp.4—5; Milward, *War*, *Economy*, *and Society*, p.24.

52. Cooper, *German Army*, pp.159—166.

53. Craig, *The Politics*, p.485.

54. Homze, *Arming*, pp.106, 168—169; David Irving, *The Rise and Fall of the Luftwaffe: The Life of Erhard Milch* (London: Weidenfeld and Nicolson, 1973), p.43; Suchenwirth, *Development of the German Air Force*, pp.188—190.

55. Irving, *Rise and Fall*, p.73.

56. Homze, *Arming*, pp.124—125; Irving, *Rise and Fall*, p.54; Herbert M. Mason, Jr., *The Rise of the Luftwaffe: Forging the Secret German Air Weapon, 1918—1940* (New York: Dial, 1973), p.257.

57. Murray, "British and German Air Doctrine," p.56.

58. William L. Shirer, *The Rise and Fall of the Third Reich: A History of Nazi Germany* (New York: Simon & Schuster, 1960), p.323.

59. Irving, *Rise and Fall*, p.67.

60. Ibid., p.329.

61. *Nazi Conspiracy and Aggression*, vol.4 (Washington, D.C.: GPO, 1948), "Excerpt from General Jodl's Diary," p.361.

62. Ibid., "Memo from General Keitel," p.357.

63. Ibid., "Excerpt from General Jodl's Diary," p.361.

64. Walter Warlimont, *Inside Hitler's Headquarters, 1939—1945* (London: Weidenfeld and Nicolson, 1964), pp.14—15.

65. *Survey of International Affairs*, vol.2, *1938* (London: Royal Institute of International Affairs and Oxford University Press, 1951), pp.122—139.

66. Shirer, *Rise and Fall*, p.365.

67. Ibid., p.366.

68. *Documents on German Foreign Policy* (以下简称 *DGFP*), ser. D, vol.2 (Washington, D.C.: GPO, 1949), p.359.

69. Taylor, *Munich*, p.700.

70. Shirer, *Rise and Fall*, p.367.

71. *Documents on British Foreign Policy* (以下简称 *DBFP*), 3rd ser., vol.2 (London: HMSO, 1961), nos. 562, 563, pp.26—27.

72. Ibid., no.575, pp.42—43.

73. Ibid., no.573, p.39.

74. Ibid., no.577, p.46.

75. Ibid., no.637, pp.104—105.

76. Irving, *Rise and Fall*, p.62.

77. *DBFP*, 3rd ser., vol.2, no.721, p.190.

78. Ibid., no.1142, p.574; no.1145, p.578.

79. *DGFP*, ser. D, vol.2, no.654, p.985.

80. Telford Taylor, *Sword and Swastika* (New York: Simon & Schuster,

1952), p.163.

81. Goerlitz, *History*, p.320.

82. Addington, *Blitzkrieg Era*, p.57.

83. Cooper, *German Army*, p.165.

84. Ibid.

85. Addington, *Blitzkrieg Era*, p.59.

86. 值得指出的是,希特勒对于恐吓姿态的价值是如此相信,以至于他制作了一部关于波兰战役的恐怖影片,在全欧洲中立国家的首都放映。Taylor, *March*, p.10.

87. Betts, *Soldiers, Statesmen, and Cold War Crises*, pp.10—15; James Clay Thompson, *Rolling Thunder: Understanding Policy and Program Failure* (Chapel Hill: University of North Carolina Press, 1980), pp.36, 38, 43, 47—48, 55—64.

88. Ansel, Hitler Confronts England, pp.11—12; F.H.Hinsley, *Hitler's Strategy* (Cambridge: Cambridge University Press, 1951), pp.6—7; Barry Leach, *German Strategy against Russia, 1939—1941* (Oxford; Clarendon Press, 1973), p.9; Rich, *Hitler's War Aims*, p.146.

89. Hinsley, *Hitler's Strategy*, pp.6—7.

90. Milward, *War, Economy, and Society*, p.29.

91. *DGFP*, ser. D, vol.1, no.19, p.34.

92. Ibid., p.36.强调处乃我所示。

93. Ibid., no.93, p.164.强调处乃我所示。

94. Ibid., no.146, p.263.

95. Shirer, *Rise and Fall*, p.362.

96. Taylor, *Munich*, p.700.

97. *DGFP*, ser. D, vol.1, no.19, pp.35—36.

98. Ibid., p.38.

99. Rich, *Hitler's War Aims*, pp.86—87.

100. 关于希特勒对先发制人和预防性战争的考虑,例证可参见 Rich, *Hitler's War Aims*, pp.117, 128—129, 134—136, 147—148, 204—211。

101. 关于闪电战的运作,最好的简述是 Cooper, *German Army*, 139—159; Deighton, *Blitzkrieg*, pp.179—185; Edward N.Luttwak, "The Operational Level of War," *International Security* 5:3(Winter 1980/1981): 67—73; and Mearsheimer, *Conventional Deterrence*。关于对以色列式闪电战的描述,参见 Handel, *Israel's Political-Military Doctrine*; Yoav Ben-Horin and Barry Posen, *Israel's Strategic Doctrine*, R-2845-NA(Santa Monica: RAND Corp., 1981)。

102. Cooper, *German Army*, pp.141—142.

103. Ibid., p.143.

104. Liddell-Hart, *Other Side*, p.63.

105. Cooper, *German Army*, pp.144—145.

106. Heinz Guderian, *Panzer Leader*(New York: Ballantine, 1957), p.24.

107. Goerlitz, *History*, p.252.

108. Goerlitz, *History*, p.233.

109. Addington, *Blitzkrieg Era*, p.34; Cooper, *German Army*, p.145.

110. Guderian, *Panzer Leader*, p.24.

111. Ibid., p.26.

112. Ibid.

113. Liddell-Hart, *Other Side*, p.122.

114. Cooper, *German Army*, p.150,引自 Erwin Rommel, *Papers*, ed. B. H. Liddell-Hart(New York: Harcourt, Brace, Jovanovich, 1953), p.517。

115. Cooper, *German Army*, p.143; Liddell-Hart, *Other Side*, pp.61—75.

116. Cooper, *German Army*, pp.149—158.

117. Ibid., p.153.

118. Ibid., pp.115—116.

119. Deighton, *Blitzkrieg*, p.144.

120. Guderian, *Panzer Leader*, pp.29—30.

121. Alan Bullock, "Hitler and the Origins of the Second World War," in *European Diplomacy between Two Wars, 1919—1939*, ed. Hanz Gatzke (Chicago: Quadrangle, 1972), pp.228—230; Michael Carver, *The Apostles of Mobility: The Theory and Practice of Armoured Warfare*(New York: Holmes & Meir, 1979), p. 56; Goerlitz, *History*, p.301.另参见 Leach, *German Strategy*, pp.13, 31。

122. Craig, *The Politics*, p.485.

123. Cooper, *German Army*, p.151.

124. Ibid., pp.156—157.

125. Leach, *German Strategy*, p. 35; Kenneth Macksey, *Guderian, Panzer General*(London: MacDonald & Jane's, 1975), p.74.

126. Deighton, *Blitzkrieg*, p.147; Macksey, *Guderian*, p.74.

127. Shirer, *Rise and Fall*, pp.645—647.

128. 另参见 Jocobsen, "Dunkirk 1940," pp.33—38。该文章来自雅各布森(Jocobsen)的一项名为《黄色计划》(*Fall Gelb*)的篇幅较长的研究,它尚未从德语译出。很多军事历史学家认为,对于在低地国家和法国的战役中的德方角色,它是一个清晰的论述。

129. Murray, "British and German Air Doctrine," p.55.

130. Homze, *Arming*, pp.131—132; Murray, "British and German Air Doctrine," p. 56; and "The Luftwaffe before the Second World War: A Mission, A Strategy?" *Journal of Strategic Studies*(Winter 1981), pp.266—267.

131. Hanfried Schliephake, *The Birth of the Luftwaffe* (London: Ian Allen, 1971), pp.11, 30.

132. Ibid., p.34.

133. Murray, "British and German Air Doctrine," p.49.

134. Homze, *Arming*, p.62; Suchenwirth, *Development*, pp.90—91.

135. Homze, *Arming*, p.59.

136. Macksey, *Kesselring*, pp.50, 63.纯粹的安全考虑也发挥了作用。对于德国不得不去赢得陆上战斗,前陆军军官们没有多少难以理解的。Murray, "Luftwaffe," p.268.

137. Murray, "British and German Air Doctrine," pp.49—50.

138. Ibid., p.50.

139. Schliephake, *Birth of the Luftwaffe*, p.44.

140. Homze, *Arming*, pp.124—125, 264.

141. Murray, "British and German Air Doctrine," p.51.

第七章　结　　论

在本书中，我已尝试了三个任务：第一，细究并提炼军事学说的概念，对学说可发生变化的三个重要维度给予特别关注。第二，也是更重要的，将关于国家行为的两个重要理论，以及关于技术和地理的一些广被接受但缺乏深化的论点，作为学说研究的工具而系统运用。第三，在运用这些工具的过程中，围绕着其解释力，相互验证这两个理论和一些有欠深化的论点。对两次世界大战之间英国、法国和德国学说的案例研究是为完成这些任务而服务的手段。

在本书中，大战略被视作政治—军事意义上的手段—目标链条。它涵盖对外政策、军事学说甚至战术。我对于大战略的探讨只包括对外政策中看似与一国的国家安全直接相关的那些成分，在军事学说上只包括看似与理解国家如何将军事手段与政治目标相联系直接相关的那些军事战术内容。假如没有一些界限，作为政治—军事意义上的手段—目标链条的大战略概念会泛化到无法操作的程度。

军事学说是重要的，因为它们影响着国际政治体系的稳定和国家的安全。与霍格(Hoag)、杰维斯、奎斯特、谢林和华尔兹的不同努力相一致，我强调军事学说的进攻、防御或威慑特征可影响军备竞赛的可能性和烈度，以及战争的可能性和烈度。因此，军事学说的进攻、防御或威慑特征是其关键内容之一，而且十分值得考察。与克劳塞维茨以及——在次要程度上——菲律普·塞茨尼克(Philip Selznick)相一致，我强调大战略的整合——军事学说与政治目标的调和——可影响国家的安全。因此，整合状况也值得考察。最后，我强调了军事学说的革新可影响国家的安全。僵化的学说可能导致分裂。它们还可能直接导致战场上的失败。革新的程度是本书考察的军事学说的第三个关键内容。

我将两个理论作为工具用以研究军事学说。在过去10年或15年中，对于战略事务尤其武器系统的发展和危机行为的研究，组织理论已经成为非常普遍的工具。其解释力据说颇强，尽管罗伯特·阿特(Robert Art)和斯蒂芬·克莱斯纳(Stephen Krasner)对该理论其实究竟多么有用提出了严肃的问题。[1]所以，我决定将组织理论及其存世更久的竞争者均势理论一并运用。

自修昔底德记载伯罗奔尼撒战争之时起，均势理论一直以这样或那样的面目出现。组织理论家将关于理性的单一国家行为体的假设归咎于它，并以此为由而批判它。这不完全公允，尤其考虑到最近对均势理论的具体化。它们关注无政府国际体系中固有的约束和刺激胜过它们关注理性的单一国家行为体假设的准确性。均势理论指出，国际环境的性质会明显影响国家或作为其决策者的那些人的行为。本着“平衡须予保持”的简单认识，历史学家和社会科学家不约而同地解释了很多军备竞赛行为、联盟行为和军事行动。两者都符合逻辑，因为一个理论强调了体系层次上的原因，另一个是在国家层次上。两者都是议题所在，因为各方的支持者都提出了对对方的直接质疑。在关于军事学说的本研究中，将组织理论与均势理论一较高低看来是有价值的。

关于技术和地理对军事学说的影响，我已将对相关论点的某些讨论与我对组织理论和均势理论的探讨结合起来。就组织理论而言，技术和地理对军事学说应只具有微弱和不确定的影响，均势理论则体现了更多影响。

即便均势理论也未预言技术会对军事学说有决定性的直接影响。倘若某种军事学说在政治和地理上的约束和刺激的共同作用下成为人心所向，而它偏出了技术看似许可的范围，均势理论预言技术变革的努力将会出现。

我已将地理作为影响军事学说的一个关键环境因素与权力分布结

合起来。地理看起来对军事学说发挥了强大影响——比特定的军事技术具有更强大的长期影响。这看来是确实的，因为地理上的约束的确比技术上的更难改变。即便技术与地理上的约束密切相关，与改变影响军事组织的作战地点和能力的技术相比，改变影响其作战方式的技术看来更容易。从长期来看，距离和障碍仍是重要因素。所以，尽管地理对于各国军事学说的重要性不如权力分布，可将它视为明显影响了该权力分布的实际军事意义的一种外在约束。

这样，我已对这两个理论以及关于技术和地理的论点进行了两种形式的处理。一是，我将它们当作棱镜——考察学说的工具——来使用。就被择出研究的军事学说要素而言其中每一个都体现了某些不同之处。二是，我实际上将它们和学说作为同等的研究对象。我将它们置于比较性框架中验证了它们的总体解释力。借此，对于增进我们对它们的总体价值和作为国家战略研究工具的各自优劣的认知，我希望我已助一臂之力。

组织理论

对于军事组织在作战方面的偏好和行为，组织理论看似提供了不错的解释。对于被择出研究的三个学说的总体特点，它没有提供一个特别好的解释。

总体而言，组织理论预言了进攻性、分裂性和停滞性的军事学说。案例研究表明，如果军事组织被放任自流，这会是通常结果。组织理论还表明，军事组织时常会被放任自流。专业官僚机构之间的职能分工是现代国家结构的特征。不同的官僚机构掌握着不同种类的专业技能。根据组织理论，非军方人士对于评估国家的军事需要应该是有困难的，应会有赖于职业军事组织提供此类意见。组织理论还预言，这些组织在追逐自身利益时会有意地尽力回避文官控制。法国、英国和德国军方的行为方式确实符合该理论。但是，它们未被完全放任不管，而且它们各自的军事学说与该理论的预言有着重要不同。文官们设法找到了克服自身军事知识局限并规避其军事组织伎俩的途径。

第二章中强调说，军事组织可能偏好进攻性学说，因为这种学说减少了不确定性，并增进了组织的规模、财富和自治。英国皇家海军和皇家空军符合这些预言。两者在两次世界大战之间时代的初期都偏好进攻性学说。皇家海军要求率其大型战列舰一路开赴太平洋。海军从未明确的是，一旦他们到了那里，他们要做些什么。皇家空军强调进攻性“战略”轰炸的角色，但从未认真地做必要功课以探知可能取得多大成功。在两个案例中，学说对于组织的狭隘利益起到了重要的促进作用，尽管它们与下次战争中的作战没有多少关系。

德国陆军和空军也体现了对进攻的突出偏好。在一战后，德国陆军迅速重归了其进攻性传统。该传统的形成部分地缘于德国在国际政治和地理上的状况，也缘于组织利益。在一战后，组织利益将陆军拽回到进攻上。在两次世界大战之间时代的很多时间中，德国空军当然是被禁止存在的。当它在纳粹支持下现身时，它未遇到多少该时代其他初出茅庐的空军所遇到的问题。作为陆军的一个衍生物，它有着相应的进攻倾向。而且，希特勒鼓励空军为支持其外交而扮演进攻性角色。

法国陆军和空军与组织理论的预言稍有偏差。空军的确曾对战略轰炸学说有所心动，但在现实中受制于陆军的密切监管，未能走得很远。战术轰炸和防御是其首要任务，而它在这两方面做得都不是很好。令人遗憾的是，历史学家们所做的工作尚不足以让我们对法国空军的作为得出明确结论。但是，法国陆军看似体现了对于常理的更明显偏差。虽然它在一战后初期表现了对于进攻的某些倾向，但即便这些也看似缩手缩脚。文官施加的制约压制了陆军尚存的任何潜在的进攻倾向。必须记住的是，尽管陆军重视防御，但它在低地国家确实采取了具有一定进攻性的行动。军方和政治家都认可的该行动可能符合所预言的对于进攻行动的组织倾向。有理由指出的是，甘末林的“D计划”和“布雷达变例”是组织理论所预言的那种进攻行动。考虑到文官对陆军的总体制约，以及法国陆军所述学说的鲜明防御内容，即便所剩无几的进攻性残余也引人注目。不过,没有真正足够的证据表明,法国陆军的行为“符合常理”。就进攻性而言,两次世界大战之间法国陆军的学说几乎未遵循组织理论的预言。

我在第二章中强调,军事组织很少主动革新,尤其在学说问题上。这应该属实,因为组织厌恶不确定性,而传统模式的变化总是带来不确定性。这应该属实的另一原因是,军事组织是颇为等级制的,这限制了思想从低层向高层传递。另外,等级制顶端的那些人通过掌握旧学说而获得了其级别和地位,他们没有兴趣通过引入新学说去推动自身的落伍。因此,主要是在组织遭遇重大失败,或拥有合法权威的文官为推动革新而干预时,革新才会发生。

在所考察的三个案例中,我们极少看到内生性的革新。军事组织看似不喜欢革新。一场大战的失败者德国陆军是最显著的例外。即便在这里,我很难把冯·塞克特采取的措施称为革新。冯·塞克特是一个改革者,不是一个革新家。他将德国陆军拽回到了其战前学说上。他引入了不同种类的新战术和一些新技术,以重建陆军实施其旧学说的能力。因此,德国陆军体现的是一个复杂案例。组织由于失败会改弦更张,但它会尝试修修补补而非重大革新。

人们可能辩称,英国皇家空军发明的“战略轰炸”够得上学说的革新。但必须记住的是,皇家空军是由文官下令建立的。由于它是一个新组织,没有很多传统学说让它去颠覆。而且,所形成的该学说只在理论上存在。对于将它变为实际的战争武器,没有多少动作——直至战争被强加给英国。一旦皇家空军形成了对轰炸的偏好,飞机的所有其他潜在用途都被置之一边。因此,皇家空军很贴切地符合组织理论的预言。

对于20世纪30年代的法国陆军可作同样评价。诚然,一战后形成的防御性学说是对该组织战前学说的明显改变。在某种程度上,该变化是该组织自己发起的。法国陆军在一战中的胜利最多是皮鲁士式的,而且军官团决心避免如此重大的伤亡再次出现。不过,法国的文职领导人与防御性学说的形成有着密切关系。它不能完全归功于军人。一旦该学说被接受,法国陆军就力求恪守它。文官没有通过干预来推广任何新生事物,军人们确实未去鼓励自身内部的革新派思想家。组织理论再次得到了证明。

关于文官干预和军事学说革新的两个最值得注意的例证发生在英国和德国。在英国,显而易见的是,皇家空军战斗机司令部及其空防体系的存在和能力归功于文官的干预。假如没有文官的强大压力,主导皇家空军的轰炸机倡导者永远不会向它投入足够资金。这种干预终究是必不可少的,这是组织理论解释力的又一体现。它确实正确预言了组织的趋向。体系力量促使政治家去反对这些趋向。

闪电战学说是需要文官干预的另一革新。考虑到德国陆军极端的进攻倾向,这或许看似意外。在一战后,德国陆军看起来十分愿意进行改革,以使决定性的进攻行动得以重演。这其实不是事实。在德国陆军内部,大胆迅速的纵深性装甲冲击的支持者遭到了反对。希特勒对最新式武器的强调受到了抵制。德国陆军更愿意把新技术嫁接到其旧式进攻学说上,而非革新学说以更充分地利用新技术的所有进攻潜力。希特勒则更加大胆。尽管人们必须注意不要去夸大希特勒对闪电战的认识是多么充分或正确,但他对于其中各个方面的支持须被视作使该学说在作战领域结出成果的关键压力。希特勒进行干预的原因可再次地被部分归因于德国的国际政治地位。德国陆军即便有着进攻倾向,也需要来自外界的明显促动以实现这样的一种进攻性革新,这为组织理论在解释现代军事组织的某些内在趋向时的效力提供了甚至更多的支持。

我在第二章中强调,组织因素不利于大战略的整合。这部分地源自对革新的不情愿。政治家可能改变国家的对外政策,军人可能不想改变其学说以保持同步。不利于战略整合的一个次要因素是多数国家军事能力的多军种特征。每个军种——陆军、海军和空军——都在为自身利益而战。我在第一章中强调,手段和目标之间主次先后的设定是大战略的重要方面。没有哪个军种甘居人后，要从资源中分得较少的一杯羹。军事组织与多数组织一样，会试图维持一个“协议性环境”。这有时会表现为平分，其他时候则是对国防开支中相对份额的长期约定。军事组织会反对对战略的细密阐述，因为这种阐述提供了批评者可用来反对它们的弹药。由于每个军种都关心其自治，一个由各军种组成的群体不可能推出一项一致认可的、不只是将它们各自的军种学说叠加的多军种战略或学说。一项如此叠加的战略可能在各军种间设定主次先后，但这些主次先后有可能反映了关于预算分配的传统协议，而非任何严肃的战略考虑。总体而言，只有文官干预才可动摇军种间的这些约定和妒忌，以造就一个整体的大战略。

对于该问题，英国提供了两次世界大战之间时期的最好例证。理由显而易见。英国是三国中第一个迈向真正的三军体制的。每个军种都拥有相对于他者的高度自治。结果是可以预见的。该时期的英国政治家不时地抱怨参谋长们不能达成一项战略。该时期的预算分配没有因为文官们偏爱于为皇家空军花钱而发生改变。难以想象三军会自行就主次先后的这种变动达成一致。

法国还提供了关于分裂的一个好例子。对于法国空军的发展，法国军方明显地心不在焉。新生的空军是弱小的。在所得资源甚少的情况下，它难有条件为自身的角色而战。陆军在物质上和政治上颇为强大，并且尽其所能去控制年轻的空军。出于依然不明的原因，法国文官未能促动空中能力的更积极发展。只是在 20 世纪 30 年代末，在德国大力而公然地重整空军的刺激下，文官才将战斗机的生产和空防作为空军的主要任务。陆军和空军根本不能就法国的某项“全军种”战略相互达成共识。

德国提供了军种之间整合的最好例证。德国的陆军和空军是在比较和谐的相互关系中发展壮大的，而且在战场上有着甚好的合作。其原因部分地在于德国空军是刚刚问世，部分地在于其很多成员是转入的陆军军官，也部分地在于它得到了来自政治领导层的压倒性的政治和预算支持。尽管陆军—空军合作是出色的，但德国空军和海军之间明显缺乏合作。这两个军种之间的合作在20世纪30年代是贫乏的，在战争初期也是贫乏的。海军航空兵未被给予预算上的大量支持。其实，如同皇家空军的领导层，戈林看起来也反对独立的海军航空兵。可以认为，更好的合作或会提升德国在针对英国商业的战争中的效能。

总之，对于影响军事学说和大战略的军事组织内部的总体趋向，组织理论解释了很多。但是，这三个案例研究未表明军事组织会凌驾于其文官上司之上。常见的是，军方偏好进攻，防御性战略却出台了。军方反对革新，但我们看到了某些突出的革新。军事组织企图我行我素，并避免设定主次先后。各军种回避相互间的合作。尽管有着这类趋向，主次先后仍被设定，军事组织仍被拉离了它们偏好的方向。文官们的确影响了军事学说。对于特定军事学说所实现的革新和整合程度，他们的干预常常发挥了作用。什么促使文官对其军事组织的工具层面进行干预？什么决定了其干预的特征？

均势理论

在两次世界大战之间时期，法国、英国和德国相互间的最大区别基于它们各自的国际政治和地理状况。就它们有赖于职业军事组织保障其安全而言，它们相互类似。在该时期的部分时间内，各国都有着“民主”政府，尽管这随着希特勒的上台而有明显改变。人们不应低估纳粹政府体制对德国对外政策和军事学说的影响。不过，就整个两次世界大战之间时期而言，德国在多数时间中是一个没有重要军事盟友的“孤立”国家。另一方面，英国和法国虽在一段时期内关系糟糕，但从未停止将对方视作反对德国扩张主义复兴的任何未来联盟的潜在盟友。

德国为自己选择了侵略道路，它不得不自食其力，并采取相应行动。但是，英国和法国中间的每一个都可不无理由地期望对方承担反对德国扩张的很大一份责任。英国在这种“推诿责任”关系中处于多少更有利的地位，但每个国家的很多行为——饱受以两次世界大战之间时期为对象的研究者的批评——可由其“结构性”地位来解释。均势理论有助于解释它们的内部制衡行为(比如重整军备)的拖沓、它在量和质上的优劣、它的特点、英法在外交上的糟糕协调,甚至1940年5月的拙劣的战争计划。

肯尼思·华尔兹在他不久之前出版的《国际政治理论》中强调,多极状态与某些不断发生的国际问题有着历史性的关联。先前的案例研究趋于支持其观点,并且体现了国际政治体系回到极端的多极状态时可能出现的问题。在多极体系中,侵略者会找到很多在两极体系中不易出现的机会。这样的机会令扩张性国家得以提升其能力,使这样的国家更难被遏制。维持现状国家之间的集体物品问题不仅为扩张造就了机会,也趋于干扰对扩张的抵制。围绕成本和风险的争执即便在防御性联盟形成后也可能延续。多极体系因而应会带来长期、普遍和毁灭性的战争。该描述适用于二战、一战和拿破仑战争。它可能还适用于其他战争。

关于文官对进攻性、防御性或威慑性学说的偏好,我从均势理论中导出了一些论点。很多关于进攻的论点为德国案例所证实。当然(如本书所示),推行征服的政治家必会偏好进攻性学说。不过,在希特勒掌权之前和掌权期间,政治和地理因素在德国的进攻性战略的形成中扮演了某种角色。

首先,希特勒的进攻性战略有助于将战争成本转嫁给其对手。希特勒决心使德国领土置身于战火之外。这部分出于对其自身合法性的恐惧,也部分出于多少无端的对德国工业易遭邻国袭击的恐惧。尽管向他者转嫁战争成本的意图只是造就德国战略的进攻性的众多原因之一,并且是我没有直接述及的一个原因,但它看来是造就两次世界大战之间法国战略的唯一进攻性内容——向比利时推进——的主要原因。这样的一个凸显防御性的战略为了便于向盟国转嫁战争成本而可能包含进攻性成分,这是对该论点的一个良好验证。德国是一个较弱的支持性案例,因为它是出于如此众多的原因而奉行进攻性学说的。

发动“预防性”战争的欲望会催生进攻性学说。希特勒策划在一个多极世界中采取侵略行动。针对他的潜在联盟十分强大,但其他地方的事态有可能一时削弱该联盟或令其分心。“窗口”会开启,而在它们依然敞开期间,德国的军事力量足以支撑特定的侵略行动。如果希特勒想利用这些机会,他会需要进攻性学说。

我强调说,作为“预防性”战争动机的一个变种,面临多个敌人的国家常会选择进攻性学说,以图实现逐一击败敌对联盟的成员。这当然不完全是权力分布所致。地理、技术和力量的总体对比会影响到国家是否可切实指望击败某个对手,然后成功地将兵力转而对付他者。德国在广阔的全国铁路网建成后拥有了该选择。以色列如今也拥有了该选择,这缘于其小幅员和机械化地面部队的高机动性。即便我们假设发生了一场纯粹的常规冲突,今天的苏联或许不具备该可能,原因在于其东西交通线的长度和脆弱性。因此,它在本国的两端部署了大量兵力。但是,妨碍这种进攻性学说获得成功的技术和地理状况不是总能将它抑制住。英国人盘算对意大利——两次世界大战之间它的三个对手中的最弱者——采取进攻性战略,这就证明了其诱惑性。的确,它未花很长时间去盘算该选择;其帝国的辽阔和交通技术的局限或许令它不可能在某个战区实施“击倒性”打击。不过,它对于该选择的考虑确为该论点提供了某些支持:能力不足的国家在面临多条战线上的冲突时,会受到令它得以逐一击败敌人的进攻性战略的吸引。

最后,我强调的是,政治上孤立的国家会倾向于将进攻性战略作为外交的辅助手段。在其利益相互冲撞时,各国必然本着竞争心态去度量权力和意志。对于在外交上利用军事能力,进攻性学说提供了比防御性学说多少更加有用的工具。被孤立的国家可能发现,自己不得不将其军事组织作为对外交的补充而倚靠。

对于该论点,希特勒统治下的德国提供了某些证据。希特勒有意识地将其军事力量用于胁迫性外交。他直接或间接地促成了其军事组织发生有利于胁迫性用途的变化。这些变化还令它成为了一个更好的进攻性工具。希特勒当然有着侵略企图，而且相信其“雪崩”理论。这些倾向也解释了他为支持其外交而对军事力量的使用。人们甚至在斯特莱斯曼的外交中看到了这类做法，尽管更加微妙和克制。

处境与德国类似的其他国家用类似方式使用了军事力量。以色列长期奉行武装示威政策；实际上，以色列时常实施示威性的空中、海上和陆上袭击。以色列的军事学说有着高度的进攻性。美国和苏联虽远非“孤立”国家，两者都领导着由弱小得多的伙伴组成的联盟。来自同盟的威胁几乎没有影响到它们相互间或与他国的关系。可是，二者都时常诉诸于暴力或非暴力的武力示威以支持其外交。两者都将进攻性成分纳入了其核力量和常规力量的相关学说中，尽管苏联比美国更具有进攻倾向。

最后，指出来不无趣味的是，在两次世界大战之间时期，英国和法国都不愿利用军事力量支持其外交。它们更经常使用的威胁是巩固它们相互间或与他国的联盟。它们看到的是一个有着结盟机会的世界，并且谋求利用它。人们或许认定，这仅由它们总体上是防御性的维持现状政策所致。但应该记住的是，以色列或美国都不是反对现状的强权。比较性视角可支持以下论点：盟国甚少或弱小的国家趋于借助军事示威支持其外交，而且这种趋向本身会支持进攻性学说。

均势理论预言了军事能力稀缺时对于威慑性学说的趋向。威慑性学说强调提高某个对手而非减少自身的战时风险和成本。这种战略趋于强调惩罚性军事行动。它们将战争变成了在风险承受、惩罚和痛苦方面的竞争。它们重视在冲突前和冲突中彰显国家意志。另外至关重要的是，推行威慑性学说的国家会在和平时期表明，其军事能力必然能够惩罚侵略者。这种劝服在核弹出现前绝非易事。

英国最接近于符合该理论的预言。如前所示，英国对于进攻性战略不无心动，但其利益过于广泛，而且其能力过于有限，以至于不能实施这样的战略。皇家空军曾一度强调通过对敌方城市和工业的直接攻击以阻遏战争。不幸的是，该学说不很清晰，它只能被用来对付英国三个对手中的一个，而且在细察之下表明无论如何都不可行。即便在皇家空军得以宣扬远程轰炸的时代，英国的文官们就想到了某种更具总体性的“威慑”战略。它远非完美，而且我认为两次世界大战之间的英国大战略只是大致符合威慑模式。

用最简单的话讲，英国谋求让其对手相信，它有意志、技巧和资源去进行长期和无休止的消耗战。这样的一场战争将类似先前的世界大战，重要的例外是英国将避免堑壕战。在这样的一场战争中双方都会受损，但英国人试图让他人相信，他们会实施它甚至设法赢得它。英国的惩罚能力所依赖的不是任何一个军种的作战，而是它们所有各方在长时期中和一场消耗战中的协作。若要让对手相信这场战斗会打响，而且“惩罚”不可避免，英国人必须看起来——而且事实上也是——经得起击倒性打击。这促使英国人强调其军事力量防止对手获得速胜的能力。防御成为了英国文官的特殊关注所在，它是其“威慑”战略的前提。

准备与盟国携手作战的国家会时常偏好防御性战略。这种战略会提供时间，以解决联盟内部围绕冲突风险和成本的相对份额的纠纷。也会存在着围绕战利品的纠纷。如果注意到虽然三国协约的成员曾长期筹划联合作战，但法国和俄国还是以猛烈的进攻冲刺开启了一战，一些读者或许质疑该论点。但必须记住的是，当时的多数决策者预计战争是短促和廉价的。

如第一章所指出的，而且与组织理论相一致，不受管束的军事组织在一战前曾宣扬进攻崇拜，其结果是将个体和群体“利益”结合了起来。通过保证将侵略者迅速消灭——一个被一致视为可行而且廉价的目标，每个国家可再好不过地保护自己。一战的经历改变了这种观点。战争不再被看成廉价的，而且胜利不被视作轻而易举。个体和群体的“利益”被分割开来。对于将自身防御的成本转嫁盟国，每个国家都不无兴趣，因为这些成本是高昂的。而且，对于防御的优势有着广泛认同，所以各国不相信其盟国可能失败。该论断变得多少是循环性的：防御在一战中的明显优势使各国认为战争成本高昂；高昂的战争成本凸显了推诿责任的好处；对责任的推诿又再好不过地由防御性学说所助长。而且，由于对防御优势的认知，推诿责任是安全的。若让本国的盟国陷入些许被动，这不被认为代表着该盟国或本国在生存上的高风险。

英国和法国都体现了将战争成本转嫁给对方的明显倾向。在这两国的军事学说中（第四章和第五章），该倾向昭然若揭。为了将战争成本转给英国、比利时和其他潜在的盟国，法国建立了马奇诺防线，对其陆军作了安排，并为自己和德国进军比利时留了方便之门。为了让自己得以最大限度地不受大陆战争的结果影响，并随之将该战争的成本转嫁给法国，英国回避建立一支可观的陆军，并强调发展本土空防。推诿责任是两国的一个首要动机。为了避免将此看成技术决定论的一个依据，需要记住的是，在筹划进军比利时时，法国违反了一战的技术性教训；英国则无视已是广泛共识的空中战争的技术“现实”，建立了一个空防体系。

均势理论还可解释军事学说的整合和革新。我已强调，文官对军事事务的干预是决定整合和革新的一个关键因素。均势理论可有助于解释这种干预的原因。

当然，正在考虑侵略行动的文职领导人在行动前有可能对其军事组织作一个迅速审察。侵略者通常不想被打败，所以他们有可能留意其能力。这更多地是一个常识性而非基于均势理论的理念。但是，均势理论的确体现了一些重要论点。这些论点都主要与国家的所受威胁有关。

首先，没有盟国的国家有可能对其军事组织予以大量关注。如前所示，没有盟国的政治家们会觉得，使用军事力量为外交服务合乎时宜。在这样做时，他们与这些力量的作战特点有着密切接触。而且，盟国的缺失常与权力的失衡高度相关。国家可能发现，出于很多原因，自己在一个多极世界中没有盟友。不管原因何在，内部制衡行为是一个可能的应对。这可能是量或质意义上的，其中一项内容有可能是对于国家的军事组织的更多政治关注。这样,革新和整合应该有着与政治—外交孤立高度相关的趋向。

在两次世界大战之间时代的后期,总体而言,德国的军事学说比其竞争对手的更具整合和革新性。相比于其竞争对手,以色列的军事学说也趋于更具整合和革新性。当然,必须谨慎对待该论点,因为外交孤立常常是欠考虑和好战的对外政策的结果。招致自己被包围当然不是"好的"大战略的标志。

作为某种全面的制衡行为模式的一部分,政治家会干预其军事组织的学说。英国案例是这方面的最好例证。英国的政治家们不是没有意识到德国的军事扩充,或是意大利和日本军事力量的扩充。在"推诿责任"战略的限度内,他们采取了措施以制衡敌方军事力量的上升。他们正确地将德国看作自己最危险的对手,并正确地将空中制衡看作英国防务中最需要关注的方面。

英国文官不只是在评估自身的军事能力。皇家空军的轰炸学说与英国战略的威慑和推诿责任内容都不符合,它必须改变。英国文官为建设防御性的战斗机部队而进行的干预是对军方的进攻性轰炸偏好的不屑,这是以组织理论和技术决定论观念为参照的对均势理论的一个良好验证。国际政治体系的约束和刺激已将英国的政治家们推向了防御/威慑性学说。德国军事力量的上升促使他们增强自身的军事能力。不过,皇家空军提出的学说不能支撑英国的大战略。

面对着一个倾向于进攻而且不无惰性的军种,英国的文官是防御性军事革新的演进过程的首要推动者。而且,该军种曾在10余年中身处文官的严密监督之外。它处于一个特别强有力的组织地位上。空袭可发挥决定性作用之类的论调也被灌输给文官们。他们曾误信很多这类的军方论调,并见识了支持它的复杂证据。因此,该案例对于组织理论和技术决定论观念都是一个清晰的验证。它们未能通过验证。另一方面,均势理论对于解释英国军事学说的特征和空防的革新大有裨益。

最后,已强调指出的是,文官会出于担忧军事行动的高昂成本而进行干预。这种干预可能源于新近的灾难,或人们所认为的战争成本的某些突变。这可能与胜败问题没有任何关系。一战后法国文职领导人的行为是该论点的最好例证。尽管法国人赢得了该战争,但成本是高昂的。法国政治家决心在未来战争中避免这样的成本。他们干预了法国陆军的学说,并用将陆军绑在防御性战争身上的各种约束将它包围起来。除了“获胜”本身,保卫国家安全还有着更多内容。如果战争成本看起来极其高昂,避开它就成为了一项重要的国家安全目标。法国的文官们协助确立了一套经过精心整合的法国军事学说。而且,它多少是革新性的,与陆军一战前的进攻性偏好肯定大不相同。在迄至当时的欧洲大陆上,马奇诺筑垒或许是最引人注目的军事工程项目。不幸的是,该学说未能与其他地方的政治变化相同步。

如果英国文官注意到了德国军备的发展,并对本方军事组织的学说进行干预,以推动应对德国威胁的革新和整合,为什么法国人做不到?法国人确实增加了其军备支出;他们在战前购入了很多现代装备;他们为部署军事装备组建了新部队。然而,地面和空中学说都裹足不前。法国军事力量变得越来越不足以应对威胁。这主要是一个质的问题,而非量的问题。

难以解释法国军事学说的分裂和停滞。法国和英国都有意于推诿责任,两者都偏好防御性战略。英国人在最后的和平岁月中进行了革新,法国人则没有。看起来,法国的文职领导人花费了不相称的时间和精力——比英国人更多——去追求盟友,虽然这难以得到证明。这几乎肯定是由法国的比较性弱点所致。比如,它的国民收入大致是联合王国的一半,其人口也略少。德国的国民收入与英国的属于同等级别,其人口是英国或法国的 1.5 倍。如果将国民收入方面的数字分解开来,以方便比较可用于现代战争的相对工业潜力,这些数字从法国人的角度看甚至更糟。根据某项估测,在 1937 年,德国握有“世界战争潜力”的 14.4%,英国是 10.2%,法国只有 4.2%。[2]而且,英国拥有英吉利海峡,法国则没有。法国受到了德国的更多威胁,得过且过的余地也少得多。人们会想到,这种不利处境会促使法国的政治家和军人付出更多努力——尤其在军事领域。

可是,法国人看到了一个有着外交机会的世界,而且正是被其弱点诱使着去利用这些机会。另外,在 20 世纪 20 年代形成的防御性学说看起来十分适合该任务,即便它意味着要失去法国的东欧盟国,或在比利时境内冒险打一场遭遇战。英国的漠然进一步促进了法国的防御姿态。如第二章所言,追求盟国的国家必须将其大战略和军事学说打造得令自己对心仪的伙伴具有吸引力。由于法国人如此虚弱,他们非常需要英国的合作,不想去把玩任何可能吓跑英国人的进攻性学说。法国的外交官和政治家专注于寻求盟国,既无精力也无动力去审察军事学说。在没有文官严密监管的情况下,军事组织如所预言的那样在运作。

技术和地理

关于技术对学说的影响,可得出什么结论?大体而言,我们的结论必然是,技术的影响很少直接表现出来,常常借由组织的偏见和政治家对国际政治体系的认知而滤出。而且,英国、法国和德国的案例趋于表明,技术发挥了一种发散性的影响。对于一战的高昂成本,英国和法国的反应要比对于其中与特定军事技术相关的特定教益的反应更加强烈。他们的结论是,未来的战争将是代价高昂的,所以应该避免。如果战争看来不可避免,就应该通过保持防御和向盟国推诿战争的成本负担而小心控制其成本。德国也得出了现代战争可能代价高昂的教训。该教训被转换到一种特殊的进攻性学说之中,它或可使德国得以逐个击败敌人,即避免长期的消耗战。关于现代军事技术的类似的总体结论造就了高度不同的军事学说。如前所述,体系(包括地理)和组织因素的结合看来最好不过地解释了每个战略的特点。

如果人们回到具体的技术教训和认知层次上,就会发现这三个强国之间的广泛差异。法国的军人和政治家的确看似得出了这样一个结论:现代军事技术在陆上战争中向防御方提供了某种优势。英国的军人和文官们也看似得出了该结论。可是,英国陆军在一战后初期的装甲试验在欧洲属于最具有革新性的。英国陆军至少一开始显得比法国陆军略少些教条。德国陆军则着手为改变协约国陆军所认为的防御优势而努力。冯·塞克特认为,消耗战对于德国从来不会奏效,并着手完善将恢复进攻的主导地位的新战术。这样,我们在两次世界大战之间看到,技术与学说之间没有必然联系。

当"新"技术被应用于20世纪30年代的欧洲陆军和空军时,我们看到了不同的回应和学说。在某些案例中,新技术被拧入了旧学说中;在其他案例中,它们被整合到新学说中。德国人和英国人用新技术获得了新学说,法国人则没有。空中领域的变化尤能说明问题,因为一战中的空战是如此原始,而且其教训如此模糊。

起初,《凡尔赛和约》的规定禁止德国人拥有空军。一旦他们重返空战舞台,他们对于与陆军合作显示出了总体偏好,这主要是在进攻作战中。皇家空军在一战后初期获得了自治。它从支持进攻的角度解读空中技术,并压制任何认为进攻行动应与地面作战密切联系的建议。来自一战中的德国轰炸经历的复杂证据,以及两次世界大战之间时期的某些插曲,为皇家空军的主张提供了某些经验性支持。我们在第五章中看到,该证据在很大程度上出于组织原因而被"改造"了。英国的文官们对于这一特定的技术"现实"渐渐变得不满,并为改变它而成功地采取行动。法国人从未就他们认为现代空中技术有何影响而作出决定,只是在不同立场间被推来搡去。这三个案例共同表明,对于新技术的有限体验可为军人或文官希望得出的——无论出于组织还是大战略方面的原因——任何学说上的结论提供支持。

关于地理对军事学说的影响,我们可能已得到了多少更确切的结论。地理因素对于该时期英国和德国的军事学说有着直接影响,但对于法国军事学说的影响相对欠清晰。

一方面,英吉利海峡带来的安全上的余地强化了英国的防御性偏好;英国的决策者认为,他们可以摒弃早早地向大陆投入大量的地面部队,而又不会给本国的生存机会带来不当影响。另一方面,在两次世界大战之间的很多时候,地理距离对于英国保卫帝国的影响很少得到坦承。在这方面,皇家海军显得特别懒散。随着英国对手的力量上升,地理上的限制得到了更清晰的承认,但即便如此,英国还为守住它在太平洋的堡垒作了最后一次堂吉诃德式的努力。

关于地理对学说的复杂影响,德国提供了一个类似案例。从形式上看,在冯·塞克特时期,在进攻作战中对内线的利用被过分强调了。德国客观上缺乏利用该地理潜力的力量,冯·塞克特在鲁尔危机中的举动也表明他知晓这点,似乎进攻性学说是由于组织原因而存在的。后来,在希特勒统治下,德国有了利用其内线的能力,而且利用了它。

法国人受到了在他们看来是地理上的约束和机会的影响。如前所述,法国工业的很大一部分靠近比利时边界,所以在该边界上筑垒不能保护这些资源。而且,该处地形缺乏任何重要的自然屏障,被认为不适用于像马奇诺防线那样庞大的堡垒工事。比利时会为对付德国人提供一个上佳的远离法国领土的战场。

尽管多数历史学家认定这些论断不无道理,但对于北部为何未有更严密的防御还有着存疑空间。洛林地区的工业也处于边境——与卢森堡的边界——火炮的射程之内,但这未阻止法国人为了保护它而将马奇诺防线延长。诚然,它与比利时的边境有着更便于防御的自然条件,但该差别看似不像法国人声称的那么显眼。法国人在意的不仅是保护自身不受征服,还要使战斗的附带影响尽可能远离法国领土,并把比利时、荷兰和(最重要的)英国盟友拉过来为法国的事业效劳。不在边界筑垒进而诱使德国人借道比利时进攻,是对于这些目标的最好促进。当然,地理方面的造化为该战略开了方便之门。比利时位于法国和德国之间;而且,比利时的港口具有作为对英两栖攻击基地的潜在价值,所以或可诱使英国再次去保卫它们。但要利用这些可能性,法国不得不冒一些风险。工事稀松的法比边境，以及将法国部队派遣到比利时，未给失误留下多少回旋余地。法国人辩称，他们的工业布局和边界地形特征使其在该问题上没有多少选择，但如前所述，这不完全令人信服。总体力量的不对等和政治机遇推动着法国人去利用欧洲的地理状况，以制造比利时境内的碰撞。他们这样做，是由于纠正法国与德国在总体能力上的失衡被视作国家的最高利益。

因此，总体而言，人们从这些案例中可得出结论：政治家和军人在作出军事决定时确实考虑了地理。但同时，他们常常愿意低估或高估其影响，以迎合组织利益、政策偏好或国际体系中权力分配带来的约束和刺激。

相对的解释力

对于验证组织理论和均势理论的解释力，并考察技术和地理对军事学说的影响，这三个案例提供了良好的试验场所。对于这两个理论和本书中所述论点的相对可信度，会有怎样的说法？

对于选作研究对象的军事学说的任何方面，技术就其自身而言解释力薄弱。它扮演了某种角色，然而是非常间接的一种。一战提供了关于现代军事技术的鲜明教训，而这些教训被转换进了广泛的学说之中。

对于军事学说的基本方面，地理因素只提供了部分解释。地理的角色确实看来不比技术角色更强劲、直接和长久，尽管对于过去 30 年的细致考察可能会表明，核技术比地理对两个超级大国的军事学说产生了更大影响。

对于军事学说中的特定成分，组织理论和均势理论提供了比技术或地理论点更有说服力和更全面的解释。在我看来，对于研究学说，均势理论是一个比组织理论略胜一筹的工具。从最宽泛的角度讲，组织理论预言了进攻性、分裂性和停滞性的军事学说。三个案例研究表明，这些是显著的趋向。不过，文官对作战事务的干预对这些趋向有着重要的弱化。这些案例研究表明，均势理论可解释干预本身及其特点。这些研究甚至包含了某些证据，它们表明：当威胁变得足够严重时，军人自己会开始重新考虑出于组织自身需要的学说偏好，倘若这些偏好未能充分应对国家当前的安全问题。冯·塞克特在鲁尔被占期间表现出了明显的灵活性，即便没有文官的干预。当战争开始显得迫在眉睫时，皇家空军中的轰炸机倡导者对于文官对战斗机和空防的兴趣变得更为附和。一旦皇家空军考察了战略轰炸机在对德作战上的效用并觉得它有限，它变得更愿意接受其他思想，至少是暂时性的。

对于组织理论和均势理论的相对力度，20 世纪 30 年代末的德国和英国军事学说的特点尤具启示。德国陆军有着进攻倾向，但对于希特勒需要的闪电战战略有着很多反对。对于闪电战战略的存在（我相信是存在的），希特勒的干预是一个原因。该战略的作战、经济和政治方面与笼罩在德国身上的外界制约非常合拍。革新被强行贯彻了，这多少与德国陆军的意愿相左。

在英国，组织利益和技术“教训”造就了对于进攻性轰炸战略的倾向。英国的国际地位则另有需要。面对着相反的组织偏好，英国的文官们力推一种新学说。均势理论最好地解释了这种文官干预及其特点。

当然，两次世界大战之间时期提供的这些验证或“重要试验”不是完美无缺。现实总比我们希望它所呈现的更复杂，而且很少与任何理论的预言对应得天衣无缝。希特勒显然近似于一张王牌，法国的国内政治则在法国大战略中扮演了某种我甚至尚未尝试分析的角色。但是，我没有说要全面解释所有的与解释三国军事学说相关的内容，我也未表示已经明确验证了第二章中引入的两个理论。

我对理论的运用是出于其本质，即理解现实的工具。它们是明确了大致的因果作用的对现实的抽象。我对这些理论颇有延伸，以考察军事学说的相关现象。在这样做时，我将其置于了十分严格的验证中。我认为该验证提供了很多启示。它为均势理论提供了很多支持；相比于组织理论当前的广受欢迎给人们带来的期盼,就更是如此。该验证还表明了组织理论的优劣。该理论是一个强有力的工具,但在对于战略事务的分析中,应该一直把它与更成熟的同胞即均势理论结合起来运用。最后,对于含有清晰或不清晰的技术决定论假设、或者过分强调了地理的因果作用的关于军事学说的解释,我们应一直持存疑态度。

若干总体的政策性结论

尽管该研究强调的是预测和解释,但它也带来了一些总体意义上的政策性结论。

第一,组织理论预言,军方会常以不利于国家利益的方式行事。我指出,在局势日益紧张的时期,军事组织即便不总是也常常受到严密监管。在相对平静的时期,它们则常被忽视。文官们必须仔细审察军事组织的学说,以保证它们强调了合适类型的军事行动、将政治目标与军事手段相协调,并根据政治环境和技术发展而变革。

第二,一个国家的政治孤立是危险的。应该避免造就国际"贱民",这类国家不得不依靠自身的军事资源,结果不可预测。阿拉伯人的以色列政策或许使这个国家在军事上比它在其他情况下更强大。以色列国防军在1967—1973年间——这或许是人们眼中以色列安全的黄金时代——遭遇了他们在质量上的最大退步,指出这点是不无趣味的。

第三,本书的理论和实体部分都强调了北约联盟的长期价值。在本书正待完稿时,该联盟身处周期性的信任危机中,这次的起因是对远程战区性核力量进行现代化的争议性决定。若评估均势理论对于多极局面下国家行为的意义,并考察这些意义如何体现在两次世界大战之间时期,这会为北约一旦解体时可能出现的一些危险提供鲜明证据。我们应该关注这些危险,因为欧洲仍是苏联常规军事力量打击范围中的头号猎物。

尽管没有疑问的是,从理论角度看,即便北约不存在,世界仍会是两极状态,而且两极体系的很多益处可能依旧,但北约解体导致美国对欧洲事务关注度下降看来也是可能的。美国对欧洲的介入可能——至少一时——如同20世纪20年代和30年代英国那样矛盾和飘忽。所以,如果北约联盟不存在,均势理论对于多极局面下国家行为的很多预言或许成立。

如第二章所述,在这种局面下,扩张性霸权国家在一开始可获得某种优势。由于各国一心为己,维持现状国家之间的争论——围绕对抗某个帝国主义者的风险和成本——有可能频繁发生。这会让扩张性国家在对内强化和对外征服上都抢得先机。这会使得对于扩张主义者的终极抵抗更加困难。而且,如我们在考察英国和法国时所发现的,即便防御性联盟开始形成,维持现状国家之间的争执也一如既往。这些争执从量和质的角度影响着防御方的制衡行为。当维持现状国家将安全责任推来搡去时,它们在军事上的作为可能赶不上它们能做或应做的。

类似的是,防御方的举动可能是各自为战并难以互补,以至于其联军失调无序,只可进行有限的战场合作。就20世纪30年代以及低地国家战役和法兰西战役期间英国、法国和比利时的军事合作而言,这是事实。英国的庞大空军,无论是战斗机还是轰炸机,对于1940年的地面战斗影响甚微。在两次世界大战之间时期,法国——与假如它对英国军事支援抱有信心时的举动相比——对海军的投入或许更多(在法国案例中未予探讨),这些资源或许本可用于造就一支更强大的陆军。最后,在协调他们的战场行动方面,英国、法国和比利时的地面部队指挥官面临着困局。他们既缺乏好的通讯设备,也缺乏任何共同的学说。如果北约不存在,而且在美国从欧陆事务抽身后,这些和平与战争时期的问题看来有可能再次抬头。对于未来的某位比我们近来所见的那些人更为大胆的苏联领导人,这类问题可能带来诱惑。

北约的持续存在使潜在的侵略者面临着不利处境。作为一个愿意并有能力不按比例地承担维持现状的风险和成本的领导者,美国身处其中可确保对扩张主义者的伎俩作出迅速反应。个别大国留在联盟中还有助于争取和管理较小国家对于防务的贡献;假如较小国家的前途被托付给欠缺活力的中等强国，它们担心会被置于困境。尽管与假如法国、英国和德国这样的中等强国被迫完全依赖自身资源时它们可能的举动相比，这样的一个领导者的存在可能诱使它们在防务上花费更少，但这可能鼓舞小国付出更多努力。如果不得不谋求保卫自己，比利时、荷兰和挪威这样的国家或许觉得该任务无希望可言，并且只遣派较弱的部队，这在两次世界大战之间的多数时候是实情。只有通过与大国的合作，它们的努力才能发挥些许作用。其实，若无大国的切实保护，小国常常觉得，对扩张性霸权奉行绥靖比彻底输掉一场总体战的前景更有吸引力。

在同盟背景下，在和平时期就规划和训练达成高度协调是有保证的。这增强了成员国的军事努力在总体上的互补和效能，并可能通过某种方式对中等强国的搭便车行为有所弥补。

最后，这些和平时期的合作努力差不多定会得到更好的战场表现的回报。在和平时期就已携手进行规划和训练的军事组织更有能力应对战斗中的摩擦，尤其在长期的和平时期过后。

尽管很多人抱怨该同盟迄今在军事合作上所达到的程度有限，尤其是在武器标准化领域，但人们只需仔细研读 20 世纪 30 年代和低地国家之战，就可明白如果没有北约，情况可能会多么地糟糕透顶。

第四个政策性结论是，我们不应对核武器技术过于自满。虽然在苏联和美国内部及其之间进行着关于军事战略的辩论，但难以理解的是，为何有人会认识不到该相互威慑是这些国家所能希冀的全部。若被问及地球上两个超级大国之间的热核大战的可能结局，常被言及的火星人都肯定会回答，相互摧毁是铁定事实。我们有时还佯装有不同答案。

对于我们为何要这样做，本书已表明了一些组织性和体系性原因。军事组织通常偏好进攻。我毫不怀疑，这对苏联战略火箭军和美国战略空军司令部来说都是事实。倘若政治家们身陷与强大的国际对手的对抗僵局，对多个安全依附者担有责任，得不到有政治价值的盟友，对自身的军事素养没有信心，而且就想在战争来临时尽力控制本国的损失，他们就容易受制于军人们支持进攻性学说的论断。而且，美国和苏联的领导人都有能力出于军事目的而自如利用各自社会中的工业和技术资源。幸运的是，文官们没有完全顺从进攻性路线。威慑已成为双方核战略的重要一环。不过，模糊不清之处尚明显存在；而且，对于军事组织推行进攻性革新，这种模糊提供了机会，有时还提供了额外动力。

核武器技术已表明对于革新有着非凡的耐受性。该优势依然明显有利于既不以解除武装、也不以抵拒行动而以惩罚为导向的军事力量。不幸的是，本书表明存在着要求变革的强大压力。在20世纪30年代，人们相信，轰炸机将一直畅行无阻。一个由政治家、科学家和军人组成的群体改变了该“现实”，这正足以让英国熬过1940年的夏秋。无人能够辨明核威慑技术具有多大弹性，但强大的政治压力正在发挥作用，以使技术现实变得有利于进攻。无人可说清这些压力何时或是否会获得成功。如果它们成功了，第一章中提出的论断表明，所造就的核军备和进攻占优的世界不会令人愉快。在两个超级大国身上，本书所探讨的体系性和组织性动力以它们的军事竞争为背景，强化了一直存在的警惕意识。若要谨慎小心，就需要美国在该斗争中不放松戒备。但同时，若认识到警惕可能带来令局面动荡的变化，这应促使双方改进其合作措施，以对军备竞争施加某些控制。警惕与调适兼顾的政策不易推行，但本书提出的思考表明，我们经不起对军备竞争的放任自流。影响双方军事学说的最强大力量看似要将各方不可避免地引向危险方向。

注释

1. Robert J. Art, “Bureaucratic Politics and American Foreign Policy: A Critique,” *Policy Analysis* 4(1973); Stephen Krasner, “Are Bureaucracies Important? (or Allison Wonderland),” *Foreign Policy* 7(Summer 1972).

2. Hillman, “Comparative Strength,” p.446.

参考文献

Addington, Larry H. *The Blitzkrieg Era and the German General Staff*. New Brunswick, N.J.: Rutgers University Press, 1971.

Allison, Graham. *Essence of Decision*. Boston: Little, Brown, 1971.

Ansel, Walter. *Hitler Confronts England*. Durham, D.C.: Duke University Press, 1960.

Art, Robert J. "Bureaucratic Politics and American Foreign Policy: A Critique." *Policy Analysis* 4(1973). 467—490.

Bankwitz, Philip C.F. *Maxime Weygand and Civil-Military Relations in Modern France*. Cambridge, Mass.: Harvard University Press, 1967.

Bernard, Chester I. *The Functions of the Executive*. Cambridge, Mass.: Harvard University Press, 1968.

Betts, Richard K. *Soldiers, Statesmen, and Cold War Crises*. Cambridge, Mass.: Harvard University Press, 1977.

Blainey, Geoffrey. *The Causes of War*. New York: Free Press, 1973.

Blenchman, Barry M., and Stephen S. Kaplan. *Force without War*. Washington, D.C.: Brookings Institution, 1978.

Bond, Brian. *British Military Policy between the Two World Wars*. Oxford: Clarendon Press, 1980.

——. *France and Belgium, 1939—1940*. London: Davis Poynter, 1975.

Bracken, Paul. "Unintended Consequences of Strategic Gaming." *Simulation and Games* 8: 3(September 1977):283—318.

Brodie, Bernard. *The Absolute Weapon*. New York: Harcourt, Brace, 1946.

——. *Strategy in the Missile Age*. Princeton: Princeton University Press, 1959.

——. "Technological Change, Strategic Doctrine, and Political Outcomes." In *Historical Dimensions*. Edited by Klaus Knorr. Lawrence: University Press of Kansas, 1976. pp.263—306.

Brodie, Bernard, and Fawn Brodie. *From Crossbow to H-Bomb*. Bloomington: Indiana University Press, 1973.

Brown, Harold. *Department of Defense Annual Report, Fiscal Year 1981*. Washington, D.C.: GPO, January 29, 1980.

Bullock, Alan. "Hitler and the Origins of the Second World War." In *European Diplomacy between Two Wars, 1919—1939*. Edited by Hanz Gatzke. Chicago: Quadrangle, 1972. pp.221—246.

Calvocoressi, Peter, and Guy Wint. *Total War: The Story of World War II*. New York: Pantheon, 1972.

Carr, E. H. *International Relations between the Two World Wars, 1919—1939*. London: Macmillan, 1947.

Carroll, Berenice A. *Design For Total War: Arms and Economics in the third Reich*. The Hague and Paris: Mouton, 1968.

Carsten, F. L. *The Reichswehr and Politics, 1918—1933*. Oxford: Clarendon, 1966.

Carver, Michael. *The Apostles of Mobility: The Theory and Practice of Armoured Warfare*. New York: Holmes & Meir, 1979.

Challener, Richard D. *The French Theory of the Nation in Arms, 1866—1939*. New York: Russell & Russell, 1965.

Churchill, Winston S. *The Gathering Storm*. Vol. 1 of *the Second World War*. New York: Bantam, 1977.

Clausewitz, Carl von. *On War*. Translated and edited by Michael Howard and Peter Paret. Princeton: Princeton University Press, 1976.

Collier, Basil. The Defense of the United Kingdom. In *History of the Second World War*. United Kingdom Military Series. London: HMSO, 1957.

Cooper, Matthew. *The German Army, 1933—1945: Its Political and Military Failure*. New York: Stein & Day, 1978.

Craig, Gordon.*Germany, 1866—1945*. New York: Oxford University Press, 1978.

——. *The Politics of the Prussian Army, 1640—1945*.London: Oxford University Press, 1964.

Crozier, Michel.*The Bureaucratic Phenomenon*. Chicago: University of Chicago Press, 1964.

Cyert, Richard, and James March. *A Behavioral Theory of the Firm*. Englewood Cliffs, N. J.: Prentice Hall, 1963.

Deighton, Len.*Blitzkrieg*. London: Jonathan Cape, 1979.

——. *Fighter: The True Story of the Battle of Britain*. London: Jonathan Cape, 1977.

Deutsch, Karl W., and J.David Singer."Multipolarity, and the Future." In *International Politics and Foreign Policy*. Edited by James N. Rosenau. New York: Free Press, 1969. Pp.315—324.

Dilks, David. "'The Unnecessary War?' Military Advice and Foreign Policy in Great Britain, 1931—1939." In *General Staffs and Diplomacy before the Second World War*. Edited by Adrian Preston. London: Croom Helm, 1978. pp.98—132.

Dingman, Roger. *Power in the Pacific*. Chacago: University of Chicago Press, 1976.

Documents on German Foreign Policy. Ser. D, vol.1—2. Washington,

D. C.: GPO, 1949.

Downs, Anthony. *Inside Bureauracy*. Boston: Little, Brown, 1967.

Earle, Edward M. ed., *Makers of Modern Strategy: Military Thought from Machiavelli to Hitler*. Princeton: Princeton University Press, 1943.

Ellis, L.F. *The War in France and Flanders, 1939—1940*. London: HMSO, 1953.

Ermarth, Fritz W. "Contrasts in American and Soviet Strategic Throught." *International Security* 3(Fall 1978): 138—155.

Finer, Samuel. *The Man on Horseback: The Role of the Military in Politics*. 2nd ed. London: Penguin, 1975.

Fuller, J.F.C. *The Conduct of War, 1789—1961*. London: Methuen, 1961.

——. *The Decisive Battles of the Western World, 1792—1944*. Edited by John Terraine. St.Albans, England: Granana, 1970.

Gatzke, Hans W. *Stresemann and the Rearmament of Germany*. Baltimore: John Hopkins University Press, 1954.

George, Alexander. "Case Studies and Theory Development: The Method of Structured, Focused Comparison." In *Diplomacy: New Approaches in History, Theory, and Policy*. Edited by Paul Gordon Lauren. New York: Free Press, 1979. pp.43—68.

Gibbs, N.H. *Grand Strategy*. Vol.1, *Rearmament Policy. History of the Second World War*. United Kingdom Military Series. London: HMSO, 1976.

Gibson, Irving(化名). "Maginot and Liddell Hart: The Doctrine of Defense." In *makers of Modern Strategy*. Edited by Edward M. Earle. Princeton: Princeton University Press, 1971. pp.365—387.

Gilbert, Felix, ed. *The Historical Essays of Otto Hintze*. New York:

Oxford University Press, 1975.

Gilpin, Robert. *War and Change in World Politics*. Cambridge: Cambridge University Press, 1981.

Goerlitz, Walter. *History of the German General Staff, 1657—1945*. New York: Praeger, 1953.

Gordon, Harold J. Jr. *The Reichswehr and the German Republic, 1919—1926*. Princeton: Princeton University Press, 1957.

Gray, Colin. "Victory is Possible." *Foreign Policy* 39(Summer 1980): 14—27.

Great Britain. Admiralty. Naval Intelligence Division. *Economic Geography*. Vol.3 of *France*. Cambridge: Cambridge University Press, 1942.

Great Britain. Foreign Office. *Documents on British Foreign Policy, 1919—1939*. 2nd ser., vol.13. London: HMSO, 1973.

——. *Documents on British Foreign Policy, 1919—1939*. 3rd ser., vol.2. London: HMSO, 1951.

Greene, Fred. "French Military Leadership and Security against Germany, 1919—1940." Ph.D.diss., Yale University, 1950.

Gudrian, Heinz. *Panzer Leader*. New York: Ballantine, 1957.

Gunsburg, Jeffrey A. *Divided and Conquered: The French High Command and the Defeat of the West, 1940*. Westport, Conn.: Greenwood Press, 1979.

Hancock, W.K., and M.M.Gowing. *British War Economy*. In *History of the Second World War*. United Kingdom Civil Series. 1949. Rev. ed. With amendments and confidential sources, 1975.

Handel, Michael. *Israel's Political-Military Doctrine*. Occasional Papers in International Affairs, No.30. Cambridge, Mass.: Center for International Affairs, Harvard University, July, 1973.

Harvey, Donald J. "French Concepts of Military Strategy, 1919—1939." Ph.D.diss., Columbia University Press, 1953.

Hauner, Milan. "Czechoslovakia as a Military Factor in British Considerations of 1938." *Journal of Strategic Studies* 2 (September 1978): 194—223.

Herz, John. *Political Realism and Political Idealism*. Chicago: University of Chicago Press, 1951.

Herzog, Chaim. *The War of Atonement*. Boston: Little, Brown, 1975.

Hillmann, H.C. "Comparative Strength of the Great Powers." In *The World in March 1939*. Vol.1 of *Survey of International Affairs, 1939—1946*. Edited by Arnold Toynbee and Frank T. Ashton-Gwatkin. London: Royal Institute of International Affairs and oxford University Press, 1952.

Hinsley, F. H. *Hitler's Strategy*. Cambridge: Cambridge University Press, 1951.

——. *Power and the Pursuit of Peace*. Cambridge: Cambridge University Press, 1963.

Hinze, Otto. *See* Gibert, Felix.

Hirschman, Albert O. *Exit, Voice, and Loyalty*. Cambridge, Mass.: Harvard University Press, 1970.

Hoag, Malcolm W. "On Stability in Deterrent Races." In *The Use of Force*. Edited by Robert J. Art and Kenneth N. Waltz. Boston: Little, Brown, 1971. Pp.402—428.

Homze, Edward. *Arming the Luftwaffe: The Reich Air Ministry and the German Aircraft Industry, 1919—1939*. Lincoln: University of Nebraska Press, 1976.

Horelick, Arnold. "Perspectives on the Study of Comparative Military Doctrine." In *Comparative Defense Policy*. Edited by Frank B.

Horton. Baltimore: Johns Hopkins University Press, 1974. Pp. 192—200.

Howard, Michael. "The Armed Forces." In *Material Progress and World-Wide Problems, 1870—1898*. Vol. 11 of *The New Cambridge Modern History*. Edited by F. H. Hinsley. Cambridge: Cambridge University Press, 1962. pp.204—242.

——. *The Continental Commitment*. London: Temple Smith, 1972.

——. *The Franco-Prussian War*.London: Granada, 1961.

——. *War in European History*. London: Oxford University Press, 1976.

Hughes, Judith M. *To the Maginot Line: The Politics of French Military Preparation in the 1920's*. Cambridge, Mass.: Harvard University Press, 1971.

Huntington, Samuel. *The Soldier and the State*. Cambridge, Mass.: Belknap, 1957.

International Institute for Strategic Studies. *The Military Balance, 1983—1984*. London: International Institute for Strategic Studies, 1983.

Irving, David. *The Rise and Fall of the Luftwaffe: The Life of Erhard Milch*. London: Weidenfeld and Nicolson, 1973.

Jacobsen, Hans Adolf. "Dunkirk 1940." In *Decisive Battles of World War II: The German View*. Edited by Hans Adolf Jacobsen and Jurgen Rohwer and translated by Edward Fitzgerald. London: Andre Deutsch, 1965. pp.29—69.

Jervis, Robert. "Cooperation under the Security Dilemma." *World Politics* 30(January 1978): 67—214.

——. *Perception and Misperception in International Politics*. Princeton: Princeton University Press, 1976.

Kahn, Herman. *On Thermonuclear War*. New York: Free Press, 1960.

Keegan, John. *The Face of Battle*. New York: Viking Press, 1976.

Kennedy, Paul. *The Rise and Fall of British Naval Mastery*. London: Allen Lane, 1976.

Kieft, David Owen. *Belgium's Return to Neutrality*. Oxford: Clarendon Press, 1972.

Kindleberger, Charles. *The World in Depression, 1929—1939*. Berkeley: University of California Press, 1973.

Kissenger, Henry. *Problems of National Strategy*. New York: Praeger, 1965.

Kitchen, Martin. *A Military History of Germany: From the Eighteenth Century to the Present Day*. Secaucus, N.J.: Citadel Press, 1976.

Klein, Burton H. *Germany's Economic Preparations for War*. Cambridge, Mass.: Harvard University Press, 1959.

Knightly, Philip. *The First Casualty*. London: Quartet, 1978.

Krasner, Stephen. K. "Are Bureaucracies Important? (or Allison Wonderland)." *Foreign Policy* 7(Summer 1972): 159—171.

Lambeth, Benjamin. "The Political Potential of Soviet Equivalence." *International Security* 4(Fall 1979): 22—39.

Landau, Martin. "On the Concept of a Self-Correcting Organization." *Public Administration Review* 33 (November/December 1973): 533—542.

Leach, Barry. *German Strategy against Russia, 1939—1941*. Oxford; Clarendon Press, 1973.

Liddell-Hart, B. H. *History of the First World War*. London: Pan, 1972.

——. *The Other Side of the Hill: Germany's Generals, Their Rises and Fall, with Their Own Account of Military Events, 1939—1945*. Enlarged and rev. Ed. London: Cassell, 1951.

Lindblom, Charles, and David Braybrooke. *A Strategy of Decision*. New York: Free Press of Glencoe, 1963.

London Sunday Times Insight Team. *The Yom Kippur War*. Garden City, N.Y.: Doubleday, 1974.

Luttwak, Edward N. "The Operational Level of War." *International Security* 5:3(Winter 1980/1981): 61—79.

Macksey, Kenneth. *Guderian, Panzer General*. London: MacDonald & Jane's, 1975.

——. *Kesselring: The Making of the Luftwaffe*. London: B.T.Batsford, 1978.

Mandelbaum, Michael. *The Nuclear Question: The United States and Nuclear Weapons, 1946—1976*. Cambridge: Cambridge University Press, 1979.

March, James, and Herbert Simon. *Organizations*. New York: John Wiley & Sons, 1958.

Mason, Herbert M. Jr. *The Rise of the Luftwaffe: Forging the Secret German Air Weapon, 1918—1940*. New York: Dial, 1973.

Mason, T.W. "Some Origins of the Second World War." *Past and Present* 29(December 1964): 67—87.

McDougall, Walter. *France's Rhineland Diplomacy, 1914—1924*. Princeton: Princeton University Press, 1978.

McElwee, William. *The Art of War: Waterloo to Mons*. Bloomington: Indiana University Press, 1974.

Michel, Henri. *The Second World War*. Vol.1. Translated by Douglas Parmee. New York: Praeger, 1975.

Middlemas, Keith. *Diplomacy of Illusion*. London: Weidenfeld and

Nicolson, 1972.

Middlemas, Keith, and John Barnes. *Baldwin: A Biography*. London: Weidenfeld and Nicolson, 1972.

Milward, Alan S. *The German Economy at War*. London: Athlone Press, University of London, 1965.

——. *War, Economy and Society, 1939—1945*. Berkeley: University of California Press, 1977.

Montross, Lynn *War through the Ages*. New York: Harper & Brothers, 1960.

Morgenthau, Hans. *Politics among Nations: The Struggle for Power and Peace*. New York: Alfred Knopf, 1978.

Murray, Williamson. "British and German Air Doctrine between the Wars."*Air University Review* 31: 3(March/April 1980): 39—58.

Nazi Conspiracy and Aggression. Vol.4. "Excerpt from General Jodl's Diary." Washington, D.C.: GPO, 1946—1948.

Oman, C.W.C. *The Art of War in the Middle Ages*. Ithaca, N.Y.: Cornell University Press, 1953.

Osgood, Robert E., and Robert W.Tucker. *Force, Order and Justice*. Baltimore: Johns Hopkins University Press, 1967.

Park, Robert E. "The Social Function of War." In *War*. Edited by Leon Bramson and George Goethals. New York: Basic Books, 1964. Pp. 229—244.

Parkinson, Roger. *Dawn on Our Darkness: The Summer of 1940*. London: Granada, 1977.

Pelz, Stephen. *Race to Pearl Harbor*. Cambridge, Mass.: Harvard University Press, 1974.

Post, Gaines Jr. *The Civil-Military Fabric of Weimar Foreign Policy*. Princeton: Princeton University Press, 1973.

Postan, M., D.Hay, and J.D.Scott. *Design and Development of Weapons: Studies in Government and Industrial Organization*. London: HMSO and Longman's, Green, 1964.

Powers, Barry D. *Strategy without Slide Rule*. London: Croom Helm, 1976.

Pratt, Lawrence R. *East of Malta, West of Suez: Britain's Mediterranean Crisis, 1936—1939*. Cambridge: Cambridge University Press, 1975.

Quester, George. *Offense and Defense in the International System*. New York: John Wiley, 1977.

Reiners, Ludwig. *The Lamps Went Out in Europe*. Translated by Richard and Clara Winston. New York: Pantheon, 1955.

Rich, Norman. *Hitler's War Aims: Ideology, the Nazi State, and the Course of Expansion*. New York: W.W.Norton, 1973.

Ritter, Gerhard. *The Schlieffen Plan: Critique of a Myth*. With a foreword by B.H.Liddell-Hart. Translated by Andrew Wilson and Eva Wilson. Westport, Conn.: Greenwood, 1979.

——. *The Prussian Tradition, 1740—1890*. Vol.1 of *The Sword and the Sceptor*. Translated by Heinz Norden. Coral Gables, Fla.: University of Miami Press, 1969.

Rommel, Erwin. *Papers*. Edited by B. H. Liddell-Hart. New York: Harcourt, Brace, Jovanovich, 1953.

Rosecrance, Richard N. "Biopolarity, Multipolarity, and the Future." In *International Politics and Foreign Policy*. Edited by James N. Rosenau. New York: Free Press, 1969. Pp.325—335.

Rowe, A. P. *One Story of Radar*. Cambridge: Cambridge University Press, 1948.

Safran, Nadav. *Israel: The Embattled Ally*. Cambridge, Mass.:

Belknap, Press, 1978.

Schelling, Thomas. *Arms and Influence*. New Haven: Yale University Press, 1966.

——. *The Strategy of Conflict*. New York: Oxford University Press, 1963.

Schramm, Percy Ernst. *Hitler: The Man and the Military Leader*. Translated and edited by Donald Detwiler. Chicago: Quandrangle, 1971.

Selznick, Philip. *Leadership in Administration*. Evanston, ill.: Row, Peterson, 1957.

Shanahan, William O. *Prussia's Military Reforms, 1786—1813*. New York: Columbia University Press, 1945.

Sherwig, John M. *Guineas and Gunpowder*. Cambridge, Mass.: Harvard University Press, 1969.

Shirer, William L. *The Rise and Fall of the Third Reich: A History of Nazi Germany*. New York: Simon & Schuster, 1960.

Shlaim, Avi. "Failure in National Intelligence Estimates: The Case of the Yom Kippur War." *World Politics* 28:3(April 1976): 348—380.

Sienkiewicz, Stanley. "SALT and Soviet Nuclear Doctrine," *International Security* 2(Spring 1978): 84—100.

Simon, Herbert. *Administrative Behavior*. New York: Free Press, 1957.

——. "Rationality and Administrative Decision Making." In *Models of Man, Social and Rational*. New York: John Wiley, 1957. Pp. 196—206.

Smoke, Richard. "National Security Affairs," in *Handbook of Political Science*. Vol.8. Edited by Fred Greenstein and Nelson Polsby.

Reading, Mass.: Addison-Wesley, 1975. Pp.247—362.

Snyder, Glenn. *Deterrence and Defense: Toward a Theory of National Security*. Princeton: Princeton University Press, 1961.

Sokolovsky, V. D. *Military Strategy: Soviet Doctrine and Concepts*. London: Pall Mall Press, 1963.

Spykman, Nicholas. *America's Strategy in World Politics: The United States and the Balance of Power*. New York: Harcourt, Brace, & World, 1942.

Steinbruner, John. *The Cybernetic Theory of Decision*. Princeton: Princeton University Press, 1974.

Stinchcombe, Arthur L. *Constructing Social Theories*. New York: Harcourt, Brace, & World, 1968.

Stolfi, R.H.S. "Equipment for Victory in France." *History* 52(February 1970): 1—20.

Suchenwirth, Richard. *The Development of the German Air Force, 1919—1939*. Edited by Harry R.Fletcher. Maxwell A.F.B., Ala.: Air University, 1968.

Sumner, William Graham. "War." In *War*. Edited by Leon Bramson and George W.Goethals. New York: Basic Books, 1964. Pp.205—228.

Taylor, A. J. P. *The Struggle for Mastery in Europe, 1848—1918*. Oxford: Oxford University Press, 1971.

Taylor, Telford. *The March of Conquest: The German Victories in Western Europe*, 1940. New York: Simon & Schuster, 1958.

——. *Munich: The Price of Peace*. Garden City, N.Y.: Doubleday, 1979.

——. *Sword and Swastika*. New York: Simon & Schuster, 1952.

"The Colloquium: Exploring Ideas." *Tech Talk* (News Office, Massachusetts Institute of Technology) 24:37(May 1980): 6—7.

Thompson, James Clay. *Rolling Thunder: Understanding Policy and Program Failure*. Chapel Hill: University of North Carolina Press, 1980.

Thompson, James D. *Organizations in Action*. New York: McGraw-Hill, 1967.

Thompson, V.A. "Bureaucracy and Innovative Action." In *Bureaucracy and the Modern World*. Morristown, N. J.: General Learning Press, 1976.

Thucydides. *History of the Peloponnesian War*. Translated with an introduction by Rex Warner. 1954; Harmondsworth England: Penguin, 1972.

Tilly, Charles. ed., *The Formation of National States in Western Europe*. Princeton: Princeton University Press, 1975.

Turner, L. C. F. *Origins of the First World War*. London: Edward Arnold, 1970.

United States. Congress. Senate. Committee on Armed Services. *Military Implications of the Treaty on the Limitation of Strategic Offensive Arms and Protocol Thereto (Salt II Treaty)*. 96th Cong., 1st sess., pt.1, 1979.

Vagts, Alfred. *Defense and Diplomacy: The Soldier and the Conduct of Foreign Relations*. New York: King's Crown Press, 1950.

——. *A History of Militarism, Civilian and Military*. New York: Fress Press, 1959.

Waltz, Kenneth. *Man, the State, and War*. New York: Columbia University Press, 1959.

——. *Theory of International Politics*. Reading, Mass.: Addison-Wesley, 1979.

Warlimont, Walter. *Inside Hitler's Headquarters, 1939—1945*. London: Weidenfeld and Nicolson, 1964.

Watt, D.C. *Too Serious a Business*. Berkeley: University of California Press, 1975.

Weber, Max. *From Max Weber: Essays in Sociology*. Translated, edited and introduced by H. H. Gerth and C. Wright Mills. New York: Oxford University Press, 1946.

Webster, Charles, and Noble Frankland. *The Strategic Air Offensive against Germany, 1939—1945*. Vol.1, Preparation, pts.1, 2 and 3. History of the Second World War, United Kingdom Military Series. London: HMSO, 1961.

Weigley, Russell F. "Military Strategy and Civilian Leadership." In *Historical Dimensions of National Security Problems*. Edited by Klaus Knorr. Lawrence: University Press of Kansas, 1976, pp. 38—77.

Wheeler-Bennett, J.W. *Munich: Prologue to Tragedy*. London: MacMillan, 1948.

White, Lynn. *Medieval Technology and Social Change*. London: oxford University Press, 1962.

Wight, Martin. "Germany." In *the World in March 1939*. Vol.1 of Survey of International Affairs, 1939—1946. London: Royal Institute of International Affairs and Oxford University Press, 1952. pp. 293—365.

Wildavsky, Aaron. "The Self-Evaluating Organization." *Public Administration Review* 32(September/October 1972): 509—520.

Wilson, James Q. "Innovation in Organization: Notes toward a Theory." In *Approaches to Organization Design*. Edited by James D. Thompson. Pittsburgh: University of Pittsburgh Press, 1966. pp.193—218.

Winterbotham, F.W. *The Ultra Secret*. New York: Dell, 1974.

Wolfers, Arnold. *Britain and France between Two Wars: Conflicting Strategies of Peace since Versailles*. New York: Harcourt, Brace, 1940.

Wood, Derek, and Derek Dempster. *The Narrow Margin: The Battle of Britain and the Rise of Air Power, 1930—1940*. London: Hutchinson, 1961.

Wright, Robert.*Dowding and the Battle of Britain*. London: Macdonald, 1969.

Young, Robert J.*In Command of France: French Foreign Policy and Military Planning, 1933—1940*. Cambridge, Mass.: harvard University Press, 1978.

——."The Strategic Dream: French Air Doctrine in the Interwar Period." *Journal of Contemporary History* 9(October 1974): 57—76.

图书在版编目(CIP)数据

军事学说的来源:两次世界大战之间的法国、英国和德国/(美)巴里·波森(Barry R.Posen)著;梅然译.—2版.—上海:上海人民出版社,2021
(北京大学国际战略研究丛书)
书名原文:The Sources of Military Doctrine: France, Britain, and Germany between the World Wars
ISBN 978-7-208-17067-4

Ⅰ.①军… Ⅱ.①巴… ②梅… Ⅲ.①军事理论-案例-研究-法、英、德 Ⅳ.①E0

中国版本图书馆CIP数据核字(2021)第084985号

责任编辑 王 琪
封面设计 零创意文化

北京大学国际战略研究丛书
军事学说的来源
——两次世界大战之间的法国、英国和德国
[美]巴里·波森 著
梅然 译

出 版 上海人民出版社
(200001 上海福建中路193号)
发 行 上海人民出版社发行中心
印 刷 上海商务联西印刷有限公司
开 本 635×965 1/16
印 张 17.75
插 页 4
字 数 233,000
版 次 2021年7月第2版
印 次 2021年7月第1次印刷
ISBN 978-7-208-17067-4/E·76
定 价 75.00元

The Sources of Military Doctrine: France, Britain, and Germany between the World Wars
By Barry R. Posen

北京大学国际战略研究丛书

军事学说的来源：两次世界大战之间的法国、英国和德国
[美]巴里·波森　著　梅　然　译
大陆强国与海上制衡——1888—1914年德国的海军扩张　顾　全　著
失衡的世界：国际关系和美国首要地位的挑战
[美]斯蒂芬·G.布鲁克斯、威廉·C.沃尔福思　著　潘妮妮　译
俄罗斯与西方：从亚历山大一世到普京——国际关系中的荣誉
[俄]安德烈·P.齐甘科夫　著　关贵海　戴惟静　译
军备及其影响　[美]托马斯·谢林　著　毛瑞鹏　译
意外的游击战——反恐大战中的各类小型战争
[澳]戴维·基尔卡伦　著　修光敏　王　戎　译
自由主义利维坦——美利坚世界秩序的起源、危机和转型
[美]约翰·伊肯伯里　著　赵明昊　译
缔造霸权——冷战时期的美国战略与决策
王缉思　牛　军　主编
21世纪海权指南　[英]杰弗里·蒂尔　著　师小芹　译
海上战略的若干原则
[英]朱利安·S.科贝特　著　仇　昊　译
美利坚独步天下：美国是如何获得和动用它的世界优势的
[美]韩　德　著　马荣久　等译　牛　军　校
日本大战略与东亚的未来
[美]理查德·J.塞缪尔斯　著　刘铁娃　译
中国的崛起与亚洲的势力均衡
[美]威廉·W.凯勒　托马斯·G.罗斯基　著　刘　江　译
和平的幻想：1940年以来的美国大战略
[美]克里斯托弗·莱恩　著　孙建中　译
战略的魔咒：冷战时期的美国大战略研究　牛　军　主编
大战略分析　周丕启　著
中国崛起：理论与政策的视角
朱　锋　[美]罗伯特·罗斯　主编
国际体系中的进攻与防御
[美]乔治·H.奎斯特　著　孙建中　译